中國學術思想 研究輯刊

三三編
林慶彰 主編

第 15 冊

十七世紀閩南與越南佛教交流之研究

范文俊 著

花木蘭文化事業有限公司

國家圖書館出版品預行編目資料

十七世紀閩南與越南佛教交流之研究／范文俊 著 -- 初版 --
新北市：花木蘭文化事業有限公司，2021〔民 110〕
目 2+232 面；19×26 公分
（中國學術思想研究輯刊 三三編；第 15 冊）
ISBN 978-986-518-444-5（精裝）
1. 佛教史 2. 中國 3. 越南
030.8　　　　　　　　　　　　　　　　110000659

中國學術思想研究輯刊
三三編　第十五冊　　　　　　　ISBN：978-986-518-444-5

十七世紀閩南與越南佛教交流之研究

作　　者　范文俊
主　　編　林慶彰
總 編 輯　杜潔祥
副總編輯　楊嘉樂
編　　輯　許郁翎、張雅淋　美術編輯　陳逸婷
出　　版　花木蘭文化事業有限公司
發 行 人　高小娟
聯絡地址　235 新北市中和區中安街七二號十三樓
　　　　　電話：02-2923-1455／傳真：02-2923-1452
網　　址　http://www.huamulan.tw 信箱 service@huamulans.com
印　　刷　普羅文化出版廣告事業
封面設計　劉開工作室
初　　版　2021 年 3 月
全書字數　155233 字
定　　價　三三編 18 冊（精裝）新台幣 48,000 元

十七世紀閩南與越南佛教交流之研究

范文俊　著

作者簡介

范文俊，1979 年生，原籍越南清化省。2003 年畢業於越南河內國家大學下屬河內人文社會科學大學文學系漢喃專業。2005 年始，於越南科學社會翰林院下屬漢喃研究院工作，研究越南佛教歷史、越南佛教文化、越南與中國佛教書籍史、越南佛教經板等 20 餘年。2015 年於台灣國立成功大學取得博士學位，論文題目《十七世紀閩南與越南佛教交流之研究》。近年研究著重於中越兩國佛教書籍與歷史關係，並在美國、台灣、中國、韓國等地發表相關研究。

提　要

　　中國與越南有兩千多年的歷史文化淵源，尤其是越南與中國佛教的往來。在筆者研究越南與中國佛教史及其關係過程時，發現很多閩南僧人曾到越南傳教。他們隨著陸路到越南、或隨著商船來傳教，之後滯留在越南傳承宗派，而成為越南禪祖。因此，本文以《十七世紀閩南與越南佛教交流之研究》為題，以到越南傳教的中國閩南僑僧為研究對象。中國佛教僧人最初隨著中國人移民而來到越南，因此本文首先簡略介紹越南歷史上的中國移民。論文接著研究中國僧人到越南的歷史，以北屬時期與宗藩時期為時限，介紹越南佛教史上的閩南僧人。北屬時期的資料難考，但是到了宗藩時期可以找到福建省天封禪師、應順禪師曾向陳朝皇帝傳教的記錄。幾百年以後，中國明清之際，有很多中國僧人到大越避難、或應邀請到越南傳教，例如：元韶禪師、石濂釋大汕禪師、拙拙禪師、法化禪師、明海法寶禪師等等。諸位閩南僧人中，有幾位重要的禪師分別到了大越南北方。因為閩南僧人到大越的相關資料不多，只有拙拙禪師與明海法寶禪師兩位僧人，後世仍保有資料。拙拙先是在南方傳教，之後從南到北，在升龍看山寺擔任住持，重建北寧省佛跡寺與筆塔寺，建立宗派，並且成為越南北方十七世紀以後的臨濟宗的唯一禪祖。十七世紀下半葉，越南南方阮主羨慕佛教，邀請中國僧人來大越傳戒，因此南方佛教文化發展鼎盛。在這時期，閩南僧人明海法寶從泉州到會安發展宗派、建立傳承。自此，他的宗門發展到南越各省市。

　　本文以閩南到越南的佛教僧人為主，分別論述越南傳承自中國到大越的各個宗派。此外，論文也敘述越南各地有關閩南僧人傳承佛教的情況與文化，尤其著重介紹拙拙與明海法寶的弟子與他們的傳承。其次，論文也寫道拙拙與明海對越南佛教文化諸多方面的貢獻，如印經、刻板、講經、建築等。針對拙拙禪師的部份，其《拙拙祖師語錄》是本文的新發現，因此詳細記錄該語錄的版本問題與內容。在研究過程中，筆者逐一發現與披露佛教關係史上的許多新史料。因越南歷史上發生了許多天災人禍，至今所留存的資料很少，特別是南方明海法寶禪師的資料。隨著筆者對越南與中國佛教史論述和閩南與越南佛教關係研究，希望在這之後還可以持續找到新史料，讓隨著每個時代漸進的越南佛教史有更詳盡的補充，特別是中越兩國佛教、文化與歷史關係。

誌　謝

　　本篇論文的順利完成需要感謝很多人。特別感謝我的指導老師王三慶教授與陳益源教授。兩位老師都是研究越南的專家,長年關心越南文化、文學、華人歷史等課題。在成大求學的這幾年,兩位老師的身教、言教都讓我獲益良多,也提供我許多研究上的經驗。再一次,非常感謝老師!

　　我也要特別感謝同一研究室的學長、學姐、同學、學弟、學妹!特別是凱蘋學姐、景文學長、秋君、彩韻。我覺得我們研究室就像是一個家庭,相互給予幫助,自老師開始,學風永遠流傳,研究室同學也都是永遠的朋友。

　　同時,我也特別感謝中文系的各位老師。五年學習的期間,各位老師奮力教養、鼓勵與提供我很多知識,讓我感覺台灣和成大中文系是個良好的學習環境,師生關係親密。

　　此外,特別感謝我的口試委員老師:鄭阿財教授、耿慧玲教授、龔顯宗教授、許文堂教授與林朝成教授。非常感謝各位老師費時費力審查我的論文,給予指正、指教,讓我得以修改論文的缺點、錯誤。再一次,非常感謝各位委員老師。

　　尤其感激漢喃研究院的老師們!我到國外學習的期間,深受越南學者、師長、朋友的鼓勵與幫助,特別是漢喃研究院老師及研究員同仁。我非常感謝鄭克孟老師與其他漢喃研究院的老師、研究員、學長、學妹、同學等。

　　這幾年,因為人在國外學習,在家中我雖是兄長,都得依賴父母、弟弟與家族親人協助與扶植我的家庭生活。此刻結束了這一困難的求學過程,深深感激我的家族、父母、弟弟、妹妹!感謝大家對我的好,所給予的鼓勵,讓我可以放心到國外學習。

　　2010 年，我到成功大學攻讀博士，幾個月後我回國結婚，至今已五年時間，和妻子育有一個三歲多的小孩。我的畢業不只是我個人的努力而是我和妻子共同努力的成果。我能安心的學習，都是妻子的功勞。妻子這幾年來一邊工作，一邊照顧小孩，獨自承擔起在河內生活的所有麻煩和困難。因此，我有今天的成果，有太太，有小孩，這都是妻子在背後所給予的鼓勵與支持。

民國 104 年於國立成功大學

目次

誌　謝

第一章　緒　論 ……………………………………… 1
　第一節　研究動機與目的 ………………………… 1
　第二節　文獻回顧與問題說明 ………………………… 2
　第三節　研究對象與方法 ……………………… 6
　第四節　章節配置 ………………………………… 7

第二章　中國與越南佛教關係概說 ……………… 9
　第一節　中國移民到越南的歷史概略研究 ………… 9
　第二節　中國佛教傳到越南的路線與原因 ……… 15
　第三節　中國佛教與越南佛教關係分期 ………… 24
　第四節　十七世紀中越佛教的背景與閩南僧人來往 ·47

第三章　閩南拙拙禪師與越南北方佛教 ……… 51
　第一節　黎朝、鄭主與北越佛教 ……………… 52
　第二節　圓炆拙拙身份 …………………………… 59
　第三節　拙拙禪風與門徒法派 ………………… 72
　第四節　拙拙禪師作品與思想 ………………… 84
　第五節　拙拙禪派與越南北方文化 …………… 96

第四章　閩南明海法寶禪師與越南南方佛教 …… 117
　第一節　阮主時代與南方佛教 ………………… 117
　第二節　明海法寶身份 ………………………… 121
　第三節　明海法寶與祝聖寺禪派思想 ………… 128
　第四節　明海法寶與祝聖寺宗派 ……………… 132
　第五節　明海法寶與越南南方佛教傳承 ……… 142
　第六節　明海法寶與南越佛教文化 …………… 148

第五章　結　論 …………………………………… 165

參考書目 …………………………………………… 171

附　錄 ……………………………………………… 187
　一、圓炆拙拙有關資料 ………………………… 187
　二、明海法寶有關資料 ………………………… 222

第一章　緒　論

第一節　研究動機與目的

　　中越兩國有幾千年關係史，史料記載的時間也有兩千多年。中越兩國山水相連，文化相同。因此，研究與探討兩國關係的過程中是很重要的問題，特別在文化、文學、宗教與歷史等方面。中國儒教與道教也都傳入越南、中國佛教也傳入越南。同時，有關三教文學、建築與宗教等方面都有許多相互的影響。中國文化與越南文化都有相互的影響。當然，如果關注到此影響，就是很大的問題。因此，筆者在研究過程中，關注中國佛教傳到越南，特別論文的題目是《十七世紀閩南與越南佛教交流之研究》。

　　根據移民路線的歷史，可以看出中國人到越南經由海路或陸路。路線也是中國與越南僧人來往的路線。路線首先是移民上的方便。而在移民過程中，僧人依靠移民的路線抵達別的地方傳教。印度僧人到越南譯經，傳教也是由此的方式；中國僧人到越南傳教也是此路線。特別是中國僧人經過海洋交通線到各國家求取佛經，傳教都是依靠華商在海洋交通的路線。還有，每個有華人生活與貿易的地方，他們都帶來自己的宗教，例如：天后、關帝與保生大帝信仰等。因此佛教也隨著華商信仰而到新的地區。本論文在研究十七世紀閩南僧人在越南活動過程中也研究到中國人移民越南的過程，特別是中國佛教僧侶到越南傳教。

　　因此，筆者採取歷代史料來研究十七世紀閩南僧人拙拙禪師與明海法寶禪師在越南發展的禪派。拙拙在越南北部，明海在越南中部廣南省，他們從

閩南地區到越南傳教，受到越人與華人擁護，而建立佛教宗派，至今還擁有很大的影響力。筆者在研究閩南與越南佛教交流史當中，只研究閩南問題上的微小課題，因此，研究上希望可以幫助大家更了解中越佛教關係史。

第二節　文獻回顧與問題說明

一、漢喃資料與中國史料

筆者會盡量利用越南漢喃研究院的漢喃書籍。另外在越南廟宇也進行田野調查並收集資料，研究閩南僧人在越南傳教，其中特別是對十七世紀拙拙禪師與明海法寶禪師。在田野調查過程中，筆者收集到《拙拙祖師語錄》、《拙拙供祖科》等書籍；筆者也到中部的會安地區，到祝聖寺研究傳承歷史與書籍等方面。另外，越南封建時代的史書、佛教書籍與越南《大越史記全書》等，筆者也盡量善用。

除了越南與中國的古代文獻，還有現代研究專書，特別有關兩國關係的書籍。筆者可盡量利用《大藏經》。〔註1〕《大藏經》收錄中越兩國佛教關係史，其中有很多僧人來往，或他們傳教的路線。除《大藏經》之外，還有中國各代文獻、網路電子資料，補充越南史料，補充《大藏經》文獻並研究到閩越間佛教關係史。

二、越南文研究回顧

二十世紀，越南有很多學者研究越南佛教史。但有關資料的問題，大部分越南佛教資料都為漢喃文，因此研究越南封建社會佛教史是很困難的事。因為，越南現代學者很少人看懂漢喃資料。但李朝與陳朝的史料，大多都有翻譯，因此越南學者研究李朝與陳朝時代好像比較順利。還有，對佛教歷史研究，目前有幾部專書，其中學者都是研究佛教僧人。僧人研究者，他們可以分析漢喃史料使研究進行順利。

二十世紀上半葉，釋密體於1943年編撰《越南佛教史略》〔註2〕，是越南現代的第一部越南佛教史。但釋密體的編撰很簡單，因此與筆者論文有關

〔註1〕本論文，筆者使用的《大藏經》版本是CBETA2011年電子版。
〔註2〕釋密體：《越南佛教史略》，河內市，明德出版社，1943年。筆者利用再版：《越南佛教史略》，河內宗教出版社，2004年。

的閩南僧人拙拙禪師與明海禪師，可以說是沒有提到。釋密體的作品，影響到後世越南的佛教史，例如阮郎《越南佛教史論》〔註3〕，阮才書《越南佛教歷史》〔註4〕、釋清慈禪師作品《越南禪師》〔註5〕等。

阮郎《越南佛教史論》一書，在越南的歷史文化有很大的影響，有很高的位置。阮郎是一位僧人，他從順化修行，法名釋一行。從越南有南北戰爭，釋一行在萬行佛教學院當老師並鼓勵越南統一和平的運動。1975 年 4 月 30 日，越南國家統一，釋一行到法國，自此之後在法國修行並發展國外的越南禪宗。至今，釋一行是世界上當代高僧，很多國家學者翻譯他的作品或請他弘法。1974 年，釋一行出版《越南佛教史論》第一集，之後繼續出版第二集（1978）、第三集（1985）。《越南佛教史論》內容，包括全部越南歷史，李朝之前，十世紀以後，黎朝、阮朝與現代二十世紀的佛教。因此，作品對越南的佛教歷史、佛教書籍等均有很大的貢獻。阮郎對拙拙禪師與明海法寶禪師的禪派著墨不多，另外，他對黎朝當時的佛教史內容也寫得很有限。因有資料取得的問題，越南當時在戰爭時期，資料佚失，因此對十七、十八世紀越南佛教史、拙拙、明海與他們的禪派，阮郎無能寫得清楚。

另外，從阮郎編輯之後，阮才書主編《越南佛教歷史》、釋清慈禪師作品《越南禪師》都依靠阮郎作品而改編的內容。因此，這兩部研究越南佛教作品都沒有太多新的看法與史料。

十七世紀，越南南方才成為越南土地。因此，南方的歷史只有三百年多，研究南方佛教文化史是很少有的作品。特別是有中國佛教與越南佛教關係。《越南佛教史論》等書對南方的佛教雖然有研究，但研究禪派，只有釋如淨的《祝聖寺臨濟禪派傳承歷史》〔註6〕一書。釋如淨通過中國佛教傳承歷史傳到越南中部廣南順化地區而進行編輯、論述。因此可看越南南方佛教從順化、廣南傳到南方各地。釋如淨的作品特別研究明海法寶的禪派。十七世紀下半葉，明海從泉州到廣南，從此建立寺廟與宗派，收弟子、廣度眾生，以後宗派綿長，影響到越南的中南部各地。釋如淨依靠祝聖寺的資料而寫，但有關明

〔註3〕阮郎：《越南佛教史論》，三集，第一集 1974 年出版，第二集 1978 年出版，第三集 1985 年出版。筆者用：《越南佛教史論》，文學出版社出版，河內市，2008 年。在 2008 年出版的書是綜合三集而成為一書。

〔註4〕阮才書主編：《越南佛教歷史》，河內市，科學社會出版社，1988 年。

〔註5〕釋清慈：《越南禪師》，胡志明綜合出版社出版，1999 年。

〔註6〕釋如淨：《祝聖寺臨濟禪派傳承歷史》，胡志明市，東方出版社，2009 年。

海法寶的碑文、書籍，他還沒提出。因此，《祝聖寺臨濟禪派傳承歷史》缺少了許多新發現的史料、資料。

另外還有有關越南佛教史的現代書籍，或者各省城佛教史、建築史、華人的研究史、華人論文、胡志明市與興安省碑文等，研究越南華人文化對筆者也有影響。例如：阮君、潘錦上一起編輯《越南人的美術》〔註7〕、潘錦上編輯《筆塔寺》〔註8〕等作品，都對越南當代美術史、佛教史有很大的影響。但是，看起來，他們大部分研究近代，或者沒有新的史料與看法等。因此，他們作品還沒解決中越兩地的佛教與華人關係。

三、中文研究回顧

在中文方面，陳荊和教授研究石濂和尚與廣南新史料〔註9〕，這作品介紹到廣南當時華人貿易，文化等問題。其中特別提出佛教歷史。陳荊和教授也發表對會安華人有關的論文〔註10〕，這研究，對後人有很多影響。另外，還有很多台灣現代學者研究到越南華人史及越南歷史，例如：姜伯勤先生花了很多時間研究石濂大汕與澳門禪史，作品《石濂大汕與澳門禪史：清初嶺南禪學史研究初編》內容論述到石濂到越南順化、廣南兩省與當時的越南南方佛教史。〔註11〕蔣為文教授寫到越南明鄉人〔註12〕、黃蘭翔教授研究越南寺廟建築〔註13〕、許文堂教授研究越南佛教與文化等〔註14〕，陳益源教授有多年推動研究閩南文化（特別是越南閩南文化）的努力，讓筆者了解很多越南閩南史料與受到許多研究影響。

〔註7〕阮君，潘錦上：《越南人的美術》，河內，美術出版社，1988年。

〔註8〕潘錦上：《筆塔──佛教藝術》，河內美術出版社，1996年。

〔註9〕陳荊和：《十七世紀廣南之新史料》，臺北市，中華叢書委員會出版，1960年。

〔註10〕陳荊和：〈十七、十八世紀之會安唐人街及其商業〉，香港新亞學報，第三卷，第一期，1958年。另外，筆者還參考陳荊和教授在越南西貢考古學刊法表有關明鄉文化等。

〔註11〕姜伯勤：《石濂大汕與澳門禪史：清初嶺南禪學史研究初編》，上海學林出版，新華書店上海發行所發行，1999年。

〔註12〕將為文：〈越南的明鄉人與華人移民的族群認同與本土化差異〉，崛起中的越南學術研討會，台灣國際研究學會主辦，台北市，2013年。

〔註13〕黃蘭翔：《越南傳統聚落、宗教建築與宮殿》，臺北市，中央研究院人文社會科學研究中心亞太區域研究專題中心，2008年。

〔註14〕許文堂主編：《越南、中國與台灣關係的轉變》，臺北市，中央研究院東南亞區域研究計畫，2001年。

　　另外還有研究越南華人歷史，例如：鄭瑞明《清代越南的華僑》〔註 15〕、
李白茵《越南華僑與華人》〔註 16〕、張文和《越南華僑史話》〔註 17〕、《東南
亞古代史》〔註 18〕等他們研究華人與移民讓我理解僧人到越南的宗教與路線。
但大部分各位作者都研究有關越南歷史，對佛教史可以說是很少提及。陳荊
和先生、姜伯勤先生的研究都注重越南佛教史，但由於他們的資料還少，探
討內容不深，因此，對越南南方佛教史的研究尚嫌，簡略，越南北方的佛教
史可以說是還沒寫到。

　　十年前，中國大陸譚志詞博士的論文研究拙拙禪師禪派，他的論文題目
《越南閩籍僑僧拙公和尚與十七、十八世紀中越佛教交流》〔註 19〕。2005 年，
譚志詞在河內研究越南文化，他常到漢喃研究院看書，筆者與譚志詞討論很
多問題，因此，我知道他研究越南佛教。譚志詞論文內容研究拙拙禪師與越
南閩南關係。他一面在漢喃研究院看到越南佛教書籍，一方面到各省城田野
調查，而他收到佛跡寺住持釋德善和尚給的《拙拙祖師語錄》複印本，因此
他寫的內容很好。譚志詞，不但在論文提到拙拙禪師，他還對越南佛教史發
表很多文章。譚志詞或是有關拙拙禪師、或有關明行禪師、或是南方元韶禪
師等論述對越南佛教史上有很多貢獻。譚志詞仍不免限於越南佛教史料，越
南廟宇田野調查的不足，因此他的論文雖然很好，但還沒接觸當時拙拙的佛
教史料、拙拙的思想與他的禪派宗風或後代的佛教史上的評論。筆者有幾年
在廟宇生活，得到額外的資料，希望能的補充與分析閩南拙拙禪師的身份、
禪派、思想等。

　　另外還有釋行心碩士論文研究越南佛教史〔註 20〕。她論述的很好，但內
容大部分是從廣東傳到越南的佛教。成功大學歷史系鄭永常老師指導的研究
生吳鵬基碩士論文《循海泛舶：3～6 世紀海路僧人入華研究》〔註 21〕，其中

〔註 15〕鄭瑞明：《清代越南之華僑》，國立台灣師範大學歷史研究所，1976 年。
〔註 16〕李白茵：《越南華僑與華人》，廣西師範大學出版社，1990 年。
〔註 17〕張文和：《越南華僑史話》，台北市，黎明文化事業股份有限公司，1975 年。
〔註 18〕梁志明主編：《東南亞古代史：上古至 16 世紀初》，北京大學出版社，2013 年。
〔註 19〕譚志詞：《越南閩籍僑僧拙公和尚與十七、十八世紀中越佛教交流》，廣州暨
　　　　南大學博士論文，2005 年。
〔註 20〕釋行心：《中國臨濟禪系在越南的傳承與流變》，國立台灣師範大學中國文學
　　　　系研究所碩士論文，2006 年。
〔註 21〕吳鵬基：《循海泛舶：3～6 世紀海路僧人入華研究》，國立成功大學歷史系碩
　　　　士論文，2012 年。

他研究到中國越南兩國僧人交往。他的論文，研究越南僧人入華與我研究的有許多不同的看法，他也提出幾位和尚在中越來往，使得筆者知道當時的佛教來往情況。

四、西方文研究回顧

對越南佛教史的研究，還有很多相關作品，各國學者從美術、建築、考古等方面入手。1999 年，在美國 Trian Nguyen 的博士論文「Ninh Phúc Temple：A study of Seventeenth - Century Buddhist Sculpture un Vietnam」〔註22〕（寧福禪寺——十七世紀越南佛教雕刻研究）研究筆塔寺的美術和宗教。但 Trian Nguyen 在美國的研究，因不明原因至今尚未正式公開。因此，Trian Nguyen 的論文對各國學者都沒有影響。最近，筆者跟他聯絡，才有機會看到他尚未公開的論文。

第三節　研究對象與方法

研究佛教史可以說是很難的問題，特別是中國與越南佛教關係史。筆者在研究越南佛教史過程，看到很多中國廣東、福建僧人到越南傳教。但，至今越南北方南方有兩個很大的禪派都是閩南僧人傳教。還有，兩個宗派還保留很好禪風、傳承與歷代祖師的史料。兩位閩南禪師，對越南佛教史上有很大的影響：十七世紀初拙拙禪師與十七世紀下半葉明海法寶禪師。拙拙在北越佛跡寺、筆塔寺，明海在廣南會安祝聖寺。他們兩個人離開福建省閩南地區而隨著商船到國外傳教。現在還有他們的名勝古跡與史料存在，宗門廣大，傳承思想，臨濟宗在越南傳教。因此，筆者特別研究到閩南與越南佛教交流史的過程。

經過幾年研究，多次回國進行田野調查與尋找資料，筆者茲後已用很多方法，例如：文學研究方法、史學研究方法，特別使用田野調查的方式，之後發現很多佛教與華人新史料。因此研究過程中，研究每個時代的兩國佛教關係史、拙拙史料、明海史料都慎重而編撰。透過種種史料，筆者才能夠取得到對研究論文的主要問題。

〔註22〕Trian Nguyen："Ninh Phúc Temple: A study of Seventeenth - Century Buddhist Sculpture un Vietnam"，美國加利福尼亞大學伯克利分校博士論文，1999 年。

第四節　章節配置

論文有關中國、越南兩個國家關係史，因此筆者延長兩千年歷史的回顧，採取這中越兩國佛教關係史而顯露論文閩南與越南佛教交流之研究的題目。其中，筆者致力兩國移民關係、兩國佛教關係的研究試圖發現問題，解決問題。本書章節於下分述：

第一章　緒論，說明論文研究動機與回顧，歷史研究與方法研究。

第二章　中國與越南佛教關係概況，第一節介紹中國移民到越南的原因與路線，第二節介紹中國佛教史上僧人傳到越南。而第二節是研究到越南歷代佛教史，通過史料，說明閩南僧人在越南傳教。以後為下一章研究到具體的人物奠立基礎。

第三章　閩南拙拙禪師與越南北方佛教，研究到拙拙禪師與越南佛教。此章研究拙拙身份傳承、弟子與思想。拙拙從漳州到古眠，之後回國，他在決定出洋而到順化、廣南，經過幾年而到北越。在北越，拙拙有皇朝擁護，還有很多中國僧人與中國人士為了避難而到北越，他們幫助拙拙很多。因此，拙拙成為越南臨濟宗的禪祖。在很多史料中記載拙拙的身份，另外還有北越佛寺建築、禪風文化等。第三章也介紹拙拙弟子傳承、拙拙的思想、拙拙在北越發展的禪派文化。其中特別論述拙拙思想與北約佛教的影響。三百多年來，拙拙臨濟宗在北越是長期的階段，宗派發展很廣，影響到現代越南佛教文化。

第四章　閩南明海法寶禪師與越南南方佛教，研究閩南明海法寶與越南中部以南的佛教史。這章介紹明海法寶的身份史、傳承，而他的史料很少，筆者依靠所存在的資料與田野調查各地而論述到明海法寶的身份。另外，筆者介紹明海法寶的弟子等傳承、各省城的法派等問題，對明海法寶禪派在越南南方的影響，不但禪派在越南發展，還有到海外地區。

第五章　結論，筆者總結以上的研究，開展小節是對中越兩國佛教關係史、閩南僧人與越南佛教的影響、拙拙禪師、明海法寶在越南佛教史上的貢獻等事項。

第二章　中國與越南佛教關係概說

　　越南與中國有幾千年歷史關係，因此研究兩國古代關係特別複雜。論文中，筆者關心兩國的佛教關係史，當然佛教關係史也是兩國移民關係史。有很多學者研究到中越兩國華人問題，經常都會論述到古代移民。大部分學者在研究政治、歷史、經濟都將越南中國移民史劃分為兩個時期；第一北屬時期是秦代到宋初，相當越南吳朝之前、第二宗藩時期是十世紀到十九世紀上半葉，相當從越南李朝到阮朝嗣德年間。為什麼到十九世紀上半葉，因為依據法國與清朝的協議，取消了越南與中國的宗藩關係。

　　當然，筆者在研究兩國移民，目標擺在中國僑僧、閩南僧人到越南傳教。因此，在論述中筆者將介紹兩國移民路線，之後提及僧人來往，而最後是閩越佛教關係史。

第一節　中國移民到越南的歷史概略研究

一、北屬時期中國移民到越南的概略研究

　　兩千多年前，越南名為是越裳國，史料極少，都是依靠後世傳言的寫法。對越南越裳時代，越南黎朝十五世紀的《大越史記全書》寫到神農氏是越南最古的遠祖。神農第三代是帝宜。帝宜到南方結婚而生涇陽王。涇陽王治南方國叫赤鬼國。涇陽王娶洞庭君女生貉龍君。貉龍君的孩子就是雄王。雄王定都於峰州，建文郎國。從此以後經過兩千多年雄王國家建立制度。在雄王王朝，領土包括洞庭以南到九真等十五部，分別由貉侯、貉將管理。

北魏酈道元在《水經注》一書對於越南的古代史，特別有關交州安陽王滅國的事情有很多描述，其中引及〈交州外域記〉的內容：

> 交趾昔未有郡縣之時，土地有雒田，其田從潮水上下，民墾食其田，因名為雒民，設雒王、雒侯，主諸郡縣。縣多為雒將，雒將銅印青綬。後蜀王子將兵三萬來討雒王、雒侯，服諸雒將，蜀王子因稱為安陽王。後南越王尉佗舉眾攻安陽王。安陽王下船逕出于海，今平道縣後王宮城見有故處。〔註1〕

以上的內容，可以看到越南古代的歷史，秦代趙佗滅蜀而建立國家。從此越南開始成為中國歷代封建王朝統治的郡縣。秦代「使校尉屠睢將樓船之士，使史祿鑿渠運糧，深入嶺南，略取陸梁地，置桂林〈今廣西明貴縣〉、南海〈今廣東〉、象郡〈即安南〉，以任囂為南海尉，趙佗為龍川令〈龍川，南海屬縣〉，領謫徒兵五十萬人戌五嶺。囂、佗因謀侵我」。〔註2〕

秦二世三年，趙佗建立國家，稱南越王，分開國家成為郡縣：南海、桂林、九真、林邑、日南等郡。之後，趙佗朝廷滅亡，漢代建立九郡，其中越南有交趾、九真等郡。從此，越南是中國藩屬國。漢代的王莽之亂導致中國人士陸續到南越。漢代還有壬鳶在九真郡教育人民，他也帶來九真很多華人，長期定居當地。漢建武年間，馬援征討安南，他的兵士大多分留在北越，之後，許多士兵在越南定居，中越史料都記載他們是「馬留人」。〔註3〕馬留人是指一部分馬援的兵士還留住在安南。經過幾百年，由漢代、東吳、隋唐、五代十國等，越南與中國關係良好密切。因為，越南的官吏都是中國朝廷派來，因此他們或者當刺史、太守，到越南教育人民、統治社會。唐代時，建立安南都護府，當時九真郡人姜公輔還到長安考試當上宰相。由此可見，當時越南還不是獨立國家，仍是北屬時期，〔註4〕隸屬中國封建社會制度管理，越南都依靠中國官吏而兩國移民的問題進行很順利。例如，在中國有社會動盪，人

〔註1〕北魏酈道元：《水經注》，時代文藝出版社，2001年，頁277。

〔註2〕《大越史記全書》，漢喃研究院編號A.3／1-4，頁8。

〔註3〕張文和：《越南華僑史話》，黎明文化事業股份有限公司出版社，台北，1975年，頁5。對此內容，越南歷史研究雜誌的專題：《越人的移民，從十世紀到二十世紀上半葉》可供參考，1994年，頁23。

〔註4〕當代有很多學者認為，越南十世紀前就是內屬時期，筆者在論述中，暫時依靠他們的看法，例如：呂士朋：《北屬時期的越南──中越關係史之一》，華世出版社發行，1977年；徐善福，林明華：《越南華僑史》，廣東高等教育出版社，2011年。

民陸續逃難到安南，做生意或當官而舉家到越南的很多情況。

　　筆者對十世紀前有簡略的論述，十世紀左右中越兩國移民當然有，大部分是從中國移民到安南，但這時期可能移民很順利，之後，越南國家獨立變得比較困難。因為當時，安南還屬中國地方，管理安南都是中國朝廷派來的人。因此，從中國到安南來往都很順利。

　　到宗藩時期，越南形成獨立國家，王朝法制都有改變。因此，與北屬時期有很多差別。對十世紀後期，韓振華在《華僑史及古民族宗教研究》一書中論述：「自從公元十世紀以來，越南建國後，才有越南華僑出現」。韓先生認為，宋代之前，越南還沒獨立，越南與中國人來往很順利，因為還沒禁止出國。越南歷史書籍都寫到在 938 年吳權建立國家，越南才開啟國家制度成為獨立的時代。自此之後，越南獨立，中越成為兩國。從此，華人在越南出現華僑的稱呼。

二、宗藩時期中國移民到越南的概略研究

　　唐末，中國動亂十國紛爭，當時安南各地方的勢力紛紛起義，割據稱雄。938 年，吳權統一國家，從此越南獨立。吳權統一國家與建立國度之後，越南歷史書籍都記載這年代是越南離開中國而成為獨立的國家，同時對中國由隸屬關係轉到宗藩關係。

　　數十年後，於 968 年，丁部領統一十二使君，建立國家，有國號「大瞿越」。越南有國號，有皇帝，從此大瞿越與中國對峙，是兩個國家。雖然獨立，但是大瞿越還受到中國宋代頒給分封，成為中國的宗藩。很多學者認為，從越南有國號，有皇帝，建立國家後，越南才是宗藩時期。他們認為 938 年，吳權建立國家，但還沒有國號等方面。因此他們認為 968 年，從丁部領建立國家才是離開中國的時間，也開始出現宗藩時期。

　　中國人移居到越南，從此華人才稱為華僑。這個看法，筆者覺得相當有道理。

　　越南獨立，但之後歷代國王都得到中國朝廷頒給封號。當時，宋朝頒給丁部領是交趾郡王、黎桓是交趾郡王，之後加封南平王。黎桓從此有安南國的王位。到 1164 年，李英宗時「宋冊封帝為安南國王，改交趾為安南國。」〔註5〕很多越南與中國學者認為，從 1164 年，中國皇朝才承認越南是一個國家。當然，當時有很多華人到大越，但是，至今資料很少。例如，有關越

〔註5〕《大越史記全書》，漢喃研究院編號：A.3／1-4。

南的國王，當時司馬光（1019～1086）在《涑水記聞》也曰：「熙寧中，朝廷遣沈起、劉彝相繼知桂州，以圖交趾。起、彝作戰船，團結峒丁以為保甲，給陣圖，使依此教戰，諸峒騷然。士人執《交趾圖》言攻取之策者，不可勝數。嶺南進士徐百祥屢舉不中第，陰遺交趾書曰：「大王先世本閩人，聞今交趾公卿貴人多閩人也。百祥才略不在人後，而不用於中國，願得佐大王下風。」〔註6〕

以上《涑水記聞》的內容，我們可以看到十一世紀初，司馬光對越南政權描述很清楚。他們認為當時大越有很多閩人。這事情有可能是對的。之後，還有很多人肯定李公蘊是閩人，例如沈括（1031～1091）《夢溪筆談》一書認為李朝的李公蘊皇帝是閩人，內容有寫：「其後國人共立閩人李公蘊為主」。〔註7〕十二世紀，范成大在編撰《桂海虞衡志》提到當時黎朝的李公蘊是閩人與閩人到大越的事情：「閩人附海舶往者，必厚遇之，因命之官，咨以決事，凡文移詭亂，多自游客出。相傳其祖公蘊亦本閩人」。〔註8〕在中國歷代史料都記載李公蘊是閩人。到十三世紀，大越陳朝黎崱在中國當官的時間，他用功編寫《安南志略》，書中有寫：「李公蘊交州人（或謂閩人，非也）」。〔註9〕黎崱認為李公蘊不是閩南人，他也沒有證據證明他的觀點。之後，很多越南史料都記載公蘊是交州人（至今越南北寧省地區），例如：《越史略》、《大越史記全書》、《欽定越史通鑒綱目》等書籍。可以看到，當時的中國書籍與越南當時以後的書籍記載不一樣。這問題，至今很難理清。因此筆者一邊保留李公蘊是閩南人，一邊對越南史料的看法保留差異的看法。因為，宋朝末期國家動盪，很多中國人從中國南方移居到大越，到李朝大越有很多閩人來往生意與定居。

到陳朝，越南有一部很重要的史書《大越史記全書》也寫道：「初帝之先閩人」。〔註10〕說明陳朝的祖先是從閩南到大越。當時，宋亡前後，中國人陸續到大越，特別是宋代官吏，例如：陳尚書、蘇少保與他們家人等四百多人。

〔註6〕司馬光撰，鄧廣銘、張希清點校：《涑水記聞》卷十三，中華書局出版，1997年，頁248。

〔註7〕沈括著：《夢溪筆談》，卷二十五。

〔註8〕范成大原著、胡起望、覃光廣校注：《桂海虞衡志輯佚校注》，四川人民出版社出版，1986年，頁272。

〔註9〕黎崱著：《安南志略》卷十二。

〔註10〕《大越史記全書》，漢喃研究院編號：A.3／1-4。

〔註11〕當然，當時還有很多中國人到大越逃難，他們可能是廣東或是福建人等，他們在大越定居，以後成為越南人。佛教史上還有很多資料記載當時的情況，例如：在大越陳朝十三世紀上半葉有一位潮州畫工到大越畫陳仁宗立像。〔註12〕或者，現在中國保存一幅陳朝末年畫圖《竹林大士出山之圖》。〔註13〕這幅圖畫由大越陳朝末年代轉到中國朝廷而在中國宮殿收藏至今。

　　每次中國內亂，特別是戰爭的時期，中國南方人士都陸續到國外逃難。到明末清初，中國動盪，很多人士再次到大越。特別是中國南方的商人出洋。從中國南方很多商船陸續到國外生意。當時，大越有北方鄭主與南方阮主兩個政權。大越每個地方都有很多中國南方人到當地做生意與定居。

　　十七世紀上半葉，北方大越山南鎮舖憲是一個很大的商港。〔註14〕舖憲華商與升龍城華商聯結生意，另外大越還有西方人到舖憲與華商通商，當時舖憲還是中轉站。因此，朝廷鼓勵華商發展經濟。舖憲發展一百多年就衰落。一百多年也提供了北越經濟發展的貢獻。特別在這時代，中國鼎盛，因此華人陸續到北越，定居舖憲與升龍。山南鎮舖憲港與升龍龍編港成為北越發展經濟重要的兩個港口。兩個地方華人來往，之後定居，他們建立天后宮、關帝廟等廟宇。至今河內與興安省還保留許多華人名勝古跡，特別是天后宮、關帝廟。

　　十四世紀，陳朝佔有占婆的順化、廣南兩地，當時越南中部、南部與中國南方有繁榮的關係。到十七世紀上半葉是明末時代，明朝衰落，華人經過海洋陸續到南方生意。明朝滅亡後，中國南方反清復明人士到越南南方逃難。康熙十八年（1679），明將龍門總兵楊彥迪、副將黃進和高雷廉三州總兵陳上川、副將陳安平等帶領三千餘人到順化。阮主指示他們到越南南方湄公河下游開拓南方領土，發展南方各地。

　　當時，鄭玖也開拓河仙而建立河仙的海港。在河仙，鄭玖不只是與越南

〔註11〕韓振華撰集：《華僑史及古民族宗教研究》，新華彩印出版社，2003年，頁10。本書引《元史——安南傳》記載元軍獲亡宋陳尚書等四百多人。

〔註12〕《青梅圓通塔碑》，碑文建立於1362年，至今還立在海陽市至靈縣黃華探社青梅禪寺。

〔註13〕《竹林大士出山之圖》，一幅陳朝畫。這幅畫分兩部分，一部分是題詞，一部分是畫畫內容。畫裡的落款曰：陳鑒如寫。陳鑒如有可能是十四世紀初的元朝畫家。但是他畫的是越南陳仁宗皇帝，而陳朝後裔陳光祉在陳朝末年（十四世紀末年）帶到中國而流傳至今。

〔註14〕舖憲，是興安省的華人聚集做生意的地方。舖憲是憲南舖，老街中有很多華人生意與定居。越南史料與現代人士常常把這地方叫舖憲。

南方阮主關係密切，他還對南洋各國通商。因此，十八世紀上半葉，在華人努力勞動與開墾下，使得南方政治、經濟、文化都很發展。

十八世紀下半葉，南方政權還有天地會等反清復明組織，他們到越南南方逃難。因此，在北方或南方都有很多華人定居。大越南北政權都為了華人穩定發展而建立法規，制定生活、做生意的規矩。

在 1663 年，根據《欽定越史通鑒綱目》可以知道黎朝朝廷規定：「八月區別清人來寓者。辰清人多僑寓民間，致風俗混雜，乃令各處承司察屬內有清國客人寓居者，隨宜區處，以別殊俗。」〔註15〕從此以後到 1696 年、1698 年、1699 年、1717 年、1764 年、1810 年等，黎朝政權都對華人問題頒佈政策，讓華人遵守越南當地法律、風俗、衣服等。從阮朝到現代社會，越南政府都對華人有明白的規定。

前人到大越的路線讓後人很容易順路而來。因此，根據海商路線，清朝時代很多中國人到大越做生意或是定居，甚至他們考試進而當官，例如：鄭懷德、潘清簡、吳仁靜與陳養純等。當然，在這時代還有很多華人在阮朝當官，當大官或省縣中的小官。蔡廷蘭遇到颱風漂流到越南阮朝，越南政權舉人陪他沿著陸路回國。在蔡廷蘭《海南雜著》一書記載他經過越南每個省市都有華人接待，閩人幫助路費或路線嚮導。可以說，中國華人、閩南人到越南，當初墾殖土地開發資源與建設城市等，對越南文化、經濟有巨大貢獻。他們努力奮鬥，勤儉勞動，對外國西方人到越南貿易進行仲介，故而有很多人歷代是越南富商巨賈，對朝廷或社會有很大貢獻。

目前，還有很多華人居住到越南，特別是南方地區。越南依然保留很多前代華人名勝古跡，雖然歷經二十世紀的中越戰爭，但是華人文章、宗教、信仰、建築等方面還是對越南文化上有很多影響。

中越關係上，中國人移民到越南各地都有信奉天后、關帝、保生大帝等神靈。特別中國僧人到越南也有兩千多年的歷史，首先是傳教，中轉海港，讓他們繼續到西方訪佛求經。到十七世紀年代，很多中國南方僧人到大越傳教，其中有一部分逗留、定居在大越，發展宗派而成為越南禪祖。十七世紀上半葉北方有拙拙禪師、十七世紀下半葉南方有元韶禪師、石濂大汕禪師、明海法寶禪師等，都對越南佛教有很大的影響。

〔註15〕《欽定越史通鑒綱目》，漢喃研究院編號：A.9。

第二節　中國佛教傳到越南的路線與原因

　　兩千多年中越關係史，中國移民到越南者甚多，每個時代都有書籍記載中國人到越南。因此，研究中國人移民到越南是很重要的問題。但中國人民如何移民到越南？這問題可以說是很複雜，筆者希望可以論述、提出幾個看法，顯露中國人到越南的原因與路線。

一、中國人到越南的路線

　　中國、越南兩國山水相連。中國與越南陸地邊境很長，包括越南、中國的廣西、雲南兩省的邊境。兩國的兩千多年長期歷史關係，兩國人民常常來往。另外，中國越南還有東海的關係。中國南方對東南亞各海島國家，透過海路有密切的關係，從廣東、福建省到越南也很順暢。因此，顧炎武《天下郡國利病書》卷 108〈廣西二〉內容寫到「入交三道」言及從中國到越南所通過的三個路線：

> 入交三道，一由廣東，自馬伏波以來水軍皆由之，字欽州南大海揚帆一日至西南岸即交州潮陽鎮也。又云乃自廉州發舟師進都（齋）一山。廣西至宋始開廣西路，亦分為三。自憑祥州入者曰鎮南關一日至文淵州。自思明府入溫邱者過摩天嶺一日至思陵州。自龍州入者一日至平西隘。一由雲南至元始開雲南路。亦分為二。有由蒙自縣者經蓮花灘入交之石瀧；由河陽隘者循洮江左岸十日至平原州。然皆山徑難行。張輔則由憑祥，沐晟則從蒙自以抵白鵲縣，皆布循伏波故道。〔註16〕

　　但顧炎武描述由中國到越南北部，他未描述從中國南方到越南南方。當然，從中國南方到越南南方要經過海洋。海洋路線，通常是海商使用，路線可以到越南南方的沿海，例如：順化、會安、新洲、堤岸或南方的河仙等地。因此，到越南北方可以分為兩個路線是海路與陸路，南方很自然是海路。根據釋大汕編寫《海外紀事》，從廣東順風到越南南方大約一個月左右。當然，現代的海船比大汕的時代快好幾倍。因此可知兩國交通很順利。中國到越南有兩個條路：陸路與海路。陸路有很長的路地邊境；海路有大洋，兩個路線對中國人到越南都十分容易。

〔註16〕引自：《桂海虞衡志輯佚校注》，宋范成大著、胡起望校注，四川民族出版社，四川，1986 年，頁 296。

　　根據現代的考古學方面，可以論述幾千年前中越兩國已有移民來往，經海路或陸路，至今還有在銅鼓的文化方面，或語言、民族學等。但在陸路的方面來看，移民文化傳播也有移民的路線。首先，筆者論述到從中國與越南來往的陸路。

　　很多學者都認為從中國到越南的陸路交通有兩條：第一從廣西出友誼關口而進入越南諒山省地分，而後由諒山到各地再到河內首都。第二路線從雲南經過河口到越南老街省，沿著紅河傍邊的路線再到河內中心。幾千年來，越南國家領土常用水路，水路是用各條河轉到國內各地。越南從北到南，每個省市都有很多條河，河的方向都從高原，西方轉向東方再轉到海口，流向東海。因此，陸路是馬路，但是越南的路很少，大部分越南人在封建社會之前的來往都是使用水路，用船移動。船就是越南人交通來往重要的工具，同時是中國人移民越南的便利方式。

　　對走路或叫陸路，中國人從廣西經過友誼關到越南的時間已很難考證，但中國人經海路到越南後，他們用水陸兩方式而移動。漢代的馬援到越南討伐二征夫人時，首先他從合浦沿海而到越南。另外還有寫法，認為馬援一方面用兵通過陸路，從邕州出交趾。〔註17〕對馬援到越南，《大越史記全書》也有論述，其中寫到馬援從沿海而進入越南。特別，《後漢書》還對馬援進入越南而寫：

　　　　將樓船大小二千餘艘，戰士二萬餘人，進擊九真賊徵側餘黨都羊等，

　　　　自無功至居風，斬獲五千餘人。〔註18〕

　　馬援回國後，他的將士還有很多人留在交趾，後代中、越書籍叫他們是「馬留人」。對馬援將兵留在交趾，幾百年後，《舊唐書》、《新唐書》都有記載有關的內容。《舊唐書》寫到馬留人：

　　　　今治也。後漢遣馬援討林邑蠻，援自交趾循海隅，開側道以避海，

　　　　從蕩昌縣南至九真郡，自九真至其國，開陸路，至日南郡，又行

　　　　四百餘里，至林邑國。又南行二千餘里，有西屠夷國，鑄二銅柱

　　　　於象林南界，與西屠夷分境，以紀漢德之盛。其時，以不能還者

　　　　數十人，留於其銅柱之下。至隋乃有三百餘家，南蠻呼為「馬留

〔註17〕徐善福、林明華：《越南華僑史》，廣西高等教育出版社，2011 年，頁 25。

〔註18〕（劉宋）范曄撰；（唐）李賢等注；（晉）司馬彪補志：《後漢書》，〈馬援列傳〉，臺北市：鼎文書局，1981 年，頁 839。

人」。其水路，自安南府南海行三千餘里至林邑，計交趾至銅柱五千里。〔註19〕

以上的內容也說明馬援將兵在越南，到隋朝時代還有三百餘家。可知當時中國人留住越南的很多。唐代對安南的地理看法，馬援到越南各地的路線都有記載。馬援到越南路線有可能很早就存在了，之後，唐朝史官記載了這段歷史的路線。史官還對九真以南的海路與陸路描述很清楚。另外，在《後漢書》描述到安南各地的路線，例如：

驩州……至京師陸路一萬二千四百五十二里，水路一萬七千里，至東都一萬一千五百九十五里，水路一萬六千二百二十里。東至大海一百五十里，南至林州一百五十里，西至環王國界八百里，北至愛州界六百三里，南至盡當郡界四百里，西北到靈跂江四百七十里，東北至辯州五百二里。〔註20〕

因此可知，唐代對安南海路與陸路的路線都描述很清楚。之後，中國各代到越南大部分都用海路，例如：南漢與吳權的戰爭、陳朝與元兵的海戰，中國封建社會軍隊都通過白藤江而進入大越，但到越南領土後，就有兩個路線是陸路與海路。對海路方面，到白藤江海口可以進入太平江，到天德江到升龍；或沿著紅河到升龍。還有北部的很多條河，用船很方便，大越內地各地來往都是用船的。以上所述，明代軍隊到大越時，經過兩個路線，從雲南與從鎮南關等兩方面到大越的路線。〔註21〕

從雲南到升龍依靠紅河路線。唐代南詔國侵犯安南十年左右，在這時間越南是南詔的屬地，之後，唐朝派高駢到打敗南詔軍隊而成為安南靜海軍節度使。《大越史記全書》曰：「南詔佔據我地，賈委駢來代之。」〔註22〕雲南、西藏有很多僧人也循紅河路線而進入安南，對安南佛教有很大的影響。至今，還有很多很高的佛塔，佛塔的外形好像與雲南三塔有相同的模式。越南佛寺

〔註19〕（後晉）劉昫撰：《舊唐書》，中國學術類編，臺北市：鼎文書局，1981年，頁1755。
〔註20〕（後晉）劉昫撰：《舊唐書》，中國學術類編，臺北市：鼎文書局，1981年，頁1755。
〔註21〕鎮南關，是中越兩國的門口，在諒山與廣西邊界。鎮南關是明代關口的名字。之前，或者叫鎮夷關，到二十世紀換成睦南關，1963年改名字成為：友誼關。
〔註22〕《大越史記全書》，漢喃研究院編號：A.3／1-4。

高塔大部分在河流附近,例如:永福省定祥縣祥龍寺還有一千年的佛塔在紅河的旁邊。因此可知雲南南詔與越南有很多關係。

　　以上的論述,讓我們可以看到從中國華人移民到越南經過什麼路線。到越南有很多方式,可以是水路、海路、陸路而目標是抵達越南。但兩千多年的時間,中國人為何陸續移民到越南?這問題也是要深入探究。

二、中國人移民越南的原因

　　以上筆者介紹中國人移民到越南的路線。他們經過陸路與海路到越南。在兩千多年歷史中,有那麼多中國人移民到越南,之後成為越南人,講越南語,有越南風俗等。他們在北屬時期或在宗藩時期,都慢慢成為越南人。兩千年多的移民歷史中,可以分析中國人到越南有幾個原因。根據中國人移民到越南過程可以分為兩大方式是主動移民到越南或被動移民到越南。而這兩大方式,有時相互作用,然而有時卻很具體可以確悉。根據越南與中國史料,筆者可以論述兩個方式移民的情況。

　　第一方式是中國人被動移民到越南,大部分是受到朝廷派到越南而留住不歸。在北屬時代,很多中國官員到越南擔任越南官吏。例如:有很多交趾太守、刺史、安南都護府等隨時管理交趾、安南而他們留在越南。之後,一生僑居異鄉,於他鄉去世,成為越南人的先祖。例如:漢代以後的錫光太守、任延太守與士燮太守等很多人士直到唐代安南靜海軍節度使高駢為止。漢代錫光太守到交趾,教民耕種、開學校教交趾子弟,漢光武時,他向漢朝廷而朝貢,以後錫光在交趾去世,朝廷封他為侯爵。三國時代士燮到交趾當交趾太守,任官四十年,之後在交趾去世,交趾立祠奉祀,叫他是南郊學祖。士燮的弟弟當九真太守;士燮死後,他孩子繼續當交趾太守等。

　　晉代有陶璜,一生在越南,對越南當時社會有很多貢獻,陳朝黎崱在《安南志略》對陶璜編寫:

> 陶璜字世英,丹陽人,吳會稽太守。初,呂興殺孫諝,以郡附晉,晉武拜交州太守,為統所殺。復遣爨谷及巴西馬融,皆病卒。以霍弋、楊稷補其缺,與毛炅、董元、孟幹、李松、王業、爨能等,自蜀出交趾,破吳軍於古城,斬修則、劉俊。吳建衡三年秋,遣虞氾、薛珝、陶璜拒楊稷等,戰分水。璜退保合浦。珝怒謂璜曰:若自表討賊,而反失利,其責安在?璜曰:下官不得行意,諸軍不相順,

故致敗耳。璜欲引軍，璜即夜以兵出其不意，徑至交阯，董元拒之。
將欲戰，璜疑斷墻內有伏兵，乃使列長戟於其後。纔接元偽退，璜
追之，伏兵果出。璜以長戟逆之，大敗元眾，獲其寶物。珝乃謝璜。
以所得物遺之，董元有勇將解系同在城內，璜令其弟為書與系。又
遺象乘輅，導從而行，元曰：若此系必有去志。即殺系。璜攻交州、
九真、日南皆降，遂拜璜為交州刺史。璜有謀策，周窮好施，得人
心，夷獠梗化者，璜討平之。璜被詔，土人請留，璜流涕數日，遣
使送印綬詣洛陽，晉帝詔復其本職，封宛陵侯，改為冠軍將軍。璜
在南三十年，及卒，舉州號哭。〔註23〕

　　陶璜，從中國到越南當官，死後，國民都流淚對他立碑奉祀。最近在 2012
年底，北寧省博物館發現陶璜墓碑。此碑文目前是越南最古老的，其內容如下：

教故將軍交州牧烈侯陶璜□□□粹稟德淵□□□□□□愛在民，每
覽其銘記意實嘉焉□□廟堂彫毀示有基陞既□祀，所建寧可頓□宜
加修繕務存襃□使准先舊式時就營緝

元嘉廿七年十月十一日省事王法齡宣

惟宋元嘉廿七年太歲庚寅十二月丙辰溯廿五日庚辰建威將軍蘭陵
蕭使君遠存高範崇勵種德明教如上西曹書佐陶珫之監履修復庶神
□有憑珫之本枝末葉□戶□搆誠感聿修斯記垂遠矣。〔註24〕

　　當然在北屬時期還有很多中國人到越南，他們在交州、九真、日南等地
方當太守，有很多人沒有回到中國而身留越地。另外，有些人士被中國封建
社會貶謫到越南，例如：杜審言、沈佺期等唐代詩人。對北屬時代，黎崱《安
南志略》記載很多中國人移民到越南，其中沈佺期被流放到驩州（今越南義
安省）。沈佺期，一位唐代有名的詩人，他冒犯唐中宗而被貶謫到安南，在安
南期間，沈佺期有留存幾首詩。〔註25〕

〔註23〕黎崱《安南志略》，卷八。
〔註24〕在 2013 年底，阮范鵬與北寧省博物館發現與公佈，碑文現在北寧省博物館保
　　　　存，越南宗教研究院阮有史研究員提供我拓本進行研究。
〔註25〕黎崱《安南志略》，卷十六還記載沈佺期幾首詩，例如：我來交阯郡，南與貫
　　　　胸連。四氣分寒少，三光置日偏。尉佗曾取國，翁仲久遊泉。邑屋遺甿在，
　　　　魚鹽舊產傳。越人遙捧翟，漢將下看鳶。北斗崇山掛，南風漲海牽。別離頻
　　　　破月，容鬢颯催年。昆弟推由命，妻孥割付緣。夢來魂尚擾，愁委疾空纏。
　　　　虛道崩城淚，明心不應天。

到越南獨立時，被動的人移民很少。中國貶謫官吏不能到大越；中國官吏也不能到大越當官。語言不通、文化差別、兩國法律規定等原因讓對被動的移民很少出現。因此，到宗藩時代，中國移民到大越，可以說大部分是主動移民。

第二大方式是中國人主動移民到海外、到越南。他們包括謀生、經商、避難、受到邀請等人士。謀生、經商都是為了生活而移民到國外，因此，筆者暫時將它們分為三個種類邀請。

當然每個人離開家鄉都有自己的原因，有人有一個原因，有人有許多原因。還有他自身的原因或外來原因等讓他離開國家，離開本地而流亡國外。在北屬時期，每次中國有動盪、暴亂與戰爭，中國人陸續到越南避難，儒教人士也有，佛教僧人也多，人民移居到越南也不少。例如：牟子生為道家人士，之後崇佛教，因中國動亂，而到交州，他在交州傳教，之後寫《理惑論》一書。《理惑論》序文寫很清楚牟子到交州的原因：

> 是時靈帝崩後，天下擾亂，獨交州差安，北方異人咸來在焉，多為神
> 仙辟穀長生之術，時人多有學者，牟子常以五經難之，道家術士莫敢
> 對焉，比之於孟軻距楊朱墨翟。先是時，牟子將母避世交趾。〔註26〕

牟子曰當時他與母親到交州避難，另外《理惑論》內容也說明靈帝去世後，中國擾亂，交州安平，因此中國人陸續到交州。《理惑論》序文還曰漢代很多學者到交州，他們帶來四書五經等。因此可知當時交州學風很興盛。另外漢代的學者還有許靖、許慈、程秉、袁徽、劉巴、鄧子孝、許貢、王郎、袁忠等人紛紛奔赴南方，到交趾依靠士燮。

漢末到五代，中國國內戰爭，各地人士陸續到交州。唐代末期動亂，特別到五代十國，中國連綿內戰，造成很多中國人士到安南。

從廣東、福建到廣南經過海路特別順暢，因此中國與越南南方的關係史有可能也跟越南北方一樣。十七世紀時，阮主開放南方，同時也是明清之際，中國南方地區人士陸續到國外，抵達當時的順化、廣南等地。有很大的一個原因是中國原鄉人口的壓力越來越高，因此造成他們陸續離開家鄉而下南洋。對於這種情況，鄭瑞明在《清代越南的華僑》曰：

> 清代的閩粵兩省，和其他各省一樣，也嚴重地收到人口壓力的威
> 脅……因此清代閩粵人民生活之艱難，自不能不另求出路……中

〔註26〕梁僧祐撰《弘明集》卷第一，〈理惑論〉。CBETA，編號 No.2102，2011。

間各朝皇帝雖均曾採取各種因應措施，如鼓勵墾荒，種植經濟作物等，但也不能完全解決問題，所以在這一段長期間裡，多數人民為了衣食所迫，不能不甘冒清廷「私自出洋經營，或移往外洋海島……」〔註27〕

鄭瑞明先生也提到華人到越南的南方：

越南與中國比鄰，不論海路會陸路，往來均甚方便，所以當時入越南者為數甚多，單就嘉道年間而言，即不下十餘萬人之多。他們入越之後，除極少部份因環境允許，仍然以農為業之外，其餘大多改而從工、從商，對於越南經濟曾作多方面的貢獻。〔註28〕

中國在南海有長期海上絲路歷史。因此，海上貿易也是中國南方福建、廣東兩省的商業活動。明代鄭和（1371～1433）是一個有名的航海家，他曾有七次出洋，對中國海洋史上產生許多影響。在明清時代，特別是清代中國南方也繼承傳統路線到南洋。還有，中國海商與葡萄牙、西班牙、荷蘭各海洋公司連接，並發展貿易。因此越南的會安、順化一邊是港市，流通越南物產，一邊也是一個中間海港，轉運越南物產到國外。之後，中國商人到越南北部興安省舖憲、順化清河港、會安港人數越來越多而他們僑居當地。商人因為人口壓力所逼而到國外，他們都是為了謀生。

宗藩時期，越南獨立建立國家。此時期也有很多中國人士移民到越南。從十世紀以後，越南史料記載很多中國人到大越。陳朝時期，宋代衰微，元兵控制中國，引起很多中國南宋人士到大越避難，或在大越當官。每次國家鼎新革命、新朝廷成立、國內戰爭與暴亂，引起中國人士再次移居到大越。特別明清之際中國南方人士陸續到大越升龍與南方廣南、順化，他們建立清河社與明鄉社。因相同的原因僧人也隨著海船到國外。他們都不滿清代統治而南來越南。或者明清社會對他們有很多壓迫而引起他們逃到海洋當起海賊，或是到國外生活。鄭玖與家屬到越南南方河仙省，他因為不堪胡虜之亂而離開本土到越南。明將楊彥迪、陳上川與三千將兵等，因為滿清壓力而經過大海到南越，阮主派他們到越南南部美荻省市管理社會與而定居越地。

〔註27〕鄭瑞明：《清代越南的華僑》，台北，國立台灣大學歷史系研究所出版，1975年，頁27～29。

〔註28〕鄭瑞明：《清代越南的華僑》，台北，國立台灣大學歷史系研究所出版，1975年，頁29。

　　大越黎朝末年，西山朝廷有很多海盜，他們與中國南方海盜勾結。這時代，海盜對海商是傷心的劫難。到阮朝嘉隆、明命、紹治之後，東海的海盜還是國家大難。越南歷史書籍還有很多記載。〔註29〕

　　當然，對海路而言，交通順利，只要判斷時間讓商船沒有遇到颱風、大雨，就可以順利到越南。因此判斷時間，要有經驗與學識。越南物產十分豐富，因此中國人常常到越南進行經貿活動。越南物產特別多，《漢書》卷八下（地理志）有關於越南物產記載：

> 秦南海尉趙佗亦自王，傳國至武帝時，盡滅以為郡云：處近海，多犀、象、毒冒、珠璣、銀、銅、果、布之湊，中國往商賈者多取富焉。〔註30〕

　　因此可看到越南有多物產而中國商人經常到越南經貿。之後，商人請求阮朝朝廷讓他們留住在越南地方，成為越南一個民族。大部分商人都住在海港、港口或在繁榮的城市。他們與各國商人來往，通過貿易信息可以了解中國與世界上的情況。清代商人到越南貿易越來越多。清代還有很多書籍記載有關兩國之貿易。乾隆五十七年《大清會典事例》中有關於廣西商人到越南的記載：

> 廣西省商民赴安南貿易。一切檳榔煙茶等貨物、出口入口各稅。俱由潯州、梧州、兩廠照則徵收。毋庸再徵龍州隘口商稅〔註31〕

　　《清實錄》、《清朝續文獻通考》等清代書籍有寫到廣東、廣西兩省人民赴安南貿易。因此，兩國通商由廣東、福建到會安、堤岸等地都很順利。

　　兩國商人來往還有一部分是因為國外有親人、朋友在做生意，而國內人員陸續到國外。越南北部的舖憲，中部的順化清河港、會安港，以及南部的堤岸港等都是歷史悠久的商港。因此，貿易來往順暢，還有親人、朋友常來往，除了經濟另外還有中國信息。商人生活團結形成華人文化社會，互相發展。例如：北越清華省（今日之清化省市）的天后宮亦是福建會館，在十九世紀重建時，受到南定省的天后宮資助很多錢財物質、河內市關帝廟重建時受到舖憲華人供養很多銀錢。以上只是舉例一二，筆者在研究越南史上看到很

〔註29〕有關中越海賊，可以看松浦章著《中國的海賊》，謝躍譯，北京市，商務印書館出版，2011年。

〔註30〕班固撰；顏師古注：《漢書》，臺北市：鼎文書局，1986年，頁1669～1670。

〔註31〕劉錦藻撰：《清朝續文獻通考》，四百卷，臺北市：臺灣商務印書館，1987年，頁8005。

多華人名勝古跡重修廟宇碑文，其中記載各地華人資助。對重修華人的天后宮、關帝廟等，不但越南華人資助，還有中國廣東、廣西、福建各地資助錢財等。這情形，可以看到中國人民，不但在國外，還是國內，他們是個團體，共同、保衛華人的文化。

另外一個部分，與筆者論文研究有關的是中國到越南的僑僧。他們除了隨佛道戒律、清規以外，與每個人一樣受社會環境影響，出國路線也相同。

中國書籍還記載在歷史上有很多中國僧人到越南傳道，特別是大藏經記載很多僧人在北屬時期到越南。當然兩千年多前的歷史已難考，但他們大部分是到越南避難與傳教。以上筆者有論述到牟子與母親避難而到交趾，另外很多僧人在交趾翻譯佛經或者到交趾是一個中間的路線讓他們之後繼續到國外。康僧會是康居人，他父母在交州做生意，所以他在交州出生之後入佛道，翻譯多部佛教經典。之後，康僧會到建業譯經。到唐朝義淨法師在《大唐西域求法高僧傳》記載了很多僧人從中國、南洋或印度等地經過海洋商路而到交趾。但十世紀之間，北屬時期，大部分中國僧人到越南傳譯佛典。越南當時的交趾、九真、日南成為僧人移居路線的中繼站。

十三世紀，越南陳朝書籍記載宋元之間有很多中國人到大越避難，其中有天封居士，他到大越定居，之後沒有回國而在大越傳教。到明清時代，如上所述，中國動盪、戰爭、人口等方面影響到中國南方人士。佛教人士也不在其外。在中國人出洋到國外的風潮，很多僧人也到日本、大越北方、大越南方、南洋等地。他們是雲水僧人，意思是僧人可以到世界上的各地傳教。到國外傳教不只是當時中國佛教而當時的西方天主教也一樣的方式。他們都是到國外傳教，到還沒有佛教或天主教的地方建立宗教。本論文研究到福建省拙拙禪師是一個由此的僧人。之後廣東人元韶禪師也到大越傳教。他們都有幾次回到中國本地，之後決定在國外傳教而僑居一生。大越南方的元韶與他的很多弟子，例如：明海法寶、明物一致、明覺奇芳與明海佛寶等都到南越傳道，其中有幾位成為南方佛教的禪祖。

但是佛教人士還有一個方式，並非被動傳到越南，也不是隨著家人或朋友遷徙，而可能是一位雲水僧的身份受到越南朝廷邀請傳道，例如石濂釋大汕禪師。1695 年，通過阮主幾次邀請他到順化傳道。之後，在大越南方大汕建立戒壇、傳授法戒等工作，對越南南方國家政治、佛教清規等方面產生許

多影響。在越南歷史上，大汕可以說是獨一無二的僧人，他也是越南的一位禪祖，至今還對越南佛教文化產生影響。

總之，在中國人到越南的原因可以看到很多方式，可分為兩方面是主動或被動到國外。不管被動還是主動，中國人到越南做生意或者開墾農業等方面，他們都對越南文化、語言與經濟各方面的貢獻。每個時代都有華人的貢獻，其中有一部份是僧人產生影響。由過去的歷史來看到現代的華人，對我們現代人可以了解中越兩國長久以來的互動關係史。

第三節　中國佛教與越南佛教關係分期

一、十世紀前北屬時期中國僧人到越南概況

現代學者研究到越南佛教遇到很多困難，大部分還沒考證到佛教正確傳到越南的時間。而根據阮朝福田和尚（1774～1862）寫法，從雄王時代越南已有佛教。但越南歷史上傳說雄王有兩千多年的歷史，因此兩千年前左右越南有佛教的事蹟，是不正確的，因為這時佛祖釋迦牟尼還沒出現。由此可知有可能福田和尚的看法是越南佛教史在西元前就已出現。根據《嶺南摭怪》、《禪苑集英》說明越南古代史有一個故事，內容論述渚童子在瓊園山與一位佛光禪師見面，佛光禪師傳授童子佛教：

> 童子遂與家人同行海外。有瓊園山，山上有小庵。家人泊船汲水，
> 童子登遊。其庵有小僧，明佛光，傳法於童子。〔註32〕

黎孟撻在《越南佛教史》認為在公元前三世紀左右佛教就傳到越南。但是以上對佛光禪師傳教童子只是一個傳說的故事，還有這故事在十五世紀出現，因此也很難相信這份史料的真實性。由於福田和尚有論述童子是越南第一位佛子的出現，但是有可能福田和尚也根據陳世法看法而已。因此，佛教傳到越南至今已難考。

到東漢末年，蒼梧儒生牟子與母親到交州避難。因為當時天下紛亂，而交州安平所以他們到越南。當時不只是牟子而已，還有很多中國人士也到越南。當然，牟子當時還不是僧人，但他母親去世後，他就專心研究佛道而編撰《理惑論》。《佛祖統紀》對牟子道：「蒼梧儒生牟子因世亂，無仕官意，銳

〔註32〕陳世法等撰，任明華校點：《嶺南摭怪列傳》，〈渚童子傳〉，上海古籍出版社，
　　　　2010 年。

志佛道，而世多非之，乃製《理惑論》以為勸。其辭有云：佛者覺也，猶三皇神五帝聖也……。起佛祠，課人誦經浴佛設齋，時會者五千餘人。」〔註33〕因此可知，當東漢末年，越南人民相信牟子而有很多人誦經浴佛。他的《理惑論》作品可說是中越兩國佛教史上最早有關係的作品。而牟子也是第一位中國到越南傳教的佛教人物。

　　根據史料文獻，筆者可以看到大藏經《高僧傳》康僧會傳，內容記載他祖先是天竺人：「康僧會，其先康居人，世居天竺，其父因商賈，移于交趾。會年十餘歲，二親並終，至孝服畢出家。」〔註34〕因此僧會在交趾投佛修行。《高僧傳》還對東吳當時的佛教記載：「時孫權已制江左，而佛教未行。」〔註35〕因此可知佛教先傳到交趾後才傳到東吳建業。還有上一段，《高僧傳》還論述到洛陽的佛教：「於時魏境雖有佛法而道風訛替。亦有眾僧未稟歸戒，正以剪落殊俗耳，設復齋懺事法祠祀。」〔註36〕因此可知洛陽與交趾已有佛教轉來，但建業當時還沒有佛教傳入。交趾佛教有可能盛行而康僧會因此出家修行。之後，康僧會從交趾到建業對吳權傳戒與譯經。第一位到越南的僧侶是康僧會，所以康僧會是越南與中國佛教關係史第一人物，影響到兩國佛教歷史。越南最古老的佛教史《禪苑集英》對當時中國越南兩國的佛教對比的記載：

> 交州一方，道通天竺，佛法初來，江東未被而嬴陵又重創興寶剎二十餘所，度僧五百餘人，譯經一十五卷，以其先之故也。于時則已有丘尼名摩羅耆城〔註37〕、康僧會、支彊良、牟博之屬在焉。今又有法得賢上法士，於毘尼多流支傳三祖宗派為菩薩中人於眾善寺授徒演化，會下不減三百餘人與中國無異。〔註38〕

〔註33〕《大正新脩大藏經》，大藏經刊行會編：《佛祖統紀》，台北市：新文豐出版社，1983 年，頁 321～322。

〔註34〕梁慧皎撰：《高僧傳》，CBETA，大正藏第 50 冊，No.2509，大正藏電子版，2011 年。

〔註35〕梁慧皎撰：《高僧傳》，CBETA，大正藏第 50 冊，No.2509，大正藏電子版，2011 年。

〔註36〕梁慧皎撰：《高僧傳》，CBETA，大正藏第 50 冊，No.2509，大正藏電子版，2011 年。

〔註37〕原本城字，但是越南佛教史都寫成：摩羅耆域。筆者根據文本而寫。

〔註38〕《禪苑集英》，漢喃研究院編號：A.3144，刻板於 1715 年，頁 40～41。

　　從越南與中國資料可以看到漢代、東吳時代，越南的佛教很發達。根據史料提出越南與中國、天竺很早就有往來。以上提到東吳時期，越南有很多僧人，廟宇有二十餘所，還有譯經等事蹟。這內容，可以說明早期越南是佛教的動盪時代。綜上所述，越南交通路線有通往天竺，因此很多天竺僧人來傳教與翻譯經典。通過中國藏經《高僧傳》或越南《禪苑集英》都說明越南佛教比中國發展早。現代佛教學者鐮田茂雄在《中國佛教通史》對越南東漢以後認為：「佛教傳入越南，早在二世紀左右……三世紀時，外國僧在交州傳授翻譯事業，這充分顯示在交州地方，佛教已有相當程度的弘布。」〔註39〕，再次肯定佛教很早傳到越南。

　　對漢代，東漢、東吳到五世紀左右，釋密體禪師在《越南佛教略史》一書中認定：

> 雖然交州在第二次北屬中國後，旋即獨立自主（243～544），一直到前李（544～548），至後李南帝時，交州又第三次北屬中國（603～939）。這一段時間內，佛教還沒有多少發展，雖有僧士，有寺院，但寺院塔只表現信仰之一而已。因為當時越南佛教直接受印度影響，比受中國影響多。有一段很久的時間，有通達漢子的印度法師在交州把梵文翻譯成漢文，所以交州沒有人到中國求經了。而且當時佛教只偏重形式上的發展，不重於精神上的教育。也可以說佛教從傳入越南（194～195）的開始，直到544年的那些年，越南還是內屬於中國，但中國政府沒正式承認佛教是一個宗教，給當地老百姓信奉，因此沒有正式擁護佛教。〔註40〕

　　現在看來釋密體的看法有些落後，因為在他研究的時間是二十世紀上半葉，至今將近一百年。之後很多學者根據《大藏經》與很多史料，分析當時越南佛教歷史的情況，因此，可看到當時544年之前已有很多中國僧人在越南傳教。根據梁代僧佑（445～518）撰《弘明集》一書記載道高兩位法師答交州李淼有關「佛不見行」的問題。透過六封信，可以看到當時交州佛教與政權來往、學術討論。另外很多印度各小國禪師到越南、扶南、中國等地傳教，他

〔註39〕鐮田茂雄著，關世謙譯：《中國佛教通史》，第一卷，佛光出版社，1994年，頁60～61。

〔註40〕藍吉富主編：《世界佛學名著譯叢》，第57冊，《越南佛教略史》，釋善議翻譯，台北市，華宇出版社，1988年，頁254～255。

們到越南或者看到越南是傳教路線的暫時停留地方，但他們去過每個地方都以佛教活動對社會有很大影響。印度各國僧人到越南，例如：耆域法師、支彊梁接法師、曇摩耶舍法師、佛馱跋陀羅、丘陀羅等，至今還有很多史料記載到他們。耆域是天竺人，他在三世紀傳教到中國與越南。首先，耆域根據海路到扶南，然後到交州停留傳播佛教，之後他到中國傳教而最後他回到天竺。還有支彊梁接法師、曇摩耶舍法師、佛馱跋陀羅都對越南當時佛教史有很大影響，他們大部分都有翻譯佛經，傳到各地。其中，對越南現代文化還有很大影響是丘陀羅法師的故事。

根據越南十四世紀陳世法編撰《嶺南摭怪》一書中收集丘陀羅小傳。另外，十八世紀刻板的《古州法雲佛本行語錄》一書，內容有關於丘陀羅的事跡。基本上這兩部書籍有些差異，但語錄本師用喃字編寫，因此內容比《嶺南摭怪》有點長。根據兩本書的內容，可以知道丘陀羅的身份與對越南佛教貢獻。

在漢靈帝末年，有很多天竺和尚到越南傳教，特別是耆域與丘陀羅，他們在贏陵傳教而受到交州太守士燮擁護。耆域之後到東方去，只有丘陀羅在贏陵傳教。當時贏陵城內有一位優婆塞修定。修定有一個小女，從小羨慕佛法，長大後自然懷孕。修定認為小女的懷孕，有可能是丘陀羅的責任，因此出生後把小孩交給丘陀羅。丘陀羅進入古樹樹，把小孩放在大樹裡頭，之後，經過幾年，風雨連天，大樹倒下而流到贏陵地方。人民用大樹身上雕刻成為四個佛像，叫：法雲，法雨，法雷，法電，在四個廟宇奉祀。越南人供奉四個佛像叫四法信仰。丘陀羅，之後他行蹤杳然。至今一千多年，越南北方還信奉四法信仰，北方廟宇不只是北寧省，各地都有法雲寺、法雷寺、法雨寺、法電寺。

丘陀羅故事，或幾位印度僧人只說明六世紀之前，越南有很多中國、印度僧人來傳教。他們是出家人或是在交州當官，但他們對越南佛教史上有很大的貢獻。

然而很多中國僧人到越南傳教，他們在越南佛教史都有記載。在十世紀之前，有那麼多中國僧人到大越，當然，他們或許經過越南，把越南當中轉站而已，然而他們在越南留下很多影響，對越南佛教發展史作出貢獻。現代，我們可以看到梁代慧皎禪師在《高僧傳》和其他書籍寫到僧人到越南傳教，其中有：于法蘭禪師、于道邃禪師、釋慧琳禪師、法顯禪師等。以下是中國僧

人經過交趾的小傳。

于法蘭傳：

> 于法蘭。高陽人。少有異操。十五出家。便以精勤為業。研諷經典
> 以日兼夜。求法問道必在眾先。迄在冠年風神秀逸。道振三河名流
> 四遠。性好山泉多處巖壑。嘗於冬月在山冰雪甚厲。時有一虎來入
> 蘭房。蘭神色無忤虎亦甚馴。至明旦雪止乃去。山中神祇常來受法。
> 其德被精靈。皆此類也。後聞江東山水剡縣稱奇。乃徐步東甌遠矚
> 嶀嵊。居於石城山足。今之元華寺是也。時人以其風力。比庾元規。
> 孫綽道賢論。以比阮嗣宗。論云。蘭公遺身高尚妙跡。殆至人之流。
> 坑步兵傲獨不群。亦蘭之儔也。居剡少時。欻然嘆曰。大法雖興經
> 道多闕。若一聞圓教夕死可也。乃遠適西域欲求異聞。至交州遇疾
> 終於象林。〔註41〕

于道邃傳：

> 于道邃。燉煌人。少而失蔭叔親養之。邃孝敬竭誠若奉其母。至年
> 十六出家事蘭公為弟子。學業高明內外該覽。善方藥美書札。洞諳
> 殊俗尤巧談論。護公常稱邃高簡雅素有古人之風。若不無方為大法
> 梁棟矣。後與簡公俱過江。謝慶緒大相推重。性好山澤在東多游履
> 名山。為人不屑毀譽。未嘗以塵近經抱。後隨蘭適西域。於交趾遇
> 疾而終。春秋三十有一矣。〔註42〕

另外一位是釋慧琳禪師，很少史料記載他的身世。慧琳沒有小傳，他的
書蹟是附於他本師釋道淵的小傳。但只有一段的內容，也說明慧琳身份與他
到交趾事情。當時很多史料對慧琳爭辯，對他身份與佛法思想，最後身留交
趾等問題。黎孟撻在研究越南史，認為可能在 545 年，慧琳被貶謫到交趾。
以下是《高僧傳》記載一段慧琳的小傳。

釋慧琳：

> 淵弟子慧琳。本姓劉。秦郡人。善諸經及莊老。排諧好語笑。長於
> 制作。故集有十卷。而為性傲誕頗自矜代。淵嘗詣傳亮。琳先在坐。

〔註41〕梁慧皎撰《高僧傳》，卷四，CBETA，冊 50，No.2059，大正藏電子版，2011
年。

〔註42〕梁慧皎撰《高僧傳》，卷四，CBETA，冊 50，No.2059，大正藏電子版，2011
年。

及淵至琳不為致禮。淵怒之彰色。亮遂罰琳杖二十。宋世祖雅重琳。

引見常升獨榻。顏延之每以致譏。帝輒不悅。後著白黑論乖於佛理。

衡陽太守何承天與琳比狎雅相擊揚。著達性論。並拘滯一方詆呵釋

教。顏延之及宗炳。撿駁二論。各萬餘言。琳既自毀其法被斥交州。

世雲淵公見麻星者。即其人也。〔註43〕

釋曇弘在交趾仙山寺修行。有很多中國歷代書籍記載曇弘有關資料。根據黎孟撻的研究，曇弘有可能圓寂於455年，八十年後左右慧皎編輯《高僧傳》而編寫他的小傳。當然，當時還有很多佛教經典記載他的作品或佛教論述。但筆者研究中國僧人到越南傳教，曇弘之後很多中國僧人到越南：

釋曇弘傳：

釋曇弘。黃龍人。少修戒行專精律部。宋永初中南游番禺止台寺。

晚又適交趾之仙山寺。誦無量壽及觀經。誓心安養。以孝建二年於

山上聚薪。密往□中以火自燒。弟子追及。抱持將還。半身已爛。

經月少差。後近村設會舉寺皆赴。弘於是日複入谷燒身。村人追求

命已絕矣。於是益薪進火明日乃盡。爾日村居民咸見弘身黃金色乘

一金鹿西行。甚急不暇暄涼。道俗方悟其神異。共收灰骨以起塔

焉。〔註44〕

當然有很多僧人從中國到越南傳教、避難或被朝廷貶謫而身留在越地。除了以上幾位之外，還有智斌沙門，慧皎在《高僧傳》在編輯釋僧瑾內容有附載於智斌小傳後：

先是智斌沙門。初代曇岳為僧正。斌亦德為物宗善三論及維摩思益

毛詩莊老等。後義嘉構釁。時人讒斌云。為義嘉行道。遂被擯交州。

〔註45〕

以上，筆者大部分根據慧皎編輯《高僧傳》收集幾位中國僧人到越南的身份。因為慧皎編輯《高僧傳》年代有可能在六世紀上半葉，六世紀下半葉越南出現新朝代，544年李賁稱皇帝，580年越南建立毘尼多流支禪派，因此，

〔註43〕梁慧皎撰《高僧傳》，卷七，CBETA，冊50，No.2059，大正藏電子版，2011年。

〔註44〕梁慧皎撰《高僧傳》，卷十二，CBETA，冊50，No.2059，大正藏電子版，2011年。

〔註45〕梁慧皎撰《高僧傳》，卷七，CBETA，冊50，No.2059，大正藏電子版，2011年。

筆者以慧皎編輯以前而論述越南受到中國佛教影響。當然，論述到越南佛教史最初傳入的時間，佛教書籍還記載很多中國禪師在越南，或往來越南與中國，他們在傳教的時代，前往各地弘法。他們來往的路線是陸路或海路。但筆者覺得，當時僧人踏遍各地，中國、南洋、印度等地區。他們的史料，至今留存很少，但他們對佛教史發展方面有許多貢獻。

到六世紀下半葉，越南佛教史上出現一個禪派：毘尼多流支禪派。對毘尼多流支中越兩國家都有書籍記載。中國《大藏經》中記載有關毘尼多流支的身份，但大部分記載都說明他翻譯佛典。在《大藏經》我們常看到「隋天竺三藏毘尼多流支譯」一句，但是對他身份，很少資料記載，其中隋朝《歷代三寶記》雖然也是寫到對毘尼多流支的身份，但只有很短的一段。《歷代三寶記》對毘尼多流支寫：

> 北天竺烏場國三藏法師毘尼多流支。隋言滅喜。既聞我皇興復三寶。故能不遠五百由延。振錫巡方來觀盛化至止。便召入令翻經。即於大興善寺譯出。給事李道寶般若流支次子曇皮二人傳譯。大興善寺沙門長安釋法纂筆受為隋言。并整比文義。沙門彥琮並皆製序。〔註46〕

當然，對毘尼多流支還有很多書籍記載他翻譯佛經等事，例如：《大乘方廣總持經》（No.0275）、《佛說象頭精舍經》（No.0466）都寫到：「隋天竺三藏毘尼多流支譯」。另外還有《歷代三寶記》（No.2034）、《續高僧傳》（No.2060）、《大唐內典錄》（No.2149）、《古今譯經圖記》（No.2151）、《開元釋教錄》（No.2154）、《貞元新定釋教目錄》（No.2157）、《多羅葉記》（No.2770）等書籍也都提到毘尼多流支。很多中國史料提出毘尼多流支，但沒有記載到越南傳教的狀況。

另外，以前越南陳朝的佛教史書《禪苑集英》下卷，記載毘尼多流支禪派，其中有他的小傳，內容說明毘尼多流支在龍編古州鄉法雲寺。他之前從南天竺國到中國修行。於大建六年（574）中國禪宗第三祖曾璨向毘尼多流支傳戒。曾璨吩咐「汝速南方行交接，不宜久住。」〔註47〕因此師到廣州翻譯佛經。到北周大象二年（580），毘尼多流支到越南，從此他在法雲寺傳承

〔註46〕 費長房：《歷代三寶記》卷十二，CBETA，49 冊，No.2034，大正藏電子版，2011 年。

〔註47〕 《禪苑集英》，漢喃研究院編號：A.3144，刻板於 1715 年，頁 88。

宗派。

　　因為毘尼多流支有中國與越南兩國史料，問題是兩邊史料沒有統一，因此出現很多不同的看法，出現很多不同的論述。聖嚴法師在《東南亞佛教研究》一書中，對越南佛教史上有論述：

> 毘尼多流支，他雖不是中國禪宗派下的人，卻是中國禪宗初祖達磨的法孫，毘尼多流支接法於僧璨，僧璨接法於達磨，故其仍與中國的禪統有關。他是南印度人，先受教於僧璨，後來約在西紀第六世紀之末頃，可能是五八〇年，來到越南，住法雲寺，並在那裏傳授禪法。此後十四年，他也就在那裏圓寂了。毘尼多流支的弟子，著名者有法賢，止住於越南，唐高祖武德九年（西紀六二六）入寂。此後，自三祖至七祖的事蹟不明。第八祖定空禪師，建有瓊林寺，寂於唐憲宗元和三年（西紀八〇八）。第九祖通善。第十代出有羅貴安、法順、摩訶、無礙，計四人，其中之法順，著有「菩薩號懺悔文」傳世。十一代知名者，有禪翁、崇範、廣淨等三人。十二代則有萬行、定慧、道行、持鉢、純真等五人。十三代為惠生、禪嚴、明空、本寂，以及其他二位，共計六人。十四代出有慶喜、淨如、淨眼、廣福等四人，其中的慶喜，著有悟道歌詩集行世。十五代則為戒空、法融、草一等三人。十六代是：智、真空、道林等三禪師。十七代，妙因、圓學、靜禪之三人，其中的妙因係比丘尼。十八代的圓通，著有諸佛跡緣事、洪鐘文碑記、僧家雜錄。十九代的依山，乃是這一系可以考查的最後一人，寂於西元十三世紀之初，大約是中國南宋寧宗的時代。〔註48〕

　　以上釋聖嚴簡略毘尼多流支禪派，從 580 年到陳朝十三世紀，禪派傳到十九代。中國史料未記載毘尼多流支圓寂的時間，但是越南《禪苑集英》記載他圓寂時間，向弟子法賢傳法偈。越南經過幾百年戰亂，同時中國也經歷隋朝、唐朝、五代十國等朝代，毘尼多流支禪派發展繁盛，成為越南禪宗鼎盛時代。

〔註48〕釋聖嚴：〈越南佛教史略〉，《現代佛教學術叢刊》，第 83 期，台北市，大乘文化出版，1978 年，頁 279～280。

圖一　《禪苑集英》毘尼多流支傳

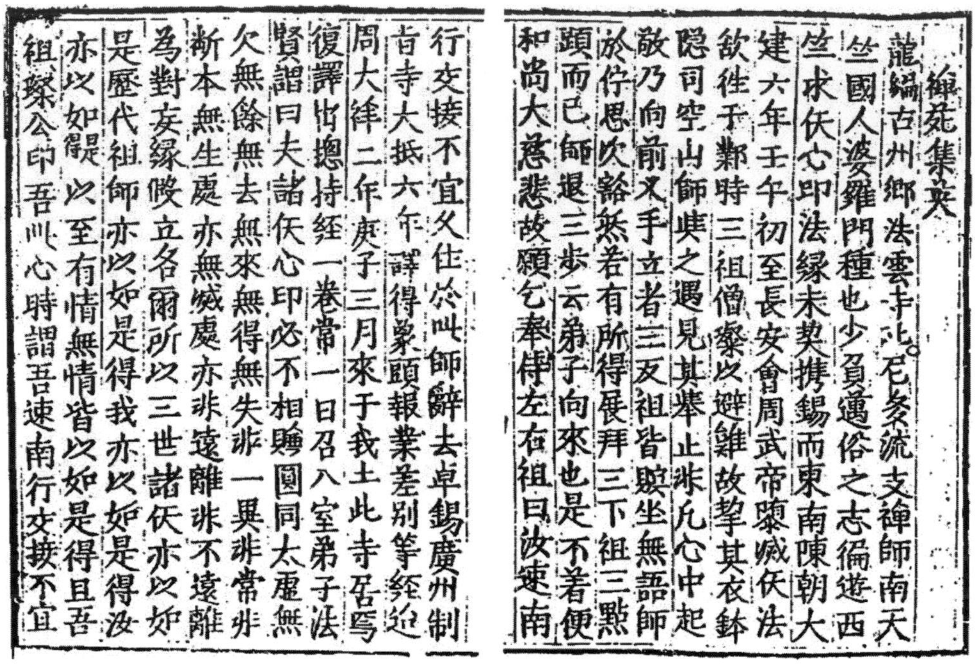
禪苑集英
龍編古州鄉法雲寺毗尼多流支禪師南天
竺國人婆羅門種也少負邁俗之志徧遊西
竺求佛心印法緣未契携錫而東南陳朝大
建六年壬午初至長安會周武帝破滅佛法
欲往于鄴時三祖僧璨以避難故挈其衣鉢
隱司空山師與之遇見其舉止非凡心中起
敬乃向前叉手立者三叉祖皆默坐無語師
於佇思次豁然若有所得展拜三下祖三點
頭而已師退三步云弟子向來也是不着便
和尚大慈悲故願乞奉侍左右祖曰汝速南
行交接不宜久住於此師辭去卓錫廣州制
旨寺大抵六年譯得象頭報業差別等經迨
周大象二年庚子三月來于我土此寺居焉
復譯出總持經一卷常一日召入室弟子法
賢謂曰夫諸佛心印必不相賺圓同太虛無
欠無餘無去無來無得無失非一異非常非
斷本無生處亦無滅處亦非遠離非不遠離
為對妄緣假立名爾所以三世諸佛亦以如
是歷代祖師亦以如是得我亦以如是得汝
亦以如是以至有情無情皆以如是得且吾
祖璨公印吾此心時謂吾速南行交接不宜

資料來源：《禪苑集英》漢喃研究院編號：A.3144。

隋代到唐代有很多越南僧人到中國、在中國圓寂或回到越南。《大正藏》記載很多因此的僧人，例如：木叉提婆是交州人，他上船到南海，經過很多國家，之後到中國大覺寺。窺沖法師，交州人，他還有梵文名，因此他可能知道梵語；窺沖也到南海各國，之後回到中國。慧琰師，也是交州人到國外，之後行蹤杳然。大乘燈禪師，愛州人，在慈恩寺玄奘法師傳戒給很多越南僧人其中有他。可以說隋末唐初，很多兩國僧人來往。對於這年代，鐮田茂雄在《中國佛教通史》認為：

> 唐代，越南對於中國僧經由南海到印度朝聖，在作為中途站這一方面，發揮了很大的作用。從義淨撰述的大唐西域求法高僧傳得知，有明遠，慧命、無行、雲閏、智弘、僧伽跋摩等很多僧眾在交州路過，而停留在交州的僧人也不在少數。唐代越南的佛教是禪宗，六世紀時由毘尼多流支所傳；其後的第二派，由九世紀的無言通所傳，從此以後，越南佛教即成為禪宗系統。〔註 49〕

〔註 49〕鐮田茂雄著，關世謙譯：《中國佛教通史》，第一卷，佛光出版社，1994 年，頁 61。

　　鐮田茂雄論述當時越南佛教史也論述到中越兩國關係史。隋唐以後，中國佛教特別發展，當時越南也受到很多影響，如上所述很多兩國僧人來往。其中特別的是中國轉到越南的毘尼多流支，成為越南十四世紀之前的禪祖。越南的《禪苑集英》一書有上下兩卷，下卷收集毘尼多流支禪派的各代弟子，上卷是無言通禪派的傳承。可以說《禪苑集英》收集十四世紀之前的越南佛教史。當然研究越南佛教史，特別是北屬時期，需依靠中國史料。毘尼多流支禪派在越南興盛後，越南佛教史上出現了第二個禪派，是無言通禪派。

圖二　《禪苑集英》無言通傳　　　　　圖三　無言通像

資料來源：圖一：《禪苑集英》漢喃研究院編號：A.3144。

　　　　　圖二：http://www.vinabooking.vn/kham-pha-du-lich/thong-tin/co-kinh-kien-so-975

　　相當於中國唐代，越南還出現無言通禪派。在中國，無言通他參學於百丈懷海禪師。820 年，無言通至交州北寧省建初寺，創立禪派、傳佛學。他繼承中國禪宗，從慧能到百丈懷海傳到越南的宗派。無言通禪派傳到十四世紀左右越南陳朝末年，佛教衰微，他的禪派從此沒有記載。無言通禪師身份在

《禪苑集英》記載如下：

> 無言通禪師
>
> 仙遊扶董鄉建初寺無言通禪師，本廣州人也。姓鄭氏，少慕空學，不治家產，務州雙林寺受業，處性沈厚，寡言默識，了達事艱。故時人號無通言（傳登曰不語通）。常一日禮佛，次有禪者問：座主禮甚麼？師云：禮佛。禪者指佛像云：祇這箇是甚麼？師無對。是夜，具威儀就禪者禮拜，問曰：嚮之所問，未審意旨如何。禪者云：座主出家以來，經逾幾夏？師云：十夏。禪者云：還曾出家麼也未？師轉茫然。禪者云：若也不會，百夏何益。乃引師同參馬祖及抵江西而祖已示寂，遂往謁百丈懷海禪師。時有僧問：如何是大乘頓悟法門？丈云：心地若空，惠日自照。師於言下有得。乃還廣州和安寺住持。有人問：師是禪師否？師云：貧道不曾學禪。良久便喚，其人應諾。師指梭欏樹，其人無對。仰山禪師作沙彌時，師常喚云：寂子為我將牀來。仰將牀子到。師云：送還本處。仰從之，又問：寂子那邊有甚麼？曰：無物。這邊？聾曰：無物。師又問：寂子？仰應諾。師云：去。唐元和十五年庚子秋九月，師來至此寺卓錫。飯粥之外，禪悅為樂，凡坐面壁，未嘗言說，累年莫有識者，獨寺僧感誠尤加禮敬奉，侍左右，密扣玄機，盡得其要。一日無疾，沐浴易服，召感誠，曰：昔吾祖南嶽讓禪師歸寂時，有云：一切諸法皆從心，生心無所生，法無所住，若達心地，所作無礙，非遇上根，慎勿輕許。言訖，合掌而逝。感茶毘，收舍利，塔于仙遊山，時唐寶曆二年丙午正月十二日。二十八年，又至開祐丁丑二十四年，我越禪學自師之始。〔註50〕

可以說，到唐代末年，越南佛教已定型，宗風發展，僧侶為數不少。中國與越南史料還記載很多中越兩國來往或越南到中國講經，之後，從中國回到越南。對這情況，當時佛教史料之外，有很多詩人與文人送越南僧人回國時，寫了詩歌等，例如：唐代詩人貫休寫一首詩送一位僧人到越南：

> 〈送僧之安南〉
>
> 安南千萬里，師去趣何長。
>
> 鬢有炎州雪，心為異國香。

〔註50〕《禪苑集英》，漢喃研究院編號：A.3144，頁8。

退牙山象惡，過海布帆荒。

早作歸吳計，無忘父母鄉。〔註51〕

唐代八世紀，詩人楊巨源有一首詩，為一位僧人，這位僧人奉定法師是越南人，他有可能到長安，之後辭別唐代長安人士，楊巨源就送他一首詩：

〈供奉定法師歸安南〉

故鄉南越外，萬里白雲峯。

經論辭天去，香花入海逢。

鷺濤清梵徹，蜃閣化城重。

心到長安陌，交州後夜鐘。〔註52〕

當然，越南北屬時期，因此中越兩國僧人常常來往、兩國有很多資料記載。以上，筆者透過史料只介紹一部分而已。

另外，天竺僧人也在越南，特別越南升龍路線通天竺。九世紀下半葉，南詔國軍侵犯越南十多年，當時越南與南詔順著紅河來往，因此南詔僧人到越南很順利。在越南陳朝之前，佛教史上記載很多天竺僧人。越南佛教建築也受到密宗影響，南詔密宗傳道的風格，至今還有很多佛塔或碑文描述當時的建築文化。當時南詔是中國的屬地，因此很多中國僧人從南詔到越南，他們把南詔地區的密宗帶來越南。至今越南還保留寧平省十世紀一柱寺的石刻經幢。經幢身上的文字是《佛頂尊勝陀羅尼經》。至今，我們研究推測有可能經幢傳到越南丁朝，因密宗從雲南南詔沿著紅河進入越南，之後，利用沱江到寧平省。可知，經幢到寧平省是沿著水路到一柱寺。當時從南詔到越南的路線就是沿著紅河、沱江而到愛州（今日寧平省與清化省）。

中國五代十國時期，社會動亂戰爭連年，因此對中越佛教關係史很少資料記載。但到十世紀上半葉（938年），越南吳權宣佈獨立建國。從此，越南國家觀念跟之前出現許多改變。現今國際學者都認為938年就是越南離開北屬時期的年代，同時是越南獨立出現宗藩時代。〔註53〕968年，建立大瞿越國號。從此越南建立王朝，對中國主權完全獨立。從此之後中國、越南兩國的

〔註51〕《全唐詩》，卷八百三十三。這首詩，又見於《禪月集》卷十六，五代貫休撰，台北市，台灣學生出版社，1975。

〔註52〕《全唐詩》，卷三百三十三。

〔註53〕最近有很多越南學者認為，938年不是建立國家的時期，他們認為968年，丁朝建立國號，才是國家的定型。因此，觀於越南有獨立建國年代，至今還沒有統一的觀點。

佛教改變觀念與關係。

二、十世紀到現代中越佛教關係

在 968 年，丁朝在寧平省定都，建立大瞿越國號。到 979 年，黎桓篡丁朝皇位而建立黎朝。這時代，國內動亂數十年，中國南漢朝廷來侵犯，因此，國家新成立有很多困難。黎桓統一國家後，建立國家法制，平定內憂外患，使得國家進入昇平的時代。980 年，黎桓稱帝，他才是越南歷史上第一個皇帝。到 1005 年，黎桓逝世，皇太子黎龍鋌繼位當皇帝。宋景德四年（1007），黎龍鋌請宋朝賜予《大藏經》，經過兩年，西元 1009 年，宋朝頒給大瞿越國《大藏經》。這事情在《大越史記全書》記載很清楚：

> 丁未十四年（帝仍應天年號，宋景德四年春），遣弟明昶、掌書記黃成雅獻白犀于宋，乞大藏經文。秋八月，宋封帝為交趾郡王，領靜海軍節度使，仍賜名至忠……己酉二年（宋大中祥符二年）春，明昶自宋還，得大藏經文。〔註54〕

根據《大越史記全書》可以知道，十一世紀初，大越已有《大藏經》。當然，《大藏經》是宋朝頒給，表明當時中國與越南佛教關係密切。至今，我們無法考證宋代給越南國家的《大藏經》數量，但是，我們利用當時的文獻了解十一世紀初李朝重視佛教的情況。越南史料記載當時越南僧人在朝廷有很高的地位，國家建立都有佛教僧人相助。由此可見十一世紀佛教在國家有很高的地位。當然，當時僧人都是隸屬於國家兩個宗派：毘尼多流支禪派或無言通禪派。

1009 年，李公蘊當大瞿越國的皇帝，建立李朝朝廷。1010 年，李公蘊將京都從寧平省遷到升龍。從此，李朝到黎朝十八世紀，越南京都是在升龍（今日的河內）。李公蘊，中國史料記載是閩南人，但越南史料記載是交州人（今日的北寧省）。越南史料記載，李公蘊從小就在北寧省的廟宇生活，以後隨著黎朝萬行國師到朝廷而後當上黎朝殿前指揮處。直到他當皇帝，把京都遷到升龍。李公蘊的朝廷繼續擁護佛教，建立廟宇，佛經刊刻等。從李公蘊以後，佛教就是國教，國家事事都有佛教的影子。1018 年，李公蘊繼續派大臣到宋朝求取《大藏經》，之後請回來放入大興藏庫。黎朝史家對李公

〔註54〕《大越史記全書》，漢喃研究院編號 A.3／1-4。

蘊朝代的評論：

> 李太祖因臥朝之失德，協震文之休祥，應天順人，乘時啟運，有寬
> 人之大度，有宏遠之規模，遷定鼎，敬天愛民，田租有賜，賦役有
> 制，南北通好，天下晏然。然聖學不開，儒風未振，僧尼半於民間，
> 佛寺滿於天下，非創業垂統之道也。〔註55〕

陳朝末年史家黎文休提到公蘊：

> 李太祖即帝位，甫及二年，宗廟未建，社稷未立，先於天德府創立
> 八寺，又重修諸路寺觀，而度京師千餘人為僧，則土木財力之費，
> 不可勝言也。財非天雨，力非神作，豈非浚民之膏血歟。浚民之膏
> 血可謂修福歟。〔註56〕

以上，筆者只介紹李朝當初擁護佛教，造成僧人滿天下，這也是佛教繼續發展的條件。佛教發展，當然有很多無言通禪派與毘尼多流支禪派禪師的貢獻。但到李聖宗年代，大越出現一個新禪派：草堂禪派。

根據《禪苑集英》記載，草堂禪師是北宋雲門宗雪竇明覺禪派的弟子，草堂是他的名字，也是越南李朝的禪派。《安南志略》記載，在 1069 年，李聖宗征南方後帶回升龍很多南方兵人，其中有草堂。《安南志略》曰：

> 草堂隨師父客占城。昔李聖王攻占城獲之，與僧錄為奴。僧錄作語
> 錄置几而出，師竊改之，僧錄異其妙，聞於王，遂拜為國師。〔註57〕

另外，《禪苑集英》卷下後，還有記載草堂禪派的各代僧人。其中第一位是草堂禪師，內容曰：「升龍京開國寺草堂禪師（傳雪竇明覺宗派）。」〔註58〕之後為草堂禪派各代弟子。根據兩個資料，可以看到草堂與師父經過海路而到占婆國，之後隨著李聖宗而到大越。在大越，他是國師，幫助國家佛教文化發展與監理宗風，而李聖宗是第一代弟子。由此可知，草堂是第三位中國人到越南傳教禪派，之前有毘尼多流支與無言通兩位禪師。草堂禪派的各代

〔註55〕陳荊和編校：《大越史記全書》，東京大學東洋文化所研究所出版，昭和59，頁 88。以上一段，出自黎朝鴻順六年，賜甲辰科進士特進金紫榮祿大夫少保禮部尚書東閣大學士兼國子監祭酒知經筵事敦書伯柱國臣黎嵩謹奉勅撰〈越鑑通考總論〉。

〔註56〕陳荊和編校：《大越史記全書》，東京大學東洋文化所研究所出版，昭和59，頁 108。

〔註57〕黎崱《安南志略》卷十五，四庫全書本。

〔註58〕《禪苑集英》，漢喃研究院編號：A.3144，頁 142。

弟子：第一代弟子有李聖宗、般若禪師、遇赦居士；第二代有吳參政益、明禪師、空路禪師、定覺禪師；第三代有李英宗、社太傅武、梵音禪師、杜都禪似；第四代有張三藏禪師、真玄禪師、杜太傅常；第五代有李高宗、海淨禪師、阮識、范奉御等。草堂禪派存在到十三世紀，就沒落了，代替而起的是陳朝陳仁宗皇帝的竹林禪派。

1226 年，陳朝建立，第一皇帝陳太宗皇帝是李朝最後皇帝的丈夫。因此，從李姓轉到陳姓朝廷很容易。根據《大越史記全書》記載，陳太宗祖先是福建人，到大越定居而到李朝掌握朝廷權力，因而建立朝廷。《大越史記全書》曰：「初，帝之先世閩人（或曰桂林人）有名京者，來居天長即墨鄉。」〔註59〕由此可知陳朝朝廷祖先是閩南人。現代學者張秀民先生在《中越關係史論文集》一書中論述越南各代帝王中，曾引《齊東野語》有云：「安南國王陳日照者，本福建長樂邑人，姓名為謝升卿，少有大志。」在越南，《歷朝憲章類志》、《中學越史撮要》等書籍也記載陳朝先祖是閩南人。〔註60〕

以上說明陳朝祖先是閩南人，之後陳仁宗皇帝建立竹林禪派，陳仁宗的祖先是閩南人。但竹林禪派成立之前，陳仁宗或當時他的師父還都是中國福建人天封居士的弟子。

陳仁宗在編輯《慧忠上士語錄》，對禪派傳承有曰：「又有天封居士從漳泉來，與應順同時，自稱臨濟之宗，傳與大燈國師、難思和尚。大燈傳我聖宗皇帝。」〔註61〕因此內容，天封居士與應順禪師都是福建人到大越。以上內容也說明天封居士傳臨濟宗，他的弟子是大燈國師與難思和尚。之後，大燈國師傳到陳聖宗、玄策等。玄策和尚傳到巨測和尚等。陳聖宗是陳仁宗的父親，之後天封居士對慧忠、仁宗等人士的影響。但他是一位居士，因此有可能他不能傳戒、傳承。當時，傳承臨濟宗是應順和尚的責任。當然，陳仁宗成立竹林禪派之前，陳朝的佛教很發展。根據陳太宗創作的《禪宗指南歌》、《太宗皇帝御制課虛錄》等書，可知太宗的師父是安子山竹林大沙門，在此之後陳仁宗到安子山修行也稱為竹林禪師。

應順禪師，他當時是越南臨濟宗禪祖。根據《竹林慧忠上士語錄》的傳

〔註59〕陳荊和編校：《大越史記全書》，東京大學東洋文化所研究所出版，昭和59，頁321。
〔註60〕以上筆者根據：張秀民著《中越關係史論文集》，文史哲出版社印行，1992 年，頁13～14。
〔註61〕陳仁宗編輯：《竹林慧忠上士語錄》，漢喃研究院編號：A.1932。

承圖解，可以看到從應順到竹林第一祖陳仁宗調禦覺皇。

圖四　陳朝臨濟宗禪派圖

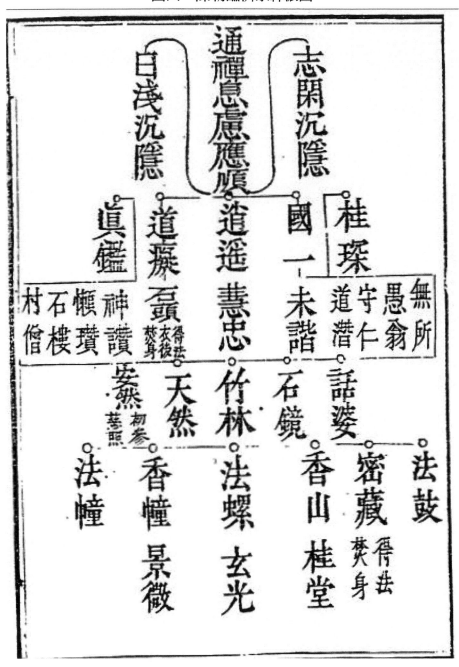

資料來源：《竹林慧忠上士語錄》，漢喃研究院編號：A.1932。

　　根據圖引，可以看到，從應順傳到逍遙禪師，逍遙傳到慧忠，慧忠傳到陳仁宗。陳仁宗之後稱為竹林第一祖、法螺是第二祖、玄光是第三祖。

　　陳仁宗（1258～1308）是陳朝第三個皇帝，從小他就在皇朝佛教文化的生活。仁宗長大時，他經過兩次與元朝戰爭而當上皇帝。1294 年，仁宗退位當上太上皇。1299 年陳仁宗正式在安子山出家投佛。從此，他到大越國各地救助貧人，頒給法藥等善事。1307 年給法螺傳法偈、錫杖與第二代竹林禪派的禪祖。1308 年 11 月，竹林第一祖調禦覺皇陳仁宗圓寂，弟子各眾收舍利，建立安子山惠光塔而裡頭封舍利。

　　根據當時仁宗他說的佛教臨濟宗禪派思想，當時仁宗與弟子常用臨濟宗各禪師語錄。另外，還用《首楞嚴經》、《法華經》等。因此，可以看到陳仁宗禪派思想是陳朝以前越南佛教思想，就是密宗、禪宗與淨土宗共同發展。陳仁宗弟子之後繼續發揮竹林禪派到陳朝末年,胡朝時竹林禪派臨濟宗就沒落。

　　當陳仁宗時代，有一畫家畫仁宗從寧平省武林洞出山的圖，稱為《竹林大士出山之圖》。直到仁宗圓寂後一百年，明朝侵犯越南，國內戰爭，人民漂泊異鄉，當時陳光祉有可能是陳朝後裔帶《竹林大士出山之圖》到中國。當時這畫有很多中國人士題字、詠詩，其中內容都是稱羨竹林第一祖陳仁宗。以下筆者介紹一位廬陵曾棨題跋：

> 竹林大士出山相圖贊
>
> 昔安南國王陳昑，棄位入武林洞中學佛，其後示寂，果有舍利，神光之異。由是國人皆崇信之而佛之教遂盛行于南裔。竹林大士，蓋其所自號而此則其出山相圖也。瀘江學佛者陳光祉嘗以此圖謁予請言目作，佛氏所謂偈者以贊之。
>
> 我聞昔安南，其王乃悟佛。稽首禮金倦，浮榮如脫屨。國中乃有洞，是名為武林。苦行謹修持，佛道日精進。乃至于入滅，名為證果因。舍利暨神光，普現一切異。以茲學佛者，頂禮悉皈依。乃至于此圖，名為出山相。我觀諸佛說，萬有本皆空。諸相在世間，一一非真實。於相亦無有，何名為出山。凡人欲見佛，未見心已至。能如斯見解，見相不見圖。若加精進功，見佛不見相。于相既無見，無處不見佛。若能悟真空，即證如來果。

永樂十八年歲在庚子冬十二月望，翰林侍讀學士奉訓大夫兼修國史
廬陵曾棨書。〔註62〕

圖五　《竹林大士出山之圖》圖片

資料來源：《竹林大士出山之圖》，遼寧博物館藏。

　　陳仁宗的作品，有漢字、喃字，他的思想對越南佛教史影響很大。到十
八世紀，越南北方的臨濟宗再一次稱為竹林禪派，意思是繼承陳仁宗思想的
發展。今日，越南中部仍然推動禪林禪派，現代越南竹林禪派的宗旨是繼承
陳仁宗禪祖。美國也建立陳仁宗佛教研究院，讓世界上依靠陳仁宗禪派推動
世界成為和諧社會。

　　黎朝十五世紀建立國家，尊崇儒教，因此佛教越來越衰微，竹林禪派也
沒有高僧振興宗派。因十六世紀，越南莫朝對抗黎朝、鄭主，國內戰亂造成
佛教、道教無力發展。

　　十七世紀上半葉越南北方黎朝皇帝，以下是鄭主專權；南方阮主建立領
土，來開發南越各地。從此以後，越南有北方與南方兩個政權。越南當時鄭
主與阮主各代都擁護佛教，建立國家內聖外王管理制度，因此各地廟宇建立，
人人資助佛教，在這段時間，南北越佛教開始復興。

〔註62〕《竹林大士出山之圖》，現藏於遼寧省博物館。

　　十七世紀上半葉，越南北方出現一位禪祖：拙拙禪師，他是中國福建人到越南傳教。拙拙身份好像一個傳奇故事，他是雲水僧，到過幾個國家，之後定居北越而成為一位禪祖。可以說，幾百年來越南佛教史上第一位有紀錄的中國和尚來越南傳教的人，就是拙拙禪師。因為，十四世紀之前大越國有三個禪派：毘尼多流支、無言通、草堂。但是可能黎朝儒家鼎盛後，佛教就衰落，而中國僧人因此到越南也沒辦法發展宗派。直到拙拙到北越，可以說是天時、地利、人和的機會，讓他很快就成立禪派。

　　十七世紀上半葉，拙拙禪師從越南中部廣南、順化到北越發展宗風。當十七世紀上半葉以後，北方只有拙拙到傳教，之後又曹洞宗與明珠香海從南往北建立山南鎮佛教宗派。但到十八世紀初，拙拙禪派已是鼎盛。經過數十年後，廣南、順化有很多中國僧人到傳教。這情況有很多原因，但很大的原因是明清之際的時代動盪，因此廣東、福建僧人陸續到國外，到越南、日本等國。從中國南方經過東海的海路到順化以南的地區。首先元韶禪師到大越，他是廣東人，之後由廣東元韶帶來很多弟子，例如：明海法寶（1670～1746）、成等明要（1626～1709）、明鋐定然（？～1795）、明鋐子融（？～？）、明海法化等。可以說十七世紀有很多僧人從中國到大越，其中特別是元韶與石濂釋大汕。關於元韶小傳，可以略述：

　　元韶禪師（1648～1728），廣東潮州程鄉人，姓氏謝，字煥碧，法名元韶另有法名是超白。因為，元韶隨著兩個傳法偈，因此他有兩個法名。元韶是臨濟宗第三十三代傳承。他十九歲在報資寺，出家於曠圓和尚。1677年，元韶到越南南越平定省彌陀寺傳教。之後他到順化建立國恩寺。到1691年前，元韶有幾次回國，每次回國他都邀請僧人，帶來經書、法器等。元韶有很多弟子，根據法偈，例如：明鋐子融、明海法寶等都在廣南以南傳教。1728年，元韶圓寂弟子建塔奉祀。〔註63〕

〔註63〕關於元韶的身份，《大南一統志》（日本—印度支那研究會，1941年出版）曰：
謝元韶，字煥碧，其先廣東潮州人，年十九出家，投報資寺。太尊皇帝乙巳十七年南來卓錫于歸寧府建十塔彌陀寺，廣開象教，尋往順化富春山造國恩寺，築普同塔。又奉英尊皇帝命如東求高僧，得石濂和尚，及還住持河中寺。臨病集僧眾囑秘語作偈曰：寂寂鏡無塵，明明珠不容，堂堂物非物，寥寥空勿空。端然而寂，法臘八十一歲，僧眾造化門塔藏舍利。顯尊賜諡行端禪師。

圖六　《歷傳祖圖》對元韶與明鋐子融記載

元韶禪師　　　　　　　　明鋐子融

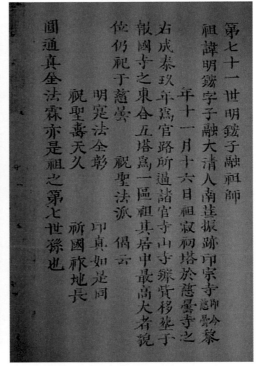

資料來源：《歷傳祖圖》，順化慈曇寺藏本。

　　元韶對南方佛教有很多貢獻，他帶來經書、邀請僑僧與廣開宗派等。可以說，越南南方佛教發展正是元韶的成果。當然，他能成為一個禪祖的原因，少不了南方華人的共同擁戴，以及越南阮主讓他可以建立宗派，自由發展。

　　元韶有弟子如：明海法寶、成等明要、明鋐定然、明鋐子融等，今日他們的資料很少，因此很難考證清楚身份。其中，明鋐子融、明海法寶還可略述。對明海法寶，筆者在第四章另有論述。因此，筆者以下介紹明鋐子融的身份。

　　明鋐子融（？～？），華人，不知道是從中國哪地方到順化。明鋐在順化傳教臨濟宗，建立慈曇寺，至今是順化省佛教教會中心。明鋐上首弟子了觀禪師（？～1743），一生推動順化佛教發展，因此之後，弟子僧俗弟子供奉他為了觀禪祖的禪派。了觀是越南人，至今，順化禪京大部分廟宇都是了觀禪派傳承。

　　另外，還有一位是明海佛寶禪師。他與元韶弟子是同時代，屬於一樣的「明」字輩。至今，沒有資料寫到明海佛寶的師傅，因此，很難考證到他的傳承。根據南方些許佛教史料，可以知道他的身份：

　　法化禪師（1670～1754），福建人（祖籍不詳），俗名黎滅，法號明海佛寶。法化於 1694～1695 年間開創廣義省平山縣淨印東社天印山天印寺。他在天印寺主持 41 年而圓寂於甲戌年正月十七日（1754）。1716 年，阮福潤御筆天印寺匾額〈敕賜天印寺〉。寺在山頂，園樹扶疏，僧徒頗眾。至今，天印寺有了 300 年歷史，有了 15 代和尚主持，本寺也有 5 次重修。

　　以上是元韶禪師與他的幾位弟子，但是他們蹤跡杳然，資料不全，因此今日研究華人與元韶到越南時間無法考證。但是元韶與他的弟子以外，還有很多僧人從中國南方到越南南方傳教。《大南一統志》在元韶小傳後，還描述到一位禪師從廣東到大越傳教：「覺靈，號玄溪和尚，廣東人，臨濟正派三十五世也。少好遊俠，精武藝，以仇殺人，遂逃于禪，初航海至東浦，為遊方僧，既而往順化，卓錫法雲寺（今改天福），精于禪學，僧徒日眾。」〔註64〕當然，還有很多僧人至今沒有史料記載。關於越南僧人方面，從阮主到阮朝朝廷佛教史上還有很多書籍記載順化以南的佛教史，但大部分書籍都在廟宇保存，漢喃研究院或越南國家圖書館保留很少。這些越南僧人的歷史，筆者另有其他論述的文章。

　　1695 年，廣東長壽寺石濂釋大汕與一百僧人答應阮主阮福潤的邀請，經過海上到順化，該年建立戒壇，傳授戒律。因此順化、廣南的佛教文化有新變化。石濂之後到廣南會安，他再一次立壇傳戒，僧俗受戒有三百多人。石濂禪師對越南南方佛教史有很大影響，以下筆者略述石濂的小傳：

　　石濂（1633～1705），號大汕和尚，字廣翁，號石濂，俗姓徐，江西人。大汕師傅是覺浪道盛和尚（1592～1659），是中國南方明末清初曹洞宗的高僧。因此石濂是中國南方曹洞宗禪派弟子。清初，中國動亂，石濂參加明人移民的風潮。以後，大汕成為有名的高僧。國外聞名邀請他。1695 年初，大汕與一百位弟子到順化傳教，之後，他到廣南會安，經過每個地方，大汕都有記載。回廣東長壽寺後，編輯成為《海外紀事》作品。這作品對研究當時佛教史，中國越南佛教，移民關係，順化、會安的文化有很大貢獻。他在順化、廣南傳戒內容有關曹洞宗的禪派。當時石濂弟子興蓮果宏是阮主阮福潤的國師，

〔註64〕《大南一統志》，印度支那研究會出版，1941 年，頁 37～38。

〔註65〕他主持會安五行山三台寺。果宏的身世,今日沒有資料記載,只有石濂《海外紀事》有幾次提到。石濂回國後,果宏還留在越南南方。今日不知道果宏何時圓寂。

1705 年,大汕圓寂。他還有很多作品:《海外紀事》、《離六堂集》等。

果宏在五行山時,有可能還有其他中國僧人一起在修行。至今,《越南漢喃銘文拓片總集》第十三集,還收集兩張拓本編號 12621a 與 12621b。這碑文內容是有關廣南省五行山太平寺。但越法戰爭期間,太平寺已不復存在。溯源歷史,在黎朝黎聖宗帶軍進攻占城,經過廣南,建立廣南道。從此,北越移民到南方越來越多。太平寺,可能是在移民過程中由佛教僧人所建立,但今日碑文已不在。五行山附近有一個寺廟,建立碑文,內容就是有關太平寺的歷史。碑文內容,以前法國學者 Albert Sallet 考證《Les montagnes demarbre ——五行山錄》提出碑文高 0.70×0.46 尺與介紹內容。現在,廣南省五行山附近寺廟依靠 Albert Sallet 考證,而重建一座新的碑文。筆者已經去過五行山風景區,拜訪幾個佛寺,研究地方佛教等,但還沒看到或聽過有〈太平寺碑〉。漢喃研究院保留〈太平寺碑〉是很少人知道的事,筆者認為透過這塊〈太平寺碑〉可以研究廣南佛教史,特別是這碑文也有關於越南與福建地區佛教關係史。以下是碑文內容。

> 太平寺石碑
> 蓋聞:佛有三玄,能救群生之眾。人有八難,必知生死之徒。昔,本師和尚福建之鄉,嗣進明教演南邦之國。二十四歲,乃奮志不倦教化戒子三千皆稽首皈依。敢命造該寺,庵山水養,聞名〔師〕而臺寧和尚年高德〔?〕道通西域,〔?〕高僧,不期六十三脫往西方境。流傳法嗣戒子眾孫。
> 賴:洪恩賜硃批以為香火永傳三寶,萬代流芳,所有田土各物恭陳于后:
> 三寶經律法略全備并田土北社十田,臨濟正宗九代大和尚劉真穎造買□各家信供夢嶺社田土五畝六高養蒙社田一畝二高
> 羅鴻西田土三畝二高□□社田五高。新安村田一畝
> 〔宏〕靈社土五高。

〔註65〕阮福淍,在越南史料中,有時使用阮福淍,有時使用阮福週。阮朝皇親名字,都有水部在傍邊,因此在本論文中,筆者都用阮福淍。

化〔蘭〕東社一畝九高。會統供婆多處田七高

德賢玉準社稅田十一畝

德義玉準社稅田十二畝

當今國王供三九錢十三貫五陌

伏仰黃圖鞏固帝道遐昌佛日增輝法輪常轉風調雨順天下太平

永盛十七年歲次辛丑七月十一日

戒子阮福安法名如明立碑。〔註66〕

根據內容可以分析，碑文上面的年代是黎朝永盛1721年。但黎朝永盛年間只到1720年為止。這狀況可能因為北越的信息傳到南方的時間很晚。碑文提出「三玄」的內容，碑文捐助方面還提到「臨濟正宗九代大和尚劉真穎造」，這樣可以確認和尚是臨濟宗派。他的思想受到臨濟義玄的三玄三要思想影響。碑文是他的弟子阮福安所立，當然有傳承之意。之後眾弟子根據碑文內容，建立劉真穎禪師塔奉祀。塔內有牌位文曰：「奉位開山院主第一代上當下基諱真穎和尚之壇位」。並根據十六、十七世紀臨濟宗傳承的法偈，這法偈有十六字是碧峰大老和尚所創作，內容如下：「智慧清淨、道德圓明、真如性海、寂照普通。」根據法偈，真穎就是九代，應字是真。阮福安是第十代，就是如字。而根據法偈傳承，真穎就是三十三代。

十九世紀後，阮朝到現代，很少資料寫到中國佛教僧人到越南傳教。法國到越南建立很多城市、港口，例如：南定海港、海防海港、會安海港、西貢港等都有許多華人定居做生意。因此，他們也有奉祀佛教的廟宇。從阮朝以後，很少書籍寫到建立新佛寺，大部分華人佛寺依靠在關公廟、天后宮或會館，一起奉祀。因此，關聖廟還叫「翁寺」（越語：chùa Ông）。翁是指關聖，寺是佛教奉祀地方。天后宮旁邊的寺叫「婆寺」（越語：chùa Bà）。

以上，筆者將介紹中越兩國佛教史簡略的關係。筆者論述與證明越南佛教史從開始後，經過兩個階段：北屬時期與宗藩時期發展。北屬時期，越南佛教史當中有很多中國僧人傳教，也有很多越南僧人到中國譯經。此外也有很多外國僧人到越南或中國，他們從天竺、康居各國到越南。越南成為路程的中間站。另外，越南佛教史上，有幾個禪派，禪派的禪祖都是中國人，經由

〔註66〕〈太平寺碑〉，漢喃研究院編號：12621a-12621b，載於《越南漢喃銘文拓片總集》，第十三集，漢喃研究院、法國博古遠東·院與高學實行院一起合作出版，通訊文化出版社，河內市，2005～2009年。

海路、陸路到越南傳教。十七世紀北方有拙拙禪師建立臨濟宗，南方有元韶、明海法寶等福建、廣東僧人傳臨濟宗禪派。他們這些中國僧人到越南，對越南文化發展都有很多貢獻。從十七世紀到十九、二十世紀越南佛教越來越發達，北越從拙拙以後，佛教榮盛，從朝廷到民間，佛教成為國教，影響深及越南民間文化。

第四節　十七世紀中越佛教的背景與閩南僧人來往

一、十七世紀中越佛教的背景

　　兩千多年歷史，中越兩國佛教史關係很密切，僧人來往，書籍譯傳、宗門傳承等等，形成兩國佛教文化的聯結。以上筆者已介紹兩國佛教關係史的過程，但到十七世紀明末清初的時代，中越文化與世界關係有很多改變。因此筆者特別論述到明末清初中越兩國與世界上的背景。從此，可以看到閩南僧人為什麼可以在越南文化適應、認同而留住傳教、發展宗門。這也是很重要的內容。

　　到十七世紀中國社會有很多變化：戰爭、經濟、文化等問題引起南方人民陸續到國外，到越南、柬埔寨、日本、印尼等國。當時中國的背景與越南的背景，筆者再一次論述。十六世紀下半葉，海禁慢慢開放。當時也是明末清初階段，明朝經濟、政治都衰落，移民陸續到國外。還有世界上荷蘭、西班牙等國有許多公司到東方做生意。十七世紀初以後可以說是海上絲路的時代。1602 年，荷蘭東印度公司（*Vereenigde Oost-Indische Compagnie - VOC*）成立而佔領台灣，VOC 與中國、越南、日本等國的商人溝通貿易。VOC 已利用中國人幫助他們買賣產物。《荷屬東印度華僑商人》一書中寫很清楚，荷蘭人利用華人幫助他們對亞東各國溝通商議與買賣產物。〔註67〕因此，海外華商與中國華人社會關係越來越好。因此，海商絲路貿易很熱鬧，中外來往也容易得多。因此，僧人依靠海商到國外傳教特別方便。

　　十七世紀初中國僧人到國外越來越多，他們陸續到南洋各國傳教，例如日本、大越、占婆、泰國、呂宋、馬來各島等。其中，至今還有書籍記載中國僧人到海外的歷程大部分是到日本與越南。拙拙禪師從福建省到古眠國，之

〔註67〕楊建成主編：《荷屬東印度華僑商人》，台北市，中華學術院南洋研究所印行，1984 年。

後到大越也是很早的事件。之後，福建省僧人還陸續到國外傳教，例如覺海、了然、覺意（泉州人）於 1628 年到日本；蘊謙戒琬（泉州人）於 1649 年到日本；超然（福州人）於 1629 年到日本；百拙如理（福州人）於 1646 年到日本等。〔註68〕

在時代，拙拙到北方傳教也是中國閩南當時的風潮。

在南方，十七世紀下半葉，清代建立國家後，中國商人、移民、反清復明者都經過海上而逃走到國外，其中元韶禪師。但元韶還回國邀請或者帶僧人來大越傳教。元韶也經過越南南方各地。他沒有定居一個地方而轉到南方各省。因此，元韶宗門法派雖然至今還有，但宗派以後衰落而容納在明海法寶禪派與越南了觀禪派而已。

另外還有很多中國南方僧人，例如廣東釋大汕帶很多僧人到越南來，但釋大汕只留住越南一年多，因此，他只是幫助阮主建立佛教文化解決國家問題。釋大汕對越南南方有很大影響，但他的宗風、法派卻未有流傳。釋大汕的弟子果宏是當時阮主國師也絕無蹤跡。因此，明海法寶留住會安，他與會安華人社會共同發展經濟、文化、信仰、宗派。之後，明海法寶才成為越南南方的禪祖。

二、十七世紀後閩南僧人到越南情況

十七世紀初，越南國家中興。在十六世紀，越南黎朝衰落，莫朝掌握政權，打敗黎朝。當十五、十六世紀，從黎朝到莫朝，越南國家是儒教興盛的時代。國家舉行科舉考試，官吏等都是儒家人士。十六世紀下半葉，黎朝中興並打敗莫朝。十七世紀上半葉，越南經濟越來越好，國內穩定。當時，中國南方有變，清軍從北到南，造成南明廣東、江西、福建等省人民陸續到國外做生意與避難。當然，從中國到越南做生意已經有很長的歷史。當時北越由黎朝皇帝管理與鄭主南方中部則是阮主領土。北越興安省舖憲有許多華人定居做生意。南方各海港港口也有很熱鬧的貿易活動。因此，他們也帶來中國南方宗教。越南南方正在經濟很發達。順化清河海港是越南中部很大的港口，另外廣南會安也是越南中部與海外貿易中心。宗教，特別是佛教因此隨著商船從中國南方到越南中部。首先，很多中國和尚到順化或廣南，之後有部分

〔註68〕 筆者除了依靠《大藏經》以外，還參考王國榮：《福建佛教史》，廈門出版社，1997 年。

從中部再到北部，例如：拙拙禪師與徒弟明行、明珠香海禪師與諸弟子到舖憲等。

　　黎朝中興國家，越南史書叫黎中興，意思是黎朝重新興旺起來。到十七世紀初，黎朝皇帝特別關心佛教，重建廟宇。到 1633 年，拙拙禪師經過多年參訪四方，之後決定到北越。拙拙禪師定居北越，發展宗派而成為越南北方禪祖。

　　拙拙禪師（1590～1644），閩甸清漳海澄漸山人（現在是福建省漸山鎮海澄市）。他俗姓李，俗名新蓮，法名圓炆，法號拙拙，慣稱拙公，臨濟宗第三十四代。拙拙，祖父諱喬，父親若琳，母親蔡氏。他母親夢有蓮花而懷孕，三年而生。拙拙童真入道，投漸山寺長老剃髮。之後，因為家庭不同意出家，他才轉到南山寺投菩提庵狀元僧陀陀和尚。大約 1608 年，後一段時間，他到古眠國弘法。經過 16 年，到 1623 年，拙拙曾一次回到福建家鄉。之後，他再一次到越南中部順化等地說法。過七、八年，拙拙從廣南到北越，弘法度人，救度群迷。1644 年，拙拙圓寂，他的宗門在北越至今繼續發展。

　　數十年後，南方順化、廣南出現大量中國人，其中有很多是廣東、福建僧人。他們有元韶、石濂、明海法寶、明海法化與明鋐子融等。可以說，越南兩千年歷史，在十七世紀有最多中國僧人。

　　明海法寶禪師（1670～1746），福建泉州府同安縣紹安鄉人，俗姓梁，名梁世恩。他父親梁敦厚，母親陳淑慎。明海小從儒學，後於 1678 年，他父母陪投廣東省報資寺出家（有說：報資寺在福建省），20 歲（1690 年）授具足戒，法名明海，法字得智，法號法寶，臨濟宗第 34 代。1690 年左右，元韶回到廣東，有可能，元韶是給明海傳戒的證明尊師。因此，之後奉祀元韶為本師。後一年他與元韶到廣南省，之後創建祝聖寺。明海在南越 50 年，1746 年圓寂。現在他的宗門很發展，門徒眾多，到越南南方，還有很多國外寺廟。

　　從十七世紀到十九、二十世紀黎朝、阮朝都資助佛教，特別是當時的官吏、文人士大夫都與佛教有很多互動。當時在黎朝朝廷進行的進士考試，出的題目有的是佛教內容，以確認士人對佛教的認識觀念。黎朝末年到阮朝，吳時任及其家族兄弟等都對崇奉佛教。吳時任除了《竹林宗旨元聲》，還有很多作品與佛教有關。阮攸家族幾代都信奉佛教，之後，他的作品《傳翹》也受到佛教思想影響。可以說，從黎朝到阮朝朝廷推崇儒教，但內聖外王之治正

是佛教與儒教並行。到黎朝末年，越南道教式微，大部分越南文化受到佛教與儒教影響。

朝廷定僧侶、頒給度牒、控制寺院，成為國家統一管理。對這問題，朱雲影有評論：「阮福映統一越南後，仍蹈襲黎朝的崇儒抑佛政策，嘉隆三年（1804），據儒家觀點下詔抨擊佛教。」〔註69〕

十七世紀以後，大越佛教在南北兩方都很發達，宗教興盛。但在南或北方，中國僧人到越南都努力傳教、影響越南佛教文化，對越南文化史有很大的貢獻。有很多中國僧人到越南，但閩南僧人比較多，他們在南北越都有建立禪派。北方有拙拙禪師禪派、南方廣南省以南有明海法寶禪派、元韶與了觀禪派。特別他們對越南文化史上，在經濟、文章、歷史、風俗、文化、廟宇建築等方面都有很大的貢獻。

拙拙禪師與明海法寶只是一千年多歷史中國僧人到越南傳教中的兩位禪師。很多僧人到越南傳教，或者定居大越，但他們資料杳然不在，因此，研究他們對現代學者真的很難。關於拙拙禪師與明海法寶禪師，雖然資料也不夠，但還存在的文獻，讓現代人可以了解他們對越南佛教的貢獻。本論文，希望能夠深入了解他們二位的身份、歷史與時代、貢獻等。

因此本論文下二章將主要根據越南文獻，深入研究兩位十七世紀閩南與越南佛教交流史上於外重要的禪祖：拙拙禪師與明海法寶禪師。

〔註69〕朱雲影著：《中國文化對日韓越的影響》，台北，黎明文化事業公司出版，1981年。

第三章　閩南拙拙禪師與越南北方佛教

　　越南十七世紀中葉的歷史有很多變動，國家政治動盪、政權新立、經濟蓬勃發展與文化發展等方面。對政治、文化而言，經濟互動引起各方面都有很好條件發展。在國家管理方面，北方鄭主掌握政治，推動經濟，國家主要掌握在鄭氏手中，黎朝皇帝只是虛位而已。在南方，阮主慢慢建立國度，對國外海商開放，因此，經濟有很好的條件發展。國家穩定、南北對峙，戰爭與權力也在南北之間轉移。可以說越南在黎朝時期有幾百年的動盪。

　　十七世紀上半葉，大明國力衰弱，滿州人軍力強盛。之後清兵入關，大明國南逃，在此時代，南方華人移民到國外，一邊做生意，一邊逃難。拙拙禪師有兩次到國外，第二次到越南，他由越南中部走到北方大越升龍之後定居大越國發展宗派。在北方，拙拙受到權貴及仕紳階層歡迎而發展宗派。從此以後，拙拙成為越南的臨濟宗祖師而永遠奉祀在越南寺廟祖堂。在這階段，阮郎的《越南佛教史論》中認為：「十七世紀中葉左右有幾位中國高僧過來大越弘法。這是越南佛教復興的重要原因」。〔註1〕除了拙拙和尚在北方之外，數十年後，元韶到順化後帶來很多華人僧人，自此之後，大越南北佛教復興成為國教，直至今日都還有很大的影響。

　　關於拙拙和尚的研究，筆者根據歷代資料，可以提出拙拙的身份、傳教宗派與作品和思想。越語的越南佛教史對他的論述還有許多錯誤，根據新發現資料，筆者希望可以貼近到拙拙身世、修行與傳教事業。

〔註 1〕阮郎：《越南佛教史論》，河內，文學出版社，2010 年，頁 533。

第一節　黎朝、鄭主與北越佛教

一、黎朝、鄭主時代與佛教關係史

　　十五世紀下半葉，陳朝衰亡，明朝侵略大越，陳朝滅亡。從此陳朝的竹林禪派也衰弱，特別黎朝建立，過度獨尊儒教，導致越南佛教、道教都沒有發展的道路。還有，莫朝與鄭主爭分權力，人民受苦，經濟沒有發展等問題。到十七世紀上半葉，莫朝退守高平，依靠明朝勢力，但明朝朝廷也衰微。當時國家穩定，黎朝皇帝與鄭梉都支持佛教，特別是皇宮宮嬪也都支持佛教。

　　十七世紀初，黎朝與莫朝戰爭也結束了。國家穩定，小動亂，沒有影響到國家大事。這年代，北越和平，經濟發展，特別是對外關係良好。北越沿海幾個海港都向升龍買賣。升龍一面是國家首都，還有一面很重要的是國家市民大市場。升龍集合很多華人到此經商。此時大明國衰微，清軍南侵，華人陸續到國外。還有，大越黎朝獨尊儒教，幾百年佛教衰落，經過戰爭，到十七世紀國家人民仰慕佛教。受到戰亂影響，寺廟沒有僧人，宗教沒有延續，因此有很好的條件讓拙拙與弟子明行眾弟子從順化到升龍進而定居北越。

　　十七世紀上半葉，黎朝復興，越南史上記載是「黎中興」的朝廷。黎中興年代，權力都在鄭主，國家經濟也在鄭主，因此全部國家大事都在鄭主的手裡。1619年神宗皇帝即位，他當皇帝十多年就退位，當太上皇，天天念經、誦佛。在神宗皇帝年代，《大越史記全書》曰：「神宗淵皇帝上維祺，敬宗長子也。在位二十五年遜位六年，復位十二年，壽五十六歲而崩，葬群玉陵。帝隆準龍顏，聰明博覽……然宮閫無制，教惑浮屠」。〔註2〕黎朝皇帝供奉佛教，他主要在升龍城內與朝廷官吏議事。《拙拙祖師語錄》有記載神宗問拙拙：「皇上請問世法有生滅。佛法無生滅。其義如何？師引楞嚴經演說開示云」。〔註3〕皇帝也出錢重修廟宇，但是僅為象徵性。例如：黎神宗與皇朝的官吏出錢重修北寧省嘉平縣的靜慮禪寺〔註4〕，至今〈靜慮禪寺碑〉依然記載。

　　但是，對佛教特別鼓勵的是鄭梉與他的宮嬪。鄭梉還與他的女兒皇后鄭氏玉竹共同重修很多寺宇，特別是有關於拙拙的事。例如：鄭梉對筆塔寺下旨讓筆塔寺僧人與附近人免去很多稅賦。鄭梉的女兒鄭氏玉竹，首先嫁給皇

〔註2〕《大越史記全書》，漢喃研究院編號A.3／1-4。
〔註3〕明行編集：《拙拙祖師語錄》卷之三。
〔註4〕北寧省嘉平縣浪吟社安光村靜慮寺碑文。

親黎柱，夫妻生了四個孩子，其中有黎氏玉緣。到 1630 年，鄭梉把鄭氏玉竹嫁給皇帝黎神宗。因此可看十七世紀上半葉，在拙拙到大越以後，黎朝皇帝、鄭主、皇后、宮嬪與很多官吏都供奉佛教。這事情與拙拙發展宗派有很密切的關係。拙拙受到朝廷鼓勵，第一次在古眠國，第二次就是在大越。

在大越，拙拙特別受到皇后鄭氏玉竹與鄭梉的第一宮嬪陳氏玉庵全力供養。因此，拙拙可以在看山寺講《金剛經》，重建佛跡寺、筆塔寺。而鄭氏玉竹如何供奉佛教，以下筆者將進行介紹：

（一）鄭氏玉竹（1595～1660）

玉竹是鄭梉與阮潢愛女阮氏玉琇的第二女孩。〔註 5〕當初鄭梉把玉竹嫁給強郡公黎柱，生四個孩子，幾年後黎柱有罪而受死。1630 年，鄭梉再一次把玉竹嫁給黎神宗，朝廷官員反對。1642 年，玉竹退位，之後帶小女黎氏玉緣一起到筆塔寺修行，拙拙針對玉竹傳戒，頒給道號法性。從此，玉竹幫助拙拙與明行刊刻佛經，重修梵宇，她也常誦念《金剛經》，因此當時人叫他是「婆主金剛」。筆塔寺有幾個碑文記載證實玉竹的功果，例如：1646 年《奉令旨》、1647 年《寧福禪寺三寶祭祀田碑》、1714 年《慶流碑記》、1714 年《朔望碑記》等。1647 年《寧福禪寺三寶祭祀田碑》針對鄭氏玉竹而曰：「蓋聞：要登覺岸祇須檀度為先。惟種福田必以供養最勝。當今黎朝皇太后弘禪檀越道場，母主婆金剛鄭氏道號法性心敦善果，性率慈悲，鼎新梵宇之樓臺，建立慈孝之殿廟，置買福田付雁塔社耕種，傳子若孫以為萬代香火」。〔註 6〕1659 年，明行圓寂，鄭氏玉竹為了本師而建立筆塔寺後的尊德塔。特別鄭氏玉竹放在尊德塔頂尖的裡頭一部《金剛經》、《楞嚴經》、《心經》等，都是當時拙拙與眾弟子從中國帶來的佛經。1660 年，鄭氏玉竹死後，他的女兒黎氏玉緣對他們皇朝奉祀佛教繼任雕刻塑像奉祀於清化省市南岸禪寺與筆塔寺兩寺。經過幾百年，至今鄭氏玉竹的像還是越南很特別美麗的木像。

（二）黎氏玉緣（1615～1657）

黎氏玉緣的身世，都記載在佛跡寺與筆塔寺的碑文。她在筆塔寺修行，因此之後，大部分有關她的身世都記載在筆塔寺碑文。玉緣圓寂後，塔在佛

〔註 5〕阮氏玉琇，是越南南方阮主阮潢之女，在越南史料中，有時寫依阮氏玉琇，有時寫依阮氏玉秀。在本論文裡，筆者統一全都用「阮氏玉琇」。
〔註 6〕《寧福禪寺三寶祭祀田碑》，漢喃研究院編號：2895。

跡寺,她的木像奉祀在筆塔寺、佛跡寺與清化省南岸禪寺(另稱密多寺)。《寧福禪寺三寶祭祀田碑》對黎氏玉緣,法名妙慧,法號善善寫出:「茲比丘尼妙慧善善誕質皇宗,深培善種、白玉無瑕、理事不礙、黃金百煉、真俗融通、慈心孝順、悲智護生,真得不偏不倚之宗,俗全致敬致孝之旨。作人天眼目,為佛法棟樑也。今緣俗諦置買田各所付本社永為三寶祭祀。」〔註7〕明行在編輯《三珠一貫》〔註8〕一書中,有寫到玉竹與妙慧,其中,明行寫〈聖主賢臣頌〉一節,對了妙慧寫很清楚:「福泰丙戌年善善披剃、乞食,果蒙太上國主齋布施仁聲,震動天地,恩光充滿法界,此功此德,是天地日月鬼神,一切凡聖人民所共鑒者」。〔註9〕當然〈聖主賢臣頌〉對象是妙慧,但我們可以看到有關的時代、皇朝與佛教史關係很密切:「後世之賢人、君子亦知太上國主、今上德主及諸宰相、郡公有其道焉、有其德焉」。〔註10〕因此可知,不只是國王而還是宰相、郡公等供奉佛教。明行在一次肯定在他的偈:「國家長治稱萬歲,佛聖相扶樂天真」。〔註11〕因此內容,更明顯國家長期治理的時間與佛教發展有關。

玉緣在筆塔寺修行,她與明行一起刊刻許多佛經,例如:《心珠一貫》記載明行重梓,善善重刊、《三經日誦》〔註12〕也是記載明行重梓,善善重刊、《般若波羅密多心經直說》〔註13〕等書籍。1659,明行圓寂後,而玉緣繼續主持筆塔寺,直到1657年,玉緣圓寂。她一生不但對筆塔、佛跡兩寺資助,發展並對越南北方佛教文化有很多貢獻。因此,當時明行禪師針對黎氏玉緣而寫:「太上國主無量壽佛也、無量功德佛也。無量智慧佛也。此祖師以言之先耳。祖曰:善善乞食十方,復有至尊發無上菩提,廣大布施,助彼精進。其人也,福德不可思議」。善善因此功德,因此修行,在當時真的以為菩薩現世。

〔註7〕《寧福禪寺三寶祭祀田碑》,漢喃研究院編號:2895。

〔註8〕明行:《心珠一貫》,漢喃研究院編號:A.2054。

〔註9〕明行:《心珠一貫》,漢喃研究院編號:A.2054,頁63。

〔註10〕明行:《心珠一貫》,漢喃研究院編號:A.2054,頁77。

〔註11〕明行:《心珠一貫》,漢喃研究院編號:A.2054,頁78。

〔註12〕明行重梓,善善重刊:《三經日誦》,漢喃研究院編號:AC.545,筆塔寺重刻1652年,報國寺重版於1830年。

〔註13〕妙慧重印:《般若波羅蜜多心經直說》,漢喃研究院編號:AC.301,筆塔寺重刻於1654年。

（三）陳氏玉庵（1580～1648）

陳氏玉庵是鄭梉的第一宮嬪。陳氏玉庵生於庚辰年五月五日在興安省金洞縣武舍社共武村。根據家譜與族譜，她名字是陳氏居，長大，鄭梉迎接入宮而改名陳氏玉庵。陳氏玉庵在宮內以德待人，因此當時受到人民的稱羨。但她只有生一個公主，卻不幸逝世。引起陳氏玉庵痛苦而回到家鄉的寺宇修行。聽聞拙拙到大越傳教，陳氏玉庵就努力幫助與捐助。直到拙拙重修佛跡寺，後續還重修筆塔寺，陳氏玉庵也資助很多。另外，她與幾個明人在大越例如：明行、莊北江、歐陽體真、李啟凡等捐錢重修很多寺宇。〔註14〕這事情都有碑文或者書籍記載。

陳氏玉庵，可以說是拙拙的一位得法的檀那信施。《拙拙祖師語錄》還收錄陳氏玉庵證悟的喃字偈法。她對越南十七世紀的佛教發展，有很多成果，特別擁戴拙拙、明行發展宗風。1658年，陳氏玉庵逝世於家鄉。朝廷頒敕封，建祠奉祀，至今香火還連綿不絕。

除了鄭氏玉竹、黎氏玉緣、陳氏玉庵以外，還有很多黎朝大官也信奉拙拙。《拙拙祖師語錄》記載了幾位郡公向拙拙求佛的情況。另外，佛跡寺與筆塔寺碑文都有記載當時的皇朝向拙拙法師求佛的情形。根據語錄、書籍與碑文筆者將在下表列從拙拙後，筆塔寺與佛跡寺受到多少朝廷的人士鼓勵，擁戴佛教。

表一　佛跡寺、筆塔寺的皇朝資助圖表

序數	黎朝檀那信施	資　料	佛　寺	年代
1	皇上黎神宗	拙拙祖師語錄卷之三	筆塔寺	
2	清都王鄭梉	奉令旨	筆塔寺	1646
3	綸郡公黎公字端厚	奉令旨	筆塔寺	1646
4	芳祿男阮得壽	奉令旨	筆塔寺	1646
5	綸君主鄭貴氏法號明珠	奉令旨	筆塔寺	1646
6	謙郡公黎相公字明正	奉令旨	筆塔寺	1646
7	強郡公黎相公字榮進	奉令旨	筆塔寺	1646
8	陶氏玉有號妙圓	獻瑞庵香火田碑記	筆塔寺	1647
9	正宮皇太后鄭氏玉竹	碑文，書籍	佛跡寺、筆塔寺	

〔註14〕根據漢喃研究院的碑文，漢喃研究院編號：33606。

10	公主黎氏玉緣	碑文，書籍	佛跡寺、筆塔寺	
11	王府第一宮嬪陳氏玉庵	碑文，書籍	佛跡寺、筆塔寺	
12	勇禮公字廣德號仁本	碑文，書籍	佛跡寺、筆塔寺	
13	禮太保峻郡公	拙拙祖師語錄卷之三	筆塔寺	
14	掌監滾郡公	拙拙祖師語錄卷之三	筆塔寺	
15	縉紳大夫太傅堅郡公鄭棍	萬福大禪寺碑	佛跡寺	1686
16	少傅穎郡公吳有用	萬福大禪寺碑	佛跡寺	1686
17	皇后鄭氏玉憶號妙壽	萬福大禪寺碑	佛跡寺	1686
18	皇后鄭氏玉盎號妙定	萬福大禪寺碑	佛跡寺	1686
19	宮妃嬪阮氏職號妙智	萬福大禪寺碑	佛跡寺	1686
20	宮妃嬪阮氏種號妙雲	萬福大禪寺碑	佛跡寺	1686
21	宮妃嬪武氏積號妙仁	萬福大禪寺碑	佛跡寺	1686
22	內宮嬪李氏玉彎號妙信	萬福大禪寺碑	佛跡寺	1686
23	郡主鄭氏玉檔	萬福大禪寺碑	佛跡寺	1686
24	內宮嬪號妙登	萬福大禪寺碑	佛跡寺	1686
25	內宮嬪號妙仁	萬福大禪寺碑	佛跡寺	1686
26	綸郡公鄭楥	萬福大禪寺碑	佛跡寺	1686
27	體泰候黎會	慶流碑記	筆塔寺	1714
28	穎郡公黎挺	慶流碑記	筆塔寺	1714
29	尚君主鄭氏玉椹	慶流碑記	筆塔寺	1714
30	寧祿候黎詠	慶流碑記	筆塔寺	1714
31	堅完候黎轎	慶流碑記	筆塔寺	1714
32	祥義候黎楨	慶流碑記	筆塔寺	1714
33	君主鄭氏玉梅	慶流碑記	筆塔寺	1714
34	繼祿候黎賢	慶流碑記	筆塔寺	1714
35	鹿忠候黎顯	慶流碑記	筆塔寺	1714
36	寧泰總督黃重敷	重修寧福禪寺	筆塔寺	1903
37	興安總督黎謹	重修寧福禪寺	筆塔寺	1903
38	北寧布政使鄭先聘	重修寧福禪寺	筆塔寺	1903

　　由上列的圖表，可以看到佛跡寺、筆塔寺與當時朝廷人士擁戴佛教，特別是十七世紀下半葉與十八世紀初。上表是在筆塔寺、佛跡寺石碑文獻整理得知，在十七世紀後期，拙拙弟子、法孫等到北越各地傳教，他們受到當時

朝廷很多的檀那信施鼓勵、資助供養。可以說拙拙到大越之後，而佛教文化開始復興，全部都是拙拙開創的宗派。

還有，東都大賈阮齊請拙拙禪師從越南中部到升龍京都是一個因緣讓拙拙到北越。〔註15〕因此，拙拙與信眾密議決定從南方到北方。但是因緣際會不夠，此事一直不順。拙拙與眾弟子乞食幾月，之後德主嬪羨慕而向師學佛道。〈祖師出世實錄〉曰：

> 時有老嬪妃德婆富者好佛請師學焉皈依三女未幾復有太弟勇禮公慕師禪學即遣人迎師至而問答之間。見師精徹玄微無碍辦才，遂拜為師，執弟子禮焉。公雖然深愛將焉。見疑尊之佛道試之俗情，金鞭不動，一塵不染，數月如故，公知其異人也復供親女出家。于是，四方雲集……。〔註16〕

拙拙到升龍受到皇親國戚仰慕，特別是皇上、皇后、后妃、王公、嬪妃、宰宦，還有仕紳僧尼等。歐陽體真在升龍也避世，可能因明清變局，他跟很多人都是在明清之際到國外。歐陽體真到大越跟拙拙見面。體真在《獻瑞庵報嚴塔碑銘》寫：「予以慈術避世，至南有會拙拙升龍城看山寺，一談予曰：狂士也」〔註17〕。

當時拙拙到升龍時，黎朝鼎盛經濟發達，還有很多不願事清的華人到北越定居。另外，拙拙受到越南朝廷資助。明行禪師在《聖主賢臣頌》對拙拙到北越的事有下列的描述：

> 我祖師遠入大越，以仁弘道而有聖主之弟為侶，皇太后之女為佛道也者。實賴功高仁聖德主之賢明，朝廷文武英豪之雅量，方得與天下鰥寡孤獨賢愚而處焉。〔註18〕

另外《獻瑞庵報嚴塔碑銘》，歐陽體真也寫出：

> 其勇禮公之尊貴而公卿大夫欲事之者。〔註19〕

勇禮公是朝廷高官，他邀請拙拙到他家，根據《拙拙祖師語錄》，拙拙到他家的時間，勇禮公在看鬪雞。拙拙寫一偈文，勇禮公收到一看，了解事體，

〔註15〕明行編集：〈祖師出世實錄〉，北寧省仙遊縣佛跡社萬福禪寺藏本記載，阮齊請拙拙到北越。考察歷史史料，還沒考據出來阮齊的身份。

〔註16〕明行編集：〈祖師出世實錄〉，北寧省仙遊縣佛跡社萬福禪寺藏本。

〔註17〕歐陽體真撰：《獻瑞庵報嚴塔碑銘》，碑文在北寧省順成縣筆塔社寧福禪寺。

〔註18〕明行編集：《聖主賢臣頌》引文在《心珠一貫》，漢喃研究院編號：A.2054

〔註19〕歐陽體真撰：《獻瑞庵報嚴塔碑銘》，碑文在北寧省順成縣筆塔社寧福禪寺。

就邀請拙拙談道。因而他頓悟，並帶女兒投佛出家。勇禮公是拙拙的大檀那信施，也是對越南北方佛法大振興的人。之後，將拙拙介紹給皇太后鄭氏玉竹〔註20〕、鄭主嬪妃陳氏玉庵等。

鄭氏玉竹是一個特別的皇后，她本身是黎朝黎柱郡公的太太。因為玉竹是鄭枫的女兒，之後鄭主決定把她嫁給黎神宗而成為皇后。鄭氏玉竹信奉佛教，她與女兒黎氏玉緣都出家，針對拙拙出錢重修廟宇。還有德主婆陳氏玉庵、公主黎氏玉基等都對筆塔寺、佛跡寺有很多捐助。

還有，許多書籍描述拙拙到筆塔寺、佛跡寺等，例如《拙拙祖師語錄》、《繼燈錄》、《禪苑禪燈錄》或寺廟碑文等。〈祖師出世實錄〉，對拙拙到佛跡寺、筆塔寺、看山寺與隆恩寺都有記載：

> 四方雲集，送師歸于仙遊縣佛跡社李家古剎……此寺演最上乘，度無量眾，師入寺見其寶地超特，形勢岌嵬鐫磚刻木同姓，師曰：莫非轉身之人乎，其默合之若是哉，而皇上后妃王嬪妃妃宰宦仕庶僧尼道俗徒眾日益。復蒙德主太上聖明夙昭善樂心性。賜名師祖，歷抵四鎮名山，崇興佛跡，難以量數，從者幾百人，得旨者數十人，見聞覺悟者兼半天下……復暫停升龍城看山寺為皇太后演說金剛密義，以病請歸寧福安禪……春甲申（1644）蓮月於隆恩寺講涅槃義……。〔註21〕

以上所述，拙拙先到佛跡寺，之後才到筆塔寺。還有拙拙在看山寺講《金剛經密義》，還建立水陸諸科法會。〔註22〕這法會，拙拙為了救渡生靈在黎朝鄭主與南方阮主戰爭死難，還有對陽間救福報。以後，他的法會是越南模範大佛教法會，至今依然流行。但是〈祖師出世實錄〉之外，還有《禪苑傳燈錄》等書籍描述拙拙到北寧省幾個佛寺：

> 末復升龍城，主持看山寺，大說法要，王公貴人，向化不可勝紀。
> 一日夢雁行飛去，紀飛錫于北寧省雁塔社修造大伽藍，三百餘根，

〔註20〕鄭氏玉竹（159～1660），鄭枫女兒，嫁給黎柱郡公，有四個孩子，之後再嫁黎神宗皇帝而為皇后。1642，黎神宗登遐，玉竹與玉緣轉到筆塔寺生活和修行。1660年玉竹死在筆塔寺。

〔註21〕明行編輯：〈祖師出世實錄〉，原件留北寧省慈山縣佛跡社萬福禪寺。

〔註22〕真源禪編輯：《水陸全集諸科》一書的序文，有寫內容：拙拙在看山寺設立水陸諸科，對救陰度陽，是一件事情。參《水陸全集》，真源禪師編輯在永盛五年（1709），漢喃研究院編號 AC.691。

建石塔高五十尺，官民供養無數。一日聞仙遊山佛跡寺，乃李朝五代聖宗皇帝開創，舊址凋殘。祖重興開山而教道焉。〔註23〕

拙拙受到朝廷關懷，特別是鄭主、皇朝嬪妃、公主。在十七世紀年代，鄭主鄭柤特別鼓勵佛教。在他當權時，北越佛教大多有重修廟宇。還有他的嬪妃都有對佛教廟宇出錢重修，例如：陳氏玉庵道號法界。法界捐錢重修筆塔寺與佛跡寺，另外她還重修很多寺廟。筆塔寺還有鄭柤的諭旨，讓筆塔寺附近人民免繳稅、免服兵役等項目。

另外拙拙也收到很多弟子，有真諦、有俗諦，都根據傳法偈。例如《萬福大禪寺碑》的內容記載拙拙的弟子行「真」字有了幾十個人，下一代「如」字也有很多人。對這方面，筆者在「傳承宗教」一節再另行論述。

總之，拙拙到每個地方都受到很多檀那信施仰慕而供養。但身為一個雲水沙彌，拙拙決定遊化到他方。1630年，拙拙離開越南中部到北部，經過越南從南到北幾個省城之後也到升龍弘法。在大越佛教是國教，有多年佛教歷史，還有北越有很多華人到此做生意，特別在升龍龍編港（現今河內還劍郡的老街），因此，拙拙有很好的環境讓他發展宗教。還有得到國王、鄭主與嬪妃、官宦的鼓勵，供養得到很好的條件。因此拙拙發展宗派，定居北越，十多年的北越生活而圓寂。宗派的發展則交由弟子延續師傅之志，弘揚佛法。

第二節　圓炆拙拙身份

一、籍貫與姓名

拙拙禪師到越南過去了幾百年，現在有關他的史料都是在越南。有關拙公和尚的閩南史料，可以說是沒有。筆者根據漢喃史料之外，還根據《大藏經》有關閩南當時的資料或者參考福建漳州《南山寺志》等。《大藏經》當時的史料，讓筆者可以了解當時閩南佛教宗派，為何很多禪師從閩南到國外和當時南山寺的禪風；另外當然也要考察南山寺的傳承、宗派等。多年來，筆者在越南寺廟得到很多越南佛教史料，特別是關於拙拙的越南佛教史家研究。

〔註23〕福田禪師撰：《禪苑傳燈錄》，漢喃研究院編號：VHv.9。

　　首先是法號體真的歐陽彙登〔註24〕在筆塔寺〔註25〕所寫的〈獻瑞庵報嚴塔碑銘〉〔註26〕。這篇碑銘存在於筆塔寺祖家堂。碑文內容有關於拙拙生平及他到越南的年代。第二個資料就是《拙拙祖師語錄》〔註27〕，目前作品某些部分佚失，筆者目前看過已知的十一冊。《拙拙祖師語錄》有一部分沒分卷，其中二十幾頁是《祖師實錄》。《祖師實錄》比〈獻瑞庵報嚴塔碑銘〉所寫拙拙的來歷還清楚。另外一本在十八世紀的第四代弟子法號性廣的釋條條所寫《拙拙供祖科》〔註28〕。最後兩個作品是黎朝第三代弟子如山禪師編輯《繼燈錄》〔註29〕和阮朝第五代弟子福田和尚〔註30〕寫的《禪苑禪燈錄》〔註31〕。根據上述資料我們編寫拙拙相關研究。

（一）拙拙的家鄉、籍貫與姓名

　　下面是筆者根據漢喃資料論述拙拙的家鄉與籍貫：

　　首先是 1647 年，拙拙圓寂之後，歐陽彙登寫在筆塔寺的〈獻瑞庵報嚴塔碑銘〉。碑文描述拙拙到越南的北越，歐陽彙登與他見面，覺得他很特別，是一個人建立宗派，穩定北越佛教禪派的人。歐陽對拙公的籍貫和姓名曰：

　　　　公清漳海郡李氏釋圓炆號拙拙。

　　海郡就是福建海澄郡，因為還有碑文底下所補充的內容：

　　　　祖師俗姓李釋圓炆號拙拙閩漳海澄人氏。

　　這兩段可說是最接近拙拙時代的內容。碑文的內容是當時從中國到越南的人士寫到他的來歷，也是撰寫到最早有關於拙拙禪師家鄉籍貫的內容。幾年後，大弟子明行禪師在 1659 年編輯與出版《拙拙祖師語錄》（佛跡寺藏

〔註24〕歐陽彙登，號體真，明代人士，十六世紀在大越，來歷不清楚，有關他的資料是他有撰寫碑文在筆塔寺和佛跡寺和筆塔寺佛經板的序文。

〔註25〕筆塔寺位於北寧省順成縣停祖社，又名寧福禪寺。

〔註26〕《獻瑞庵報嚴塔碑銘》，碑文現在筆塔寺，漢喃研究院有拓本，編號：2893。

〔註27〕明行編集：《拙拙祖師語錄》，印本，留在北寧省仙遊縣佛跡寺。

〔註28〕星光編輯：《拙拙供祖科》。藏在北寧省天心寺。

〔註29〕如山編輯：《繼燈錄》，漢喃研究院編號 AC.159a-AC.159b。

〔註30〕福田和尚：阮朝的大老和尚，姓武，1774 出生與河內省應和府山明縣白衫社中盛村，童真入道，以後回到蓮派禪寺修行。十九世紀，福田和尚弘揚佛法，重印經藏，發展宗派，在阮朝時代，福田是一位特別對國家思想有很大的影響之一。福田和尚是拙拙傳承的後裔。至今福田和尚還有很多作品，在漢喃研究院圖書館保留。1863，十一月十六號，福田和尚圓寂，享壽八十歲，他的宗門法派至今很發展。

〔註31〕福田編輯：《禪苑禪燈錄》，漢喃研究院編號 VHv.9。

版）。明行是江西人，很早就跟拙拙去過很多地方，之後定居在北越。拙拙
把寧福筆塔寺交給明行管理。拙拙圓寂後年，明行收集業師的作品語錄編輯
成為《拙拙祖師語錄》。在語錄裡頭有〈祖師出世實錄〉描述到拙拙有關的
家鄉、身世與事業。

（二）對拙拙家鄉及姓名

《語錄》提到：

> 祖師諱拙拙閩甸清漳海澄漸山人姓李。

〈祖師出世實錄〉有比碑文還清楚的內容。實錄補充是閩甸。閩甸就是
閩南的某一個地區。兩個資料寫得很清楚，說明拙拙禪師是閩南人，屬閩南
清漳海澄地方。之後很多漢喃書籍都以此為憑藉。北寧佛跡寺，漢字書寫是
萬福禪寺〔註32〕，其中有一碑文立於黎朝正和七年（1868）的《萬福大禪寺
碑》〔註33〕，內容有關萬福禪寺的歷史。碑文也提到拙拙禪師在佛跡寺的年
代，傳了很多弟子。銘文有段寫到：「祖師諱圓炆號拙拙……乃明之海澄人
也」。〔註34〕

二十年後，拙拙後裔的第三代如山禪師〔註35〕編輯傳燈，有《繼燈錄》
〔註36〕一書。《繼燈錄》內容有關於佛教歷史，由印度傳到中國。書中也有一
部分是從中國傳到越南的佛教的紀錄。《繼燈錄》認為拙拙是越南黎朝禪祖。
如山和尚再一次根據禪師語錄和有關碑文而撰寫了新的內容，是「圓炆拙公」
的名字：

> 閩甸清漳海澄圓炆拙公和尚漸山人也。

之後，還有《拙拙供祖科》，是釋條條〔註37〕為了拙拙兩次忌日的供奉儀
式而編撰。條條編撰拙拙的《拙拙供祖科》有的內容如下：

〔註32〕萬福禪寺，又名佛跡寺，現在屬北寧省仙遊縣。
〔註33〕《萬福大禪寺碑》，漢喃研究院藏拓本，編號：2146-47。
〔註34〕《萬福大禪寺碑》，漢喃研究院藏拓本，編號：2146-47，第一面。
〔註35〕如山禪師（1681～1737），是北越佛教特別的人物，他首先到曹洞宗受業，之
　　　　後還受到臨濟宗業師，變成了越南中世紀一位本身接受兩宗派的禪師。圓寂後，
　　　　在海陽省曹洞宗聖光寺的和北寧省臨濟宗佛跡寺兩地方都有如山禪師紀念塔。
〔註36〕《繼燈錄》還有其他書名：《禪苑統要繼燈錄》，如山禪師編輯，漢喃研究院，
　　　　編號 A.C159a-AC.159b.
〔註37〕性廣釋條條（1694～1768），拙拙法姪，是法派第五代。在他的年代，特別受
　　　　到朝庭鼓勵。條條影響到當時的佛教史，他編輯很多佛教漢喃文章，現在漢
　　　　喃研究院還有保留。

大明國裏。福建漳洲。托生李氏之家鄉。〔註38〕

透過很多資料，從他死後一百多年，越南佛教史家都對拙拙的姓名和籍貫認定都是相同的。他們將拙拙的身世寫得很清楚，從早期福建漳洲到越南發展宗派，建立法系。所有人的總結都是：拙拙是閩南人。精確的來說，拙拙和尚是明代閩甸漳洲府海澄郡漸山人。閩甸在中國典籍中很少用的地理名詞。閩甸一詞，筆者只看到明代以後的資料有使用此名稱。閩南人或台灣歷史書籍有記載，都是指閩南地區，相當於今日福建省南部。使用「漸山」、「漳洲」、「漳海」、「清漳」、「清漳海郡」等福建省境內的地名。

漸山位在福建省龍海縣內的一個小地方。明清時代的《海澄縣志》、《閩書》等資料都有清楚的記載。漸山是龍海地區的小村。根據清代《海澄縣志》：「漸山，見一統志，自龍溪之九龍嶺，數折而來，巍峰特簪雄鉅中倍呈森秀，雞籠南岐諸峰外，護焉人煙比櫛，是稱冠蓋之鄉。」〔註39〕《閩書》、《光緒漳州府志》也有相同的記載。通過記載可以認為漸山是山名。之後人口漸增，變成漸山村。漸山現今是漸山村，位於福建省龍海縣東泗鎮內。

清漳，是漳州的名字，位於現今的龍海縣地區；海澄，亦是漳洲的海港，也稱為月港，因為港灣形狀像月形而出名。月港是福建明代以後的最大海港。明代於 1567 年建立漳洲府海澄縣。而 1960 年中華人民共和國成立後的地制改造將海澄與龍溪兩縣合一改稱龍海縣。

（三）拙拙與家人的俗世名稱

根據以上佛教史料，可以看出拙拙姓李，諱圓炆，號拙拙。但這個諱號就是佛家稱呼的，是佛教阿德諱號；拙拙禪師俗家姓名為何？還有他的父母、家人，是否史料記載？筆者還在史料確認中，拙拙在漸山的史料中很少寫到。從拙拙圓寂後的碑文到十九世紀的《禪苑傳燈錄》或現代越南佛教史研究中，都未寫到拙拙小時候和家人的俗名。因為佛教史料大部分是佛寺藏本，很多研究者未有機會接觸。全部有關拙拙的來歷只有在〈祖師出世實錄〉記載，語錄曰：

祖父諱喬，父若琳母蔡氏夢臍涌金蓮而娠師，三周歲乃生名曰：新蓮。自古未有三年孕曰新，依夢立名曰蓮也。萬曆十七年歲次庚寅

〔註38〕性廣釋條條撰《拙拙供祖科》，藏北寧省慈山縣天心寺。
〔註39〕《海澄縣志》，台北，成文出版社印行，1968 年，頁20。

（1590）二月巳卯初二日甲戌丑時降生。五歲失母。七歲喪父。祖
父攜師囑孀母撫養。〔註40〕

這段說明他父母早逝，拙拙依靠祖父和孀母。〈祖師出世實錄〉只有這些
內容，缺少其他拙拙的家人資料。除祖父與孀母外，在〈祖師出世實錄〉也未
提到其他人。還有蔡氏「三年懷孕」，《實錄》曰：「自古未有」這句。蔡氏夢
到臍上涌金蓮，還有三年懷孕，是佛教故事的經典模式。之後《大南禪苑禪
燈錄》對拙拙撰述內容與〈祖師出世實錄〉相同：

繼燈第七十二世祖拙公圓炆和尚，大明國福建省漳州府海澄縣漸山
人，父李若琳，母蔡氏，一日夢見臍上湧蓮花一朵，懷胎三年，生
時實香馥郁，數日乃止。〔註41〕

這些故事，在佛教歷史中出現很多類似情節，特別是有關於佛祖釋迦牟
尼或中國禪宗燈錄。在北宗典籍記載許多有關「涌金蓮」的內容。如「地涌
金蓮」，但都有關佛祖出生日，例如：《五燈會元》、《景德傳燈錄》、《續傳燈
錄》等內容也形容蓮花清高。在越南歷史上，也有很多聖人、禪祖出生時的
都出現很特別的情況。例如：陳朝竹林第一祖的母親常夢到神人交給她的兩
把神劍，醒來才知道是夢。但之後懷孕而生竹林第一祖。第二祖法螺禪師也
有類似的故事。《青梅圓通塔碑》有一段關於法螺出生的故事描述：

癸未年八月師母武氏夜夢異人授以神劍，喜而懷之，覺乃娠。生時
異香滿室，移時方絕。〔註42〕

拙拙出生故事與佛教傳統的故事相似，都是一個很特別的故事，描述禪
師不是平常的人，而是天生、佛生的。在《獻瑞庵報嚴塔碑銘》明行弟子針對
師傅寫的內容才是正確生日及死期：

大明萬曆庚寅年二月初二日辰時誕生，大越福泰甲申年七月十五日
亥時入定。〔註43〕

但是，《萬福大禪寺碑》、《拙拙供祖科》還有提到拙拙的其他家人。不知
道諸門弟子編輯《萬福大禪寺碑》時所根據史料為何，而寫出如下內容：

〔註40〕明行編集〈祖師出世實錄〉北寧省仙遊縣佛跡社萬福禪寺藏本。
〔註41〕明行編集〈祖師出世實錄〉北寧省仙遊縣佛跡社萬福禪寺藏本。
〔註42〕忠明編集，玄光校訂：《青梅圓通塔碑》，陳朝1362年，碑文在海陽省至靈縣
黃花探社青梅寺。
〔註43〕歐陽體真撰：《獻瑞庵報嚴塔碑銘》，碑文在北寧省順成縣筆塔社寧福禪寺。

> 恭列李家尊親聖父李若琳，聖母蔡氏，太娘祖嬤沈氏謚慈肅，祖叔
> 李若□號省崑謚恬淡府君。〔註44〕

數十年後，性廣釋條條編撰《拙拙供祖科》，他可能依照《萬福大禪寺碑》或補充其他史料而編輯完整拙拙的家人如下：

> 祖師先考李公琳，母蔡氏，叔父李公若瓊，李公若瑗，嬤母沈氏，
> 二姐謚慈肅。〔註45〕

透過《萬福大禪寺碑》與《拙拙供祖科》這兩本內容的比較，我們可以看到性廣在編輯《拙拙供祖科》也受到《萬福禪寺碑文》的內容影響。他補充了李若瑗這組名字。還有性廣也不知為何編輯「嬤沈氏謚慈肅」變成「嬤母沈氏，二姐謚慈肅」。不知道性廣依據哪份佛教史料而如此編輯。〔註46〕

從上面來看，筆者可以推論拙拙的世俗身份與家庭成員。拙拙俗名新蓮，法名圓炆，法號拙拙。拙拙家鄉是福建漳州的漸山。拙拙從小父母早逝，他得到嬤嬤的養育而長大後出家。因缺乏史料，主觀上的論述是當代越南研究者的常見問題。越南佛教史就有類似的情況。

（四）拙拙出家問題

現在越南佛教歷史或越南文化研究的論文，並未提到拙拙出家前的身份。拙拙在家鄉如何？他年輕時在漸山家裡，與爸爸媽媽生活之後是嬤母沈氏扶養他。漸山地方的史書現在對拙拙都沒有記載。但越南書籍還描述拙拙還沒出家之前的情形。在許多的書籍中，只有兩本對於拙拙的青年時代有清楚描述，就是〈祖師出世實錄〉和《拙拙供祖科》。

〈祖師出世實錄〉曰：

> 幼年聰明穎悟，弱冠博通經史，務學傷神，乃靜習於漸山寺內，行
> 者見師咯血，即近白長老。長老聞報發慈即往視之。問曰：書生何
> 為而有斯疾也。師曰：攻書。僧曰：攻書竟作何事業也？師曰：致

〔註44〕沙門真和恭訂《萬福大禪寺碑》，黎朝正和丙寅年（1686），碑文現在佚失，漢喃研究院的拓本編號：2146。

〔註45〕性廣釋條條撰：《拙拙供祖科》，藏在北寧省慈山縣天心寺。

〔註46〕對拙拙的名字，到十八世紀，范廷琥（1768～1839）在《桑滄偶錄》一書中論述「師俗姓李，名天祈，與英宗諱同。」這一寫法有誤。范廷琥好像把越南的李朝李神宗的「天祈」名字改成為拙拙禪師的名字。之後在《越南佛教史論》，阮郎依靠范廷琥的寫法而寫成：「拙拙禪師名天祈，法名海澄，法號圓炆，慣稱拙公，1590年生於福建省清漳郡。」因此，阮郎也寫錯拙拙禪師的名字。

君澤民耳。僧曰：善哉！善哉！此誠沖天之志，不過貪著名利，寧
不顧生死本來面目也。師又未悟。僧使行者將小鼓視師曰：此鼓面
是牛皮，身是枯木，於身之外全無一物而心之內體本空，未舉之前
何有於名，既舉之後名因業生，名不過一時而壞業隨萬古不亡。這
個名字，從何處出來，書生只會得不？言下大悟，覺得本非真性，
名而無實，便云：功名蓋世是虛誕勢望等天增業習文章冠世將狼虎
名譽入耳似飛蠅即捨儒歸僧，究無生之旨，最上乘之談。參禪數月，
師之祖父孀氏覺痛切殊甚，即到山門諭僧，欲將師回。寧料有不可
挽之意乎。于是師僧密議星夜奔南山寺菩提庵謁狀元僧陀陀法師。
見師奇異器之，語僧曰：異日，我當避此人出百丈竿頭，授以心宗
要旨，開悟日益。萬曆三十五年（1607）戊申誕日受比丘二百五十
無相戒，持八萬四千秘密門。〔註47〕

　　這一段說明拙拙從小到佛寺看書，是個很聰明的人，而且努力學習，務
學傷神對身體也不好，吐血害身。師僧教養他，讓他心中仰慕佛教而皈依。
這一段也是一個歷史懸案，利用小鼓的牛皮表面與內在中空來比較，讓學人
悟道。拙拙通過此次講法就悟道同意出家為僧。數月後，祖父跟孀母才知道
拙拙是僧人了。透過故事，可以算出拙拙出家就在漸山寺，之後才轉到南山
寺。漸山寺哪位僧人收他，為他講小鼓故事，現在已經無法考證，因為中外
並沒有資料提出。另外南山寺的狀元僧陀陀法師，筆者根據《大藏經》或《南
山寺志》考證，但沒有寫到哪位僧人是狀元，名號是陀陀。另外拙拙在萬曆
十七年出生，到萬曆三十五年受比丘戒，當時他十八歲。之後他離家為僧，
受足戒律，能夠度化人生。從此以後，拙拙到國外傳教並僑居海外一生。

　　十九世紀，越南阮朝一位高僧是福田和尚，他也是當時佛教史家，他對
越南佛教史有很多專書或重印前代作品。福田和尚對拙拙有很多論述，其中
有拙拙出家的問題。福田和尚在《禪苑傳燈錄》，他寫了一段話：

年十八，凡三教九流，無所不知。一日看《金剛經》，至如偈，即捨
俗投南山寺，頂禮狀元陀和尚。問曰：佛之與聖，其義云何？祖曰：
畫則金鳥照，夜來玉兔明。師領旨得法。〔註48〕

〔註47〕明行編集：《拙拙祖師語錄》，書中有〈祖師出世實錄〉，北寧省仙遊縣佛跡社
　　　　萬福禪寺藏本。
〔註48〕福田禪師編撰：《禪苑傳燈錄》，阮朝嗣德年代，漢喃研究院編號：VHv. 9。

　　福田和尚描述拙拙出家的情形與〈祖師出世實錄〉不相同。〈實錄〉是明行在拙拙當時的編輯，他很清楚的寫出拙拙因看書而傷神得病，以後悟道佛法高明而出家。這時拙拙看的是儒家經典，並不是看福田和尚所說的《金剛經》。若是《金剛經》，拙拙這時就已經了解佛法，何須高僧為他引導入法的佛法故事。

　　綜上所述，對拙拙出家為僧，除〈祖師出世實錄〉外，確實很少資料描述。歐陽體真在《獻瑞庵報嚴塔碑銘》也寫出：「拙拙非人也。又嘗失孝父母，忘恩嬌氏，滅卻五倫。此其可以謂人也」〔註49〕。歐陽體真意思是拙拙還沒依照儒教思想救國濟民而是皈依佛教遁入空門。

　　如山禪師在《繼燈錄》對陀陀和尚與拙拙禪師描述很清楚。但對陀陀和尚的論述，筆者不知道如山依照哪份資料而撰述。對拙拙和尚，可看到如山使用〈祖師出世實錄〉的內容進行編輯。另外如山禪師還補充法偈傳承等。這方面，在傳承方面，筆者將於下章節再次論述。

（五）拙拙閩外往來

　　1607年，拙拙十八歲，他受到比丘戒之後，就隨緣度化。在此階段，很多越南漢喃資料提出拙拙出國路線的描述。但很明顯拙拙到國外就是《〈祖師出世實錄〉的內容記載。首先，拙拙先到古眠國。當然他搭商船前往國外。到古眠之後，拙拙受到國王與大臣寵愛。古眠國，可能是今日的柬埔寨或越南南部地區。在歷史上，古眠國有所稱古眠、吉蔑、林邑、真臘、柬埔寨、高棉、高蠻等。之後福田和尚和現代許多學者都認為古眠國可能是今日越南胡志明市某地區。〔註50〕拙拙在古眠度過數年。這事件在〈祖師出世實錄〉描寫很清楚：

> 雲遊十方隨化度人，至古眠，國王以師禮之，諸大臣咸皈依恭敬，然彼國之民困於鱷害，一日王與師出而驅之。師本慈悲安忍加害但寫文疏投於水中，鱷亦攸然而逝。自此之後民不復困，國人誦恩。既而弘揚佛法，廣度眾生者十有六年。作偈告歸。王覽偈懇留。見師不就殊恩送歸。諸大臣文武官僚贈贐白金幾盈。擔橐毫無所取。

〔註49〕歐陽體真撰：《獻瑞庵報嚴塔碑銘》碑文在北寧省順成縣筆塔社寧福禪寺。
〔註50〕十七世紀上半葉，越南南方阮主還沒佔領廣南以南。越南南方還是古眠國有所稱古眠、占婆、真臘、柬埔寨等國家名稱。因此，很難確定古眠國是在哪的地方，很多學者判斷，有可能古眠國是胡志明市西邊，很近柬埔寨地區的地方。

忽一善男子袖中出銀一封，約百兩之數奉師曰：善哉善哉！於此可
供我幾千里之費矣。喜而受之。及抵家孀母啟籠視之，囊無餘物。
但見貝葉盈筴清介聞天下聲名滿大地而丹霞諸縉紳大夫莫不仰慕
之者。每聚首談吐無不曰：如拙公可謂禪宗瑚璉佛法棟樑。居無幾
而祇園緣就。師敬辭諸官侶曰：士而懷居者不足以為士也復遊於廣
南順化進止。七八年說法度人，普利群生⋯⋯〔註51〕

　　這一段描述，拙拙先到古眠國，受到古眠國王與大臣鼓勵擁戴，在古眠
國十六年，是段很長的時間。如果計算拙拙是從 1607 年離開福建，在十六年
後的 1623 年左右居住在古眠國，並受到國王重視。《獻瑞庵報嚴塔碑銘》也
有一段，歐陽體真清楚撰述拙拙在古眠國的情形：

以談空之術，縱葦渡江，古眠國王以師禮之。〔註52〕

　　但十九世紀，福田和尚在編輯《禪苑傳燈錄》再次描述拙拙到國外，福
田和尚論述拙拙先到高麗國後才到古眠國。綜上所述有關拙拙的資料，並未
寫到拙拙路經高麗國。福田論述拙拙經過嘉定，可能是推論而已。在十六世
紀初，越南南方是古眠國國土，可能拙拙先經過嘉定到古眠，此時期嘉定是
古眠國的土地。此問題，可能是福田和尚的認知錯誤：

先至高麗國開化復高眠國演說要法，後至嘉定，義安，開化天象寺，
來至清化開化澤林寺，末復升龍城。〔註53〕

　　離開古眠，拙拙回到福建。但根據以上論述，在明末中國各地窮困，沿
海人民陸續出國，僧人到南洋或日本。拙拙受到福建丹霞縉紳仰慕，常談佛
道。而國外是很大的世界，讓他再次出國。第二次出國，拙拙抵達廣南順化。
這年代，廣南會安是興盛港口，國外商人陸續前來。拙拙到會安，有很多華
人在這邊居住、做生意，之後他到順化。十七世紀之初順化是越南南方阮主
控制下的首都。順化的清河港，也是國外前來的港市。清河港可以說是華人
的港口。清河離阮主的京城很近。從海口到清河港約十公里左右，有一條很
大的香江，這樣的情形有利於華人生意和宗教生活。

　　綜上所述，拙拙從出家為僧，縱葦渡江到國外傳教，經過古眠國，之後
回國再到國外，抵達廣南順化。有關拙拙出家、到國外弘法的情形，在〈祖師

〔註51〕明行編集：〈祖師出世實錄〉，北寧省仙遊縣佛跡社萬福禪寺藏本。
〔註52〕歐陽體真撰：《獻瑞庵報嚴塔碑銘》，碑文在北寧省順成縣筆塔社寧福禪寺。
〔註53〕福田禪師撰：《禪苑傳燈錄》，漢喃研究院編號：VHv. 9。

出世實錄〉描述很清楚。在廣南，拙拙住在含龍寺，他對該地的瑞公與檀那信施講佛法。

《拙拙祖師語錄》第一冊，寫到拙拙在廣南含龍寺對檀那信施講佛法。廣南史料，沒有寫到含龍寺，恐怕這時間，含龍寺就是含龍山的寺廟。如果是含龍山的話，那就不是廣南而是順化。但在十九世紀初，廣南與順化的劃分不清。綜上所述，福田和尚在研究越南佛教史，也補充拙拙在義安省建立天象寺和清化省的澤林寺，之後拙拙弟子繼續在這兩個寺廟修行。

在廣南順化，他也收江西人明行在在為弟子。明行在在是一位從中國到越南的華人。但明行本身是一位居士。筆塔寺的橫匾，他還題匾自稱是居士。第二次出國，拙拙在越南中部七到八年，得遇明行，從此師徒一起沿海路或陸路到北越。〈祖師出世實錄〉曰：

> 七八年說法度人，普利群生，而豪門從之者如歸市乞解寒灘古榜，
>
> 得遇明行，師奇而賞之，傳授不二心法。〔註54〕

拙拙在廣南順化七到八年，直到 1633 年，拙拙轉向北去。他從沿海而去，首先到義安省，住天象寺，之後拙拙決定定居在北越黎朝首都升龍。關於拙拙到北越的時間也有很多說法。首先，筆者根據拙拙當時的史料，發現在筆塔寧福禪寺有明行禪師塔碑記載明行到北越的年代。在 1659 年，明行圓寂，皇太后鄭氏玉竹為了師傅建立明行尊師的《敕建尊德塔》。塔的旁邊有刻碑文《敕建尊德塔券石》：

> 師……以大越德隆五年癸酉至國都從師普覺行教。〔註55〕

內容是明行在德隆五年（1633）跟普覺到北越。普覺是皇帝敕封給拙拙的名號。這句可以肯定他們師徒在 1633 年到北越。之後重修萬福禪寺，眾弟子幾百人一起刻立《萬福大禪寺碑》，碑文有寫到拙拙與弟子們到升龍於 1634年。原文：「至甲戌由順化至京」〔註56〕。這個說法是有誤的。

現代學者阮郎，在《越南佛教史論》一書中，大意曰：1630 年左右，拙拙與幾個弟子離開中華到越南南方。首先拙拙與眾弟子到高棉，後到占城，經占城到大越。1633 年，拙拙與眾弟子經過中越到升龍。現代的佛教史學者

〔註54〕明行編集：〈祖師出世實錄〉，北寧省仙遊縣佛跡社萬福禪寺藏本。

〔註55〕鄭氏玉竹建塔：《敕建尊德塔券石》，1660 年，漢喃研究院拓本編號：2883。

〔註56〕沙門真和恭訂《萬福大禪寺碑》，黎朝正和丙寅年 1686，碑文現在佚失，漢喃研究院的拓本編號：2146。

都認為拙拙是 1633 年到北越。但阮郎沒有引述根據哪個資料,他還說拙拙與弟子離開閩南是 1630 年。阮郎的說法肯定有誤。因此很多有關越南佛教史的研究,提出拙拙到越南的問題,都是根據阮郎的說法。這樣,大部分都有錯誤。拙拙到越南南方後到北越,他全部的路線都沒有記載他與眾弟子還是跟別人一起去。〈祖師出世實錄〉裡,只寫到拙拙到順化,收到弟子是明行而已。

　　當然到北越,拙拙收到很多出身中越的弟子,其中有在家眾,也有出家眾。以下我們繼續分析。

二、建立宗派與藏身國外

　　在北越遊化十四年的時間,拙拙主持兩個寺廟,分別是佛跡寺與筆塔寧福禪寺。但大多數時間,拙拙都在佛跡寺。兩個寺廟隔了條天德江〔註57〕,兩頭相望。拙拙的弟子們也通過中間這條河往來。明行、鄭氏玉竹、黎氏玉緣常從筆塔寺到佛跡寺。兩邊寺宇的碑銘有幾個是相同內容,都是供奉拙拙。1644 年,拙拙五十五歲,經過多年飄零,身體患病,又收到大明國戰敗的訊息,拙拙因而圓寂歸西。在北越十多年,拙拙建立宗派,重修梵宇,對王公貴族說法,弟子數十名,再傳弟子數百名。上首弟子明行、明良、明幻、明如等都在佛跡寺、筆塔寺奉事本師,之後發展宗派。1644 年,果業圓滿,拙拙在筆塔寺圓寂。弟子們埋葬安置拙拙真像在寶龕內。之後,陸續寫碑文,建寶塔,收集文章編輯語錄內容都是拙拙一生在國外流浪,亡於大越國,永遠是越南禪宗祖師。

　　圓寂之後,拙拙被大越黎朝黎真宗皇帝敕封為:「贈封明越普覺廣濟大德禪師拙公和尚肉身菩薩」〔註58〕。皇帝的敕封被記錄在福泰五年(1647)的碑文《獻瑞庵報嚴塔碑銘》。這年代重修寺宇,也是陳氏玉庵道號法界捐錢重修寶塔安置拙拙肉身。但編輯〈祖師出世實錄〉時沒有記載這個封號。數十年後的 1686 年,眾弟子們重修佛跡寺,建立《萬福大禪寺碑》,裡面記載拙拙受到的敕封名號而內容跟筆塔寺碑文一樣。

〔註57〕天德江,從紅河開口而經過河內、北寧、海陽三省,而接近太平河。天德江長 68km,越語叫「sông Đuống」。天德江有長期的歷史,也是越南很重要的交通路線。在中世紀時代,越南的轉運都依靠水運,從京都升龍去各地都要用水運。從升龍到各重要的佛寺也用水路。

〔註58〕敕封根據《獻瑞庵報嚴塔碑銘》,漢喃研究院編號:2893。

　　拙拙敕封名號意思為，明是明朝，明國人，越是大越。記錄拙拙禪師以一個明朝人到大越國弘法的歷程。以後，釋條條在編撰《拙拙供祖科》也對拙拙的名號有所記載。條條曰：

> 明人應跡，越地開權。秉慧炬而燭昏衢；顯教乘而談理妙。出離故國，歷足諸方；普世界根塵遍絕，到處出法門龍象。〔註59〕

　　條條編撰內容很明確可以看出黎朝對拙拙敕封的意思。

　　對拙拙宗派與圓寂，阮郎在《越南佛教史論》認為：

> 鄭氏玉竹與陳氏玉緣〔註60〕公主在佛跡寺出家之後，鄭主鄭柅開始重修筆塔寧福禪寺。重修完備，就邀請拙拙轉到筆塔寺主持到圓寂的時間。拙拙到升龍當四十三歲，圓寂於甲申年七月十五號，享壽五十五歲。〔註61〕

　　《越南佛教史論》在研究拙拙也出現很多錯誤，阮郎認為到鄭柅重修筆塔寺，拙拙才轉到筆塔寺主持。這訊息不正確。之後，有幾個作品研究越南佛教史，但可能受到阮郎的影響或根據《繼燈錄》而翻譯。但研究拙拙生死的問題時，要參考〈祖師出世實錄〉的記載：

> 七月六日遣人索履內宮密示西歸之旨。人又未之覺也。八日撥棹北歸寧福。明良恭進問安，祖以偈云：身如夢幻有同無，萬物春榮秋又枯。任運盛衰無怖畏，盛衰如露草頭輔。及掌監都督同知潁郡公問涅槃義。十一日師索香湯沐浴，親筆授記，以衲盂遺上首弟子明行秉持大教傳燈續焰。皇太后為道場毋秉持外護，囑付內宮侍宦大眾等不得哭慟掛孝。若此則非吾徒也。望日夜分端坐示寂。其時天清月彩燭燿香濃齊唱佛名搖動法器。諸門人痛切，將龕藏于後堂深處。〔註62〕

　　上段描述很清楚指出拙拙圓寂的時間。七月六日，拙拙可能知道自己即將圓寂，他就到遣人到宮內通知圓寂的事。之後，拙拙離開看山寺回到筆塔寧福禪寺。七月十五日，拙拙在寧福禪寺圓寂，弟子將肉身安置於寶龕。《獻瑞庵報嚴塔碑銘》石碑後的《獻瑞庵香火田碑記》對拙拙圓寂的時間記載得很明確。碑文曰：

〔註59〕性廣釋條條撰：《拙拙供祖科》，藏在北寧省慈山縣天心寺。

〔註60〕黎氏玉緣，阮郎寫錯成為陳氏玉緣。

〔註61〕阮郎：《越南佛教史論》，河內，文學出版社，2008年，頁536。

〔註62〕明行編集：〈祖師出世實錄〉，北寧省仙遊縣佛跡社萬福禪寺藏本。

大越奉甲申（1644）年七月十五日亥時入定。〔註63〕

　　碑文寫出來時間是「亥時」，比以上所述「望日夜分」更清楚。之後〈祖師出世實錄〉，明行禪師寫到有關轉移肉身的問題。因為拙拙的肉身最早放在筆塔寧福禪寺，但到十九世紀時，福田和尚在編輯《禪苑傳燈錄》又提出拙拙的肉身菩薩藏在佛跡寺。這事情很複雜。首先，筆者根據明行編集，他寫到：

　　至次年（1645）四月朔之六日夜午告居士體真曰：天熱矣，吾欲出遊，希為浴之。居士以斯言白上首。在在曰：吾師欲出龕矣。八日啟龕，見祖師儼坐如舊容體圓，肅無少缺，陷諸門人頂禮歡喜殊勝。乃同日而浴。世人聞者咸曰：今世得遇天真佛矣。而王府內宮諸德婆捐資建塔。時值虬龍變化旌旗搖動。上首密議，真相隱于慶光寺，太平復迎歸寧福禪寺藏寶塔中。〔註64〕

　　這一段內容就是拙拙在午夜對體真託夢說他要出門。真假難辨，但這是一個理由，讓弟子可以建立寶塔，安置拙拙的肉身。後來弟子開寶龕，建石塔安置拙拙。當時，國家戰爭，人事動盪。因此，弟子們同意搬走拙拙真身到慶光寺。慶光寺，上面筆者所論拙拙曾經住過幾個寺廟。慶光寺就是澤林寺。澤林寺位於今日清化省河中縣澤林社。本社有慶光寺。人們常稱慶光寺是澤林寺。之前慶光寺，拙拙與明行已經經過，之後，宮妃阮氏玉琇重修寺宇，他們建立後祖堂，來安置拙拙像和明行像。到二十世紀初，慶光寺還保留很好的法像。但二十世紀，越南多年戰爭，許多寺廟都被毀壞。現在河內美術博物館只保存一個阮氏玉琇像，另外都佚失。現在寺宇也是重新蓋的。

　　根據〈祖師出世實錄〉內容說明拙拙肉身轉到清化省，是從 1644 年到1659 年間，明行搬到清化省慶光寺，以後拙拙弟子搬回到筆塔寧福禪寺。拙拙肉身菩薩是安藏在筆塔社寧福禪寺寶塔。但十九世紀，福田和尚在編輯《禪苑傳燈錄》還寫到有關拙拙真像還藏在佛跡寺。這情形，福田寫到：

　　示寂，異香經日不散。兩身藏寶塔龕像佛跡山流傳香燈奉事。〔註65〕

　　福田的這種說法可能是錯誤的。因福田和尚根據如山禪師的《繼燈錄》編輯拙拙禪師的內容。福田和尚在續編《繼燈錄》，他當然很熟悉如山所撰的

〔註63〕《獻瑞庵香火田碑記》，漢喃研究院編號：2892。
〔註64〕明行編集：〈祖師出世實錄〉，北寧省仙遊縣佛跡社萬福禪寺藏本。
〔註65〕福田和尚：《禪苑傳燈錄》，漢喃研究院編號：VHv.9。

有關拙拙肉身的內容。因此編輯《道教源流》〔註 66〕的內容時，他寫越南佛教書籍流傳，內容中提出《拙拙祖師語錄》。但可能編輯《繼燈錄》時他還沒看過《拙拙祖師語錄》。

　　1989 年，佛跡寺僧人發現報嚴塔裡面有一個和尚的真像，但還不知道是誰的真像。之後進行研究並且花數年恢復原貌，1993 年，修復完畢而送回到佛跡寺寶藏龕裏。現代學者和佛跡寺和尚在討論都認為可能因為二十世紀越南戰爭，有位和尚就把拙拙真像從筆塔寺搬到佛跡寺報嚴塔安藏，讓神像不會受到戰爭影響。

第三節　拙拙禪風與門徒法派

一、從閩南到南越宗派

　　明清轉移之際，閩南佛教衰微，倭寇作亂，佛教受到動盪。〔註 67〕明末嘉靖、隆慶、萬曆幾個時代，很少有閩南佛教歷史資料記載。現代學者認為，整體而言，明、清福建寺院佛教比元代衰微，〔註 68〕因此當時閩南僧人很少。這事情是從元代出現的。元代漳州府只有三個佛寺。〔註 69〕元代後，在王榮國的《福建佛教史》認為：「智順在閩傳法的年代大致是元末至明洪武初年。此後，因無著名禪師弘法，臨濟宗在閩中一度沉寂。這一狀況延續到明神宗萬曆末年，虎丘昭隆系下的〈破庵派〉禪師入閩才得以改變」。〔註 70〕「破庵派」第三代祖師幻有正傳的弟子密雲圓悟（1566～1642）（臨濟宗第三十代）下一世的費隱通容到閩中發展，而後密雲圓悟也從浙江到閩南復興宗教。費隱通容到福州黃檗寺建立閩南佛教臨濟宗。黃檗寺以後，費隱通容的弟子陸續到各地發展宗派。其中有亙信行彌（1603～1659）在南山寺建立法派。〔註 71〕從此南山寺法派越來越繁盛。

〔註 66〕福田和尚：《道教源流》，漢喃研究院編號：A.2675 與 A.1825。本書三卷，釋教，道教，儒教，印行在蒲山社大覺寺於紹治五年（1845）。

〔註 67〕《閩南宗教》，福建人民出版社，2007 年，頁 124。

〔註 68〕王榮國著：《福建佛教史》，福建出版社，1997 年，頁 299。

〔註 69〕王榮國著：《福建佛教史》，福建出版社，1997 年，頁 294。

〔註 70〕王榮國著：《福建佛教史》，福建出版社，1997 年，頁 310～311。

〔註 71〕亙信行彌禪師（1603～1659），清代僧人，福建同安蔡氏，他是費隱通容弟子。行彌首先參訪博山無異，後參天童悟於黃檗，成為費隱通容弟子。之後行彌到南山寺住持，傳教，成為閩南佛教禪祖。

明神宗萬曆四十四年（1616），有〈南山寺放生池碑記〉寫到南山寺的僧人，當時僧人不少：

南山沙門一時集者二十有四人。〔註72〕

另外，碑文還提到幾位僧人是「主持普竭、元集、元焰、元鼎」。〔註73〕但當時，拙拙還在國外，或是二十四僧人，有他的師傅。但看到主持和三位元集、元焰、元鼎不算是跟拙拙同代或同法偈。對演派法偈，筆者之後再論述。

上述讓我們知道，拙拙禪師弱冠在漸山寺修習，之後轉到南山寺修行與皈依受戒。於萬曆戊申年（1608）拙拙18歲受戒。這年代，亘信行彌未出家，他十八歲（1621）才出家。還有對拙拙剃髮的長老，對拙拙傳戒的也是狀元僧，《福建佛教史》沒寫到南山寺地區有這樣的一位僧人。筆者曾考錄《大藏經》及之後出版的書籍，但沒找到一位有名長老的南山寺僧人，或許是狀元僧陀陀和尚。《祖師出世實錄》記載：「奔南山寺菩提庵，謁狀元僧陀陀法師，見師奇異器之，語僧曰：異日我當避此人出百丈竿頭。授以心宗要旨」〔註74〕對拙拙開悟。《繼燈錄》、《禪苑傳燈錄》等越南書籍都記載拙拙的師傅是南山寺陀陀和尚。〈祖師出世實錄〉沒有提出陀陀和尚傳，只是很簡單介紹的拙拙有關陀陀傳戒。數十年後，《萬福大禪寺碑》再次提到陀陀，但比〈祖師出世實錄〉很清楚的名字。《萬福大禪寺碑》曰：

受具太祖明菩薩戒，苦節精勤，嚴淨律師德冠陀陀大和尚。〔註75〕

至今很少黎朝十七世紀的佛教史料，《拙拙祖師語錄》沒有完整版，因此要找到陀陀和尚有關的資料，真的很難。但數十年後的十八世紀初（1734年），如山禪師編輯《繼燈錄》他把陀陀和尚小傳寫在拙拙和尚小傳之前，如山論述：

第七十一世南山狀元僧陀陀和尚。狀貌魁偉，少素儒林，博聞強記，無所不通。自投上方，落髮受具，親聞本師，一語心地豁然。由是該覽竺墳，探通玄要。命召赴闕，名震于朝，諮訪禪宗。竺魯之書，無不該貫，呈封稱旨拜為狀元僧，賜名匡國大師。凡朝廷之事，師

〔註72〕《南山寺志》，南山寺編輯與藏本。

〔註73〕《南山寺志》，南山寺編輯與藏本。

〔註74〕明行編集：〈祖師出世實錄〉，北寧省仙遊縣佛跡社萬福禪寺藏本。

〔註75〕沙門真和恭訂：《萬福大禪寺碑》，黎朝正和丙寅年（1686），碑文現已佚失，漢喃研究院的拓本編號：2146。

皆議焉。學者林萃。時拙公問佛之與聖，其義云何？師云：籬下重
陽菊，枝頭淑氣鶯。拙公未會。乞師再示。師云：晝則金烏照，夜
來玉兔明。拙公領悟。師付法與拙公偈云：

窮理五車上大人，三墳二酉易開唇。

君能究問黃頭老，眼裡聞聲道始親。

付囑已，師告疾乃示寂。帝深惜之，贈寶結壇闍維受靈骨建塔南山。
〔註76〕

　　《繼燈錄》受到《五燈全書》影響，但如山禪師編輯的時候，越南的中
國佛教史料不夠讓他可以編輯好作品。因此《繼燈錄》也有很多錯誤。例如：
密雲圓悟禪師是陀陀的長輩。但如上所言，密雲圓悟年齡跟拙拙差不多，還
有他是臨濟宗三十代，拙拙也是三十代。因此，密雲圓悟不會是拙拙長輩。
如山禪師對陀陀論述很多，不知道如山根據資料為何？而《繼燈錄》內容有
與〈祖師出世實錄〉或《萬福大禪寺碑》不一樣。到《拙拙供祖科》，釋條條
再次提到有關拙拙的陀陀師傅。條條對拙拙的師傅信奉的寫：

　　一心奉請，儒學先師，釋宗教主。恭請：南無太師明菩薩戒苦行精

　　勤，嚴淨律師狀元僧德冠陀陀大和尚。〔註77〕

　　除了以上三份材料外，之後史料都沒寫到陀陀和尚。還有，之後越南佛
教書籍大部分提出拙拙弟子與後裔。拙拙弟子，除了明行跟拙拙從順化到北
越以外，還有很多有「明」字、「真」字、「如」字等弟子。筆塔寧福禪寺碑文
只有寫到明行弟子。〈祖師出世實錄〉除了有關明行，還提到明良禪師。但在
《萬福禪寺碑》，我們可以看清楚拙拙宗派廣大的後繼。《萬福大禪寺碑》的
內容，不只是寫到拙拙身份、家庭、傳教，還有關於越南北越的弟子僧俗。這
碑文，對研究越南佛教史是有重要的意義。《萬福大禪寺碑》關於拙拙宗門開
展記載如下：

　　嗣祖比丘明行在在和尚贈封明越成等正覺化身菩薩。

　　繼燈比丘明幻了一和尚贈封廉慈間真儒釋正宗護國禪師。

　　……

　　沙門

　　明光、明德、明宗、明道、明顯、明嚴、明如、明無、明好、明正、

───────────────

〔註76〕如山禪師：《繼燈錄》卷左，第三十九頁，漢喃研究院編號：AC.158A-AC.158B。
〔註77〕釋條條編輯：《拙拙供祖科》，北寧省慈山縣天心寺藏本。

　　明性、明廣、明規、明令、明通、明圭、明敏、明祥、明義、明法、
明全、明恩、明海、明直、明燈、明善、明觀、明萊、明年、明正
覺、明高、明時、明壽、明喬、明因、明痴、明覺、明靜、明淨、
明戒、明盛、明道義、明照、明心、明足、明進、明体、明萬、明
忍、明林、明額、明彥、明珠、明志、明辨、明命、明昭、明福、
明理、明忠、明惠、明宣、明普、明慎、明蘭、明桂、明妙、明在、
明藏。

……

當住世比丘明良、明慕、明信、明通。〔註78〕

　　「明」字輩都是拙拙弟子，「真」字輩都是「明」字輩的弟子，都是拙拙
法孫法系。有人在拙拙圓寂後才出生與受戒；也有人在拙拙擔任住持時就受
戒。但他們都是拙拙法孫法系。《萬福大禪寺碑》關於拙拙法孫法系寫到：

　　真見、真本、真萊、真淵、真融、真門、真祥、真齋、真真、真情、
真和、真仲、真實、真識、真賢、真論、真妙、真祿、真松、真慎、
真慈、真揚、真詮、真加、真歷、真思、真清、真源、真性、真持、
真通。

陳壽字惠進。

沙門：太醫和尚真金、真鳶

沙門：如耀、如惠、如僚、性空、性情、性依、性場、性禎、真孟。

沙彌：真福、妙惠、真繼、妙持、妙登。〔註79〕

　　總結上：七十一位「明」字輩弟子；三十六位「真」字輩弟子。還不算俗
世的皇帝、鄭主或嬪妃、公主等。嗣祖是明行；繼祖是明幻了一的兩位大弟
子，都是明朝移民到越南的華人。拙拙在弘法歷程中收了明行當弟子；明幻
了一可能是到北越才收為弟子。1686年，大部分弟子跟拙拙都已經圓寂。七
十一位弟子中只有「當住世比丘明良、明慕、明信、明通」四位尚在人世。在
《拙拙祖師語錄》中，筆者又看到拙拙回答明良的問題，這年代，可能明良
還在世，但年齡也高了。除了「明」字輩、「真」字輩還有「如」字輩、「性」

〔註78〕沙門真和恭訂：《萬福大禪寺碑》，黎朝正和丙寅年（1686），碑文現在佚失，
　　　　漢喃研究院的拓本編號：2146。

〔註79〕沙門真和恭訂：《萬福大禪寺碑》，黎朝正和丙寅年（1686），碑文現在佚失，
　　　　漢喃研究院的拓本編號：2146。

字輩以後的弟子。他們可能不是拙拙的弟子而是法孫而已。

至今「明」字輩弟子的資料很少，因此要研究有關他們的問題很難。只有幾位，我們可以看到他們弟子的事業、弘法與傳教。他們部分是明人、部分是大越人。但怎麼分辨清楚，真的很難。

以上是拙拙的真諦弟子，還有部分是俗諦弟子。首先，在《拙拙祖師語錄》筆者看到俗諦弟子向拙拙提問的有皇上、勇禮公、峻郡公、皇后等，到《萬福大禪寺碑》就將拙拙俗家弟子的部分寫得更清楚，碑文寫到：

> 王府內嬪妃優婆夷第一昭儀陳氏玉庵謚號法界
>
> 皇太后鄭氏道號法性王氏揄號妙榮
>
> 縉紳大夫太傅堅郡公鄭𢭾
>
> 少傳穎郡公吳有用
>
> 優婆夷號真寶號妙實鄭玉壽號妙結
>
> ……
>
> 皇后鄭氏玉憶號妙壽
>
> 優婆夷李氏玉鑒號妙信范氏科號妙登枚氏進號妙昇號妙如妙且妙心妙圓。〔註 80〕

他們都是檀那信施護法佛教，讓拙拙有很好的條件弘揚道法。因此，拙拙臨濟宗在北越有影響甚大。拙拙發展宗教是很成功。在古眠十多年，在越南中部七年，之後到北越，有這些僧俗弟子一起弘法、修築臨濟宗寺廟，拙拙弟子傳播到北越各地，這是成功的。

二、從閩南法系到大越傳承

到十七世紀初，與中國南方的遊方勸化，也是雲水僧傳道的責任，拙拙到國外屢次來回，之後定居北越，發展宗派。拙拙的宗派是臨濟宗的傳統偈法。他發展宗派，傳燈續焰至今。拙拙在越南傳法偈是傳承中國南方佛教傳統的法偈。當時中國南方臨濟宗有幾個傳法偈文。拙拙是依靠碧峰老祖的後裔。碧峰是臨濟宗楊岐方會禪師的法系，他也是臨濟宗第十九代。從楊岐方會一直轉到方山文寶，傳到碧峰性金。碧峰性金有的演派法偈二十字如下：

〔註 80〕沙門真和恭訂：《萬福大禪寺碑》，黎朝正和丙寅年（1686），碑文現在佚失，漢喃研究院的拓本編號：2146。

性空原朗耀，鏡智本虗玄。

能包羅萬有，故統御大千。〔註81〕

根據偈法，碧峰性金的各代弟子如下：碧峰傳到白雲空度，傳到古拙原俊，傳到無際朗悟，傳到月溪耀澄，傳到千峰鏡秀，傳到突空智板等。他們都根據每個法偈的演派字而有名字。從碧峰下七代，是演派法偈的「智」字是突空智板，他就演派新的偈法有十六字。偈法如下：

智慧清淨，道德圓明。

真如性海，寂照普通。〔註82〕

突空智板不知何姓，生於 1346 年，是臨濟宗第二十五代。從小，智板聰明穎悟，跟千峰鏡秀禪師學道。1381 年，智板到黔陽龍標山普明禪寺看到寺宇雕梁，他決定重修梵宇。之後在普明禪寺主持，發揚佛法。智板顯揚他演派法偈十六字而逐漸對中國明代南方佛教影響甚深。明朝正統十四年（1449）苗人亂起，消滅寺廟，智板也在亂離而死。他弟子碧天清空振興法派。

智板後，中國南方佛教史已補充法偈成為四十八字。何人補充，至今難考，但法偈已受到《卍續藏經》第 86 冊 No.1603《緇門世譜》，終南山天龍會集緇門世譜流傳幾百年了。拙拙帶來越南就是四十八字法偈。之後，拙拙法孫真源禪師在他的作品語錄《見性成佛》記載傳承法偈就是中國南方智板得到補充之後的法偈。真源禪師記載法偈如下：

智慧清淨。

道德圓明。

真如性海。

寂照普通。

心源廣續。

本覺昌隆。

能仁聖果。

常演寬弘。

惟傳法印。

〔註81〕吳中南禪沙門守一空成重編：《宗教律諸家演派》，《卍續藏》第 88 冊 No.1667，2011 年。

〔註82〕吳中南禪沙門守一空成重編：《宗教律諸家演派》，《卍續藏》第 88 冊 No.1667，2011 年。

證悟會融。

堅持戒定。

永繼祖宗。〔註83〕

　　演派法偈，到南山寺，沒有資料提到幾代禪師的名字。因此，我們不能考證清楚。南山寺臨濟宗第三十代陀陀禪師，他的名字在演派法偈是「德」字就是德冠陀陀，弟子「圓」字就是圓炆拙拙。同時，筆者不知道從什麼時候的開始，他們師徒的名字開始以疊字命名：陀陀、拙拙還有在越南的明行在在等用法。

　　拙拙到越南收到七十一弟子行「明」字，有的上首明行，有的繼燈明幻了一，他們是華人，也有很多弟子是越南人。

表二　朝佛教傳承

序號	大越演派			
1	德冠陀陀			
2	圓炆拙拙			
3	大明嗣祖明行在在（1595～1659）	大越明良禪師（？～？）	大明繼燈明幻了一（？～？）	71「明」字
4	真住	大越真源慧燈（1644～1705）	真來	
5		大越如徵麟		
		阮朝慈風海炯		
		阮朝福田和尚		

資料來源：筆者根據史料而編輯。

　　如上所述，圓炆拙拙有兩個弟子是華人，第一是明行跟他從順化到升龍、第二是明幻了一在升龍城收徒。他們與升龍的華人一起發展宗派，建立北方佛教文化，成為越南佛教史上的各代禪祖。明行奉祀在兩座《尊德塔》，一個在筆塔寺，一個在廣寧省東朝縣華安寺。明行禪師還有塔碑記載他的身份。明幻了一建立寺宇，碑文、書籍都有記載。

〔註83〕此偈派，筆者在《卍續藏經》，86 冊，No.1603 看到《緇門世譜》有記載，清代明喜撰，內容與真源本一樣。真源本，筆者參閱：《見性成佛》，真源禪師的語錄，漢喃研究院編號 A.2570 與 A.2036。

三、拙拙的弟子

拙拙弟子有七十一位，到十七世紀末只有三位在世，特別是明良。《拙拙祖師語錄》有描述拙拙與明良回答佛法妙理。但在上首，嗣祖和繼燈的弟子是兩位明人：明行在在與明幻了一。拙拙弟子對越南佛教史有所貢獻，以下筆者論述他的幾位弟子，特別是兩位明人明行與了一。

（一）明行禪師（1595～1659）

當時，明行在筆塔寧福禪寺主持，1659 年死後，黎氏玉緣繼續管理筆塔寺。真住可能離開本師到荊門府安子山主持華煙寺。之後，真住在華煙寺圓寂，弟子建塔奉祀。1660 年，明行圓寂後，鄭氏玉竹與黎氏玉緣為明行而建立筆塔寺尊德塔，當時真住也為了本師而建立華煙寺尊德塔。兩個尊德塔都有碑文，碑文有一樣的內容。碑文內容，表示明行一生在國外，和本師拙拙流浪大越，定居北越而身留異鄉。尊德塔的碑文內容：

> 《勅建尊德塔券石》
>
> 勅贈成等正覺大德禪師化身菩薩法名明行號在在。人天道師，俗本何姓，係籍大明國江西省建昌府。以大越德隆五年癸酉至國都，從師普覺行教。以福泰二年甲申授衣鉢，主化行苦戒嚴，道高德重，說法度人，石默點頭，作福隨緣，蓮開咒口，梵宮廣建變南天。以西天端相莊嚴，鑄金容而滿月，貴賤同宗教主，豚魚悉格中孚，禪師住世紀臘六十有四，圓寂於永壽二年己亥季春廿五日。勅弟子比丘比丘尼沙彌沙彌尼優婆塞優婆夷等建寶塔安藏舍利。庚子年十一月望，永鎮寧福萬億斯年，別具心印寔錄碑誌鴈塔社香火田備攷。茲不贅券。
>
> 黎朝永壽萬萬年屶三庚子十一月吉日立券。〔註84〕

碑文內容很清楚明行是江西建昌府人。福泰五年（1647），明行在在進行重修寧福禪寺，這年明行與弟子們建立《敕建寧福禪寺碑記》，明行撰碑文，內容有提到明行從中國到越南的繼燈續焰：

> 予本旴江貧人何其遵胎托質，正牆立雪，祖印從此光輝，要石舂米盂衲在茲續焰。〔註85〕

〔註84〕《勅建尊德塔券石》，北寧省順成縣筆塔社寧福禪寺，尊德塔碑文，漢喃研究院編號：2883。

〔註85〕明行在在編撰：《敕建寧福禪寺碑記》，1647 年，漢喃研究院編號：2899。

還有，筆塔寺的木匾署黎朝陽和八年（1642），至今依然還保留很好。這個匾額也說明當時拙拙師徒從萬福禪寺到寧福開始重修梵宇。另外，匾額也表明明行禪師當時還未出家，他是一位居士：

敕建

寧福禪寺

陽和八年歲次壬午仲夏吉日

旴江散衲在在清源居士書〔註86〕

筆者認為，可能拙拙感到身體衰弱，還有在重修筆塔寧福禪寺時明行已受比丘戒。《大明國雲水比丘沙門明行》就是說明明行出家的時間。之後明行才收真住為弟子。

表三　明行作品表

序號	明行作品	年代	內容初略	漢喃研究院編號
1	寧福禪寺木匾	1642	開始重修寧福禪寺	
2	拙拙祖師語錄		編集拙拙身份與事業	
3	敕建寧福禪寺碑	1647	重建寧福禪寺	
4	新造鑄延福寺洪鐘	1648	明行與眾弟子鑄洪鐘	
5	淨慈要語		明行重刊	AC.316
6	心珠一貫	1654	明行編集	A.2054
7	天童誦古集	1763	旴江明行重刊	AC.314
8	三經日誦		明行序文與證明刊刻	AC.341
9	佛說梵網經心地品菩薩戒義疏發隱	1898	明行在在重刊	北江省越安縣普陀寺藏本

資料來源：筆者根據漢喃資料而編輯。

以上是直接有關明行在在的作品，還有很多作品是後人或弟子對他的研究，但還有很多作品還沒發現。明行與眾弟子，特別是鄭氏玉竹、黎氏玉緣、歐陽體真、歐陽穎侄對越南的佛教歷史有很多貢獻。

明行一生隨本師到北越弘法，是拙拙的親近弟子，幫助本師在他鄉客地弘法。此後，與本師終老異鄉，成為越南歷史上很重要的佛教人物。現在寧福禪寺在明行的生諱忌日都有齋供奉事。

〔註86〕木匾，現在還保留在北寧省順成縣筆塔社寧福禪寺的三寶殿前門。

（二）明幻了一禪師（？～？）

另一位從大明國到越南的禪師是明幻了一，現在越南佛教史料沒提到拙拙收他為徒的時間。我們只能根據碑文或書籍，例如之前所提到的《萬福大禪寺碑》內容寫到明幻是「繼燈比丘明幻了一和尚贈封廉慈簡真儒釋正宗護國禪師」。〔註87〕碑文並未說明明幻是何人？但有很多書籍寫到明幻是大明人。首先是《萬法指南》，這本書刻印於黎朝永壽三年仲春（1660年），由黎氏玉情重刊而邀請明幻寫序文，上頭署名：

> 大明國雲水沙彌明幻釋了一薰沐拜撰。〔註88〕

另外，漢喃研究院所藏河內市慈廉縣義都社光恩寺的《光恩寺碑》，碑文內容明確寫明明幻了一是大明國人。碑文是明幻了一編撰於黎朝景治二年（1664）王府請皇帝頒給御田供奉三寶，上頭的署名直接寫出大明二字：

> 景治二年歲在甲辰二月吉日大明國雲水散衲明幻釋了一撰。〔註89〕

另外，還有一本《禪林寶訓合註》是明幻了一與皇后鄭氏玉竹共同組織刊刻。這本書可能是明幻了一從大明帶來，並由他撰寫序文，鄭氏玉竹刊刻內容：「黎朝景治六年歲在戊申。正宮皇太后興工發刻。明幻大師為之序」。這版本，刻印在嗣德十一年（1858）。但首先印本於景治六年（1668），這時皇后已死（1660），因此有可能是後世弟子的複製本而已。〔註90〕

筆者還發現到一本《水陸全集》一書，重製於黎朝永盛二年（1706），本書序文有寫到明幻是大明國人，序文就是明幻寫的，內容提出拙拙為了法事而派明幻回國選擇經文帶到大越。以下是它的序文：

> 黎朝盛德年間，有大德拙公祖師，自北而南，替祖行化，敲水鐸而雲趨四眾，講金經而雷貫九重。此時，大元師文祖誼王啟建齋壇於中沙洲，特命祖師奉行法事。祖師意欲弘上乘道祕方便門，轉誦經咒七日，加持全無讚誦。王御見放下綸音。善哉！禪僧依法修持，可謂真誠之至。然我欲質文兩闡，讚誦雙彰，上孚感格於聖賢，下聳觀瞻於世庶。祖師聽旨，敢不遵承。即使門人法名明幻，返回北

〔註87〕沙門真和恭訂：《萬福大禪寺碑》，黎朝正和丙寅年（1686），碑文現已佚失，漢喃研究院的拓本編號：2146。
〔註88〕《萬法指南》，1660，漢喃研究院編號：AC.653。
〔註89〕《光恩寺碑》，河內市慈廉縣義都社光恩寺碑文，漢喃研究院編號：1073。
〔註90〕《禪林寶訓合註》，漢喃研究院編號：AC.305。

國，覓取諸科馳來。祖德潤色始終，謹啟遞進。誼王御覽嘆□，□

時頒下精釰，奉傳刊板，仍留寺院，乃有齋會。案此諸科奉行……

時

皇朝景盛五年歲次在丁巳。〔註91〕

明行、明幻兩個弟子都是大明國人，明行是拙拙在第二次到越南南方時收的弟子，以後一起到升龍弘法；明幻與其他弟子可能是拙拙在北越時受戒，他們是華人，明清之際因為戰亂移民到北越。之後師門弟子都是越南禪祖，永遠身留海外，魂望故國，受到越南檀那信施與佛法護持的供養香燈。

至今越南佛教史都沒研究到明行、明幻禪師。無論是專書還是論文都依靠《繼燈錄》的內容來編寫明行的相關資料，二十世紀的學者，都沒關注到古代書籍或者碑文等。因此，越南佛教史還缺少了很多歷史的問題。越南佛教史、佛教文學現在還要重新研究，重新發掘可信的史料與方法，才可以有很好的成果。

（三）明良禪師（？～？）

拙拙弟子有七十一位，其中有很多高僧碩德，他們對越南佛教史有很多貢獻。但是，他們的蹤跡，特別是寺廟建築及書籍資料，現在很少留存下來，讓我們可以從他們身上研究越南佛教史。七十位之中，有一位對越南佛教書籍影響甚深，他是明良禪師。明行、明幻和其他拙拙的「明」字輩弟子，到十七世紀後期都已圓寂，《萬福大禪寺碑》建立於1686年，當時只有四位禪師，其中就有明良。這麼看來，明良在這時候可能已經很老，是長老禪師。他的影響對國家、對禪派都很深。很多書籍、碑文是為了明良的弟子所寫的，但他們都記住本師，他們傳承的是由拙拙到明良。

現在已經很難考證明良確切的身世，他的生卒年不詳，有關的資料都寫到他在扶朗社主持福隆寺〔註92〕與永福禪寺〔註93〕。福隆寺的《金剛寶塔碑詞》是明良於永治元年（1676）為建立金剛塔所寫，眾弟子於黎朝景興三十四年（1773）再次重修，並在寶塔上、塔身刻碑文，內容有提出「幸逢雲遊拙祖德音汪濊霑濡」〔註94〕。另外，扶朗社的永福寺的《永福禪寺碑》有說明

〔註91〕《水陸全集》，漢喃研究院編號：AC.691／1-6。
〔註92〕福隆禪寺，現在是北寧省桂陽縣扶朗社中村福隆寺。
〔註93〕永福禪寺，現在在北寧省桂陽縣扶朗社。
〔註94〕《金剛寶塔碑詞》，太原王氏二舍代詞撰文，漢喃研究院藏編號：5632。

明良是山南道人，內容如下：

> 茲有山南道應天府山明縣良多社〔註95〕出家童子摩訶比丘福慧普
> 嚴滿覺和尚明良禪師化身大菩薩見景英靈萬古也。是故大志奮然修
> 仁普勸。〔註96〕

這內容，很明確地寫出明良的故鄉。但建塔年代（1676）與建於 1686 年的《萬福禪寺碑》說明明良是現世禪師，當時仍在人世間。因此兩個碑文相比，很難確定明良的生卒年。

還有，明行在編輯〈祖師出世實錄〉時，有提到拙拙與明良禪師的故事：「八日撥棹北歸寧福，明良恭進問安，祖以偈云：身如夢幻有同無⋯⋯」〔註97〕等。到十八世紀初，拙拙第四代弟子如山禪師編輯《繼燈錄》對於拙拙與明良之間的關係，在拙拙傳裡有明確的說法：「教授明良續焰傳燈」。〔註98〕還有，如山在明良傳對明良的身份寫得很清楚：

> 第七十三世扶朗山明良和尚聞拙公和尚從天朝來，博通經史，故來
> 參問，問云：生死到來如何迴避。祖云：管取無生死處迴避。又問：
> 如何是無生死處。祖云：於生死中。會取始得。師未悟。祖曰：你
> 且去。日暮即來。師便如期果至。祖云：待朝明日。眾與汝明證。
> 師豁省悟禮拜。祖知遂傳心印。師得法已。後付真源。〔註99〕

真源是明良所傳的弟子，他在《見性成佛》也寫得很清楚自己傳自哪位禪師。明良之後，真字輩弟子很多，他們還擁立明良為越南禪祖，繼承拙拙禪師將越南佛教發揚光大。之後，真源、真喜、真福、真勝、真光、真儼、真川、真意、真海等六十六位禪師與很多在家佛子共同發展宗派。

明良在越南的佛教史上有很高的地位，他繼承拙拙宗派，繼續重修梵宇，教育僧人。明良圓寂後，福隆禪寺與永福禪寺的弟子們繼續發展宗派，特別是刻印佛經，造成北越阮朝時代的永福禪寺禪風。明良在世時，他編輯並出版很多佛教典籍，至今還保留在寺廟圖書館和漢喃研究院中。筆者在研究宗

〔註95〕良多社，現在在河內市應和縣地區。應和縣，黎朝是是應天府山南道，到阮
　　　　朝嘉隆十三年（1814）改名應天府成為應和府，到明命十二年，河內省建立，
　　　　應和府有四縣，山明是四縣之一。2008，河西縣入河內市。
〔註96〕《永福禪寺碑》，見於北寧省桂陽縣扶朗社永福禪寺，漢喃研究院編號：5638。
〔註97〕明行編集：〈祖師出世實錄〉，北寧省仙遊縣佛跡社萬福禪寺藏本。
〔註98〕如山禪師：《繼燈錄》，卷左，第四十張，漢喃研究院編號：AC.158a-AC.158b。
〔註99〕如山禪師：《繼燈錄》，卷左，第四十一張，漢喃研究院編號：AC.158a-AC.158b。

教時，發現明良重印的《目連五百問律新疏》〔註100〕，這本書是明良根據大明國棲霞寺比丘法通疏而刊刻於大越黎朝景治七年（1669）的扶朗社永福禪寺藏本。

　　以上是筆者針對拙拙禪師傳承宗教，從閩南地區漸山寺、南山寺到越南北越傳教，定居佛跡社萬福禪寺、筆塔社寧福禪寺、升龍看山寺與清化省澤林寺等。還有提出拙拙所傳的弟子們，介紹幾位弟子，其中兩位是大明到大越、另一位是大越人。拙拙師徒受到越南王朝鼓勵，讓臨濟宗在越南發展，至今影響著整個越南。

第四節　拙拙禪師作品與思想

一、拙拙作品

　　除了拙拙的生平及他的弟子們對於越南佛教的貢獻外，最重要的是拙拙的作品，拙拙在作品中展現他的思想。他在閩南，沒有寫什麼作品；拙拙到古眠國後，也沒寫書。他第一次回國，嬡嬡只看到他的行囊中有書，但〈祖師出世實錄〉沒寫囊中是什麼書籍。第二次，拙拙到廣南、順化，經過七八年之後，他決定到北越。拙拙與明行師徒一起到北越，書籍也不能包括他們在路程上寫的作品。范廷琥在《桑滄偶錄》認為，拙拙帶來北越約三萬本書。這統計，可能不準確，但也展現出拙拙到越南傳教的事業，他準備書籍、藏經。其中最有可能的是他帶來藏經，在 1620 年代，南山寺在刊經刻板。他與弟子的路線從廣南順化到北越，之後每個地方講經法都有記載。拙拙的作品，現存兩本，首先是《拙拙祖師語錄》，語錄是拙拙所著，由明行編輯，刊刻於拙拙圓寂後幾年。〈祖師出世實錄〉是《拙拙祖師語錄》第一集裡面的部分。《拙拙祖師語錄》第一、二、三卷，現藏本被收藏在北寧省仙遊縣佛跡社萬福禪寺。筆者在越南研究佛教時，也得到一複印本，可以研究拙拙的身份與國外歷程。還有，佛跡萬福禪寺沒有《拙拙祖師語錄》第四到第十一卷的藏本，筆者看過部分，但沒有複印本。拙拙的第二本書是《五種菩提要義》，本書現藏於漢喃研究院圖書館，有兩個編號是 AC.433 與《佛說無量壽經》裡有附載《五種菩提要義》，編號 AC.425。

〔註100〕明良禪師重刊：《目連五百問律新疏》，漢喃研究院編號：AC.315。

阮朝福田和尚在《道教源流》一書中,「錄數」的部份,有選錄拙拙的作品。福田編撰成為《拙拙錄》。筆者認為《拙拙錄》就是《拙拙祖師語錄》。在漢喃研究院或寺廟裡還保存拙拙的作品良好。筆者希望之後可以研究國內外拙拙研究的作品,特別是對南山寺的佛教史或閩南海洋史的歷史過程。

（一）《拙拙祖師語錄》

越南佛教史、文學史上還保留陳朝皇帝陳太宗、仁宗、慧忠上士的語錄。陳朝佛教語錄對越南佛教文學史上有很大的影響。語錄一方面是文學方面,一方面是保留禪派的傳承、禪師的佛教思想。拙拙的語錄也不在其外。至今《拙拙祖師語錄》內容不全,缺少幾集,但仍可看出拙拙的禪派、傳承、時代與他的思想。因此,研究拙拙的語錄也是研究到中國南方佛教思想在越南傳播與認同的實踐史料。拙拙語錄也反著越南當時的佛教思想。從語錄,也看到黎朝對佛教的態度。從陳朝竹林禪派的佛教語錄後,經過幾百年,到十七世紀初,拙拙到越南才在一次出現語錄的題材。拙拙到越南後,與眾弟子說法,明行編輯而成為語錄。可以說,越南語錄不在中國佛教傳統語錄題材之外。拙拙圓寂還不到一百年後,他的第三代弟子真源禪師繼續給弟子講道、說法而編輯成為《見性成佛》的一本語錄。〔註101〕1690 年間,《見性成佛》刻板、印送也是越南佛教文學史上最後的語錄題材。《拙拙祖師語錄》是重新越南越南佛教文學語錄的題材,他的作品特別影響到越南北方臨濟宗宗門法派、傳承,對越南的歷史有很多貢獻。

筆者曾看過語錄幾集。第一集是萬福禪寺藏本,包含兩個部份,第一部份是〈祖師出世實錄〉,第二部份的《拙拙祖師語錄》有三卷,相當於第一到三卷,兩份都由明行編輯。另外幾卷,筆者還沒看過,只有聽說有第四到第八卷。這部分,越南黎國越先生曾在論文中提到,但筆者不知道確切內容。還有一集,四卷,從第八到第十一卷,還有附載《聖主賢臣頌》,河內時雨院藏本,筆者有看過但目前未有複印本。

〈祖師出世實錄〉有二十頁,每頁七行,每行三十字左右。〈祖師出世實錄〉的內容包括拙拙從小到圓寂的時間。因此,從內容中可以看到拙拙姓李,從小父母雙亡、由嬸嬸撫養。拙拙長大棄儒投佛,從漸山寺到南山寺並遁入佛門,成為雲水沙彌而出國,到古眠國十六年,受到國王與官員鼓勵和擁戴,

---

〔註101〕真源禪師:《見性成佛》,1825 年嘉林崇福寺重印,漢喃研究院編號:A.2036。

但拙拙決定回國。拙拙回國時，南山寺在進行印刻藏經，拙拙受到閩南的「丹霞諸縉紳大夫莫不仰慕」。〔註102〕再次到廣南順化，並在越南中部住了七、八年，以後，拙拙決定與眾弟子到北越，他經過義安、清化省，到升龍。從此，拙拙定居北越，講經、傳道、收弟子，並受到大越國國王、官吏供養。他的檀那、信施普越國度，直到圓寂。弟子們遍布越南北部地區。〈祖師出世實錄〉在越南的佛教史上有很重要的地位，作品讓現代人可以了解十六、十七世紀，中越歷史文化關係，特別是中越佛教歷史關係，還有了解越南臨濟宗在十七世紀上半葉的禪祖，也補充越南當代佛教史很多錯誤。

〈祖師出世實錄〉之外，還有拙拙的語錄。拙拙語錄，筆者之前提到第一集有三卷。

第一卷，首卷寫出：「拙拙祖師語錄卷之一，門人明行在在編集」〔註103〕。每卷都標明書籍名字和作者編集。還有，首卷還有兩字「爾時」，表明在一段時間後，繼續三卷筆者才看到有這個兩字。第一卷有十二頁，描述拙拙在廣南地方含龍寺針對瑞公官僚及善男子、善女人講佛法的思想。這卷內容包括信佛依靠本心。他講到本心的意思，佛法修行方法，要弟子們依靠本心，作福依心；還有講到三寶佛、法、僧的意思與關係等。

第二卷：有四十頁，內容是拙拙在越南傳教，筆者認為，可能第二卷內容是拙拙還在廣南順化地區。因為在首卷中筆者沒有看到「爾時」二字。這兩個字在第三卷才出現，本卷的內容是他給眾弟子講皈依的問題：皈依佛、皈依法、皈依僧等方面。本卷裡面沒有提到僧人或居士。還有，本卷提到佛法哲學的內容，包括心、性、空、有、無的幾個佛教哲學範疇。

第三卷：有四十頁，首卷有兩字「爾時」，可能拙拙到北越的時候，到別的地方講法，所以有差別的時間。本卷內容是拙拙與北越各官吏、郡公、王家論佛法。特別，掌監司禮太保峻郡公問祖師出家和到大越的原因，滾郡公問佛法廣大的意思等。拙拙都為他們清楚地解釋佛法的意思。

第四到第八卷，筆者還沒看過。如上所說，筆者只見到黎國越先生在他一篇論文里有提到第四到第八卷。筆者在時雨院有看過第三集。第三集，封面黃色，有寫《印佛心宗》，裡面開始的內容是《拙拙祖師語錄》的第九卷到第十一卷。

〔註102〕明行編集：〈祖師出世實錄〉，北寧省仙遊縣佛跡社萬福禪寺藏本。
〔註103〕明行編集：〈祖師出世實錄〉，北寧省仙遊縣佛跡社萬福禪寺藏本。

第九卷：六十六頁，規格刻印與之前的幾集都一樣，例如：字體、行數、字數都都一樣。內容包括心、性、魔、佛、一如、實相般若。還提到《金剛經》，《涅槃經》，《心經》、《楞嚴經》等意思。特別，就卷論解般若波羅密多心經的佛教思想，拙拙講到色、受、想、行、識等般若心經的內容，讓學道可依法而行。第九卷內容還有拙拙對儒教的看法，內容提出顏淵與孔子討論禮與仁的問題。拙拙用佛教看法，講出仁、禮在佛教的認知。

第十卷：六十五頁，內容有關佛教哲學各方面。本卷裡面還有提到拙拙針對明良祖師講佛法，提到十二因緣、三無漏學、自性、無、無明等。特別的是，十卷末有寫到與內容有關的〈祖師出世實錄〉重印版。筆者在上述介紹，沒看到《拙拙祖師語錄》重印版的信息。十卷末有內容：「主持靈廟沙彌海澂湛湛重刊」〔註104〕。不知靈廟寺在何方，但根據海澂禪師的傳法偈於「海」字輩，可推算他應該是阮朝十九世紀的人。

第十卷與第十一卷中間是《聖主賢臣頌》〔註105〕一份。《聖主賢臣頌》有十七頁，內容寫到黎氏玉緣，法號善善。內容包括中國古代佛教史的簡述。《聖主賢臣頌》中，黎朝慶德三年（1651）明行在在於寧福禪寺所寫的。

第十一卷：三十五頁，內容分成三部份，分別是「念佛報恩論」、「宗本問答」、「淨土啟信二段」。這三段的內容，包括王與佛的同異、臨終的問題、念南無阿彌陀佛的功德。這些內容是拙拙論到淨土思想，儒家與佛家的辨明。另外，拙拙在內容裡面有提出佛教哲學的各種問題。

《拙拙祖師語錄》到十一卷就結束拙拙的內容。但之後還有《法界作國語偈》的十三首詩，總計6頁。十三首詩都用喃字所寫。法界是拙拙的弟子，她名字是陳氏玉庵，法號法界，興安省恩施縣共武社人。拙拙到北越的時間，陳氏玉庵是第一嬪妃，她跟很多皇親國戚、官吏供養拙拙，重修寺宇。可以說，法界當時是一位大佛法檀那。

最後三集，是拙拙後裔各代的捐助功德刻經，有十五頁。他們是真祿禪師的弟子，真源禪師的法孫，拙拙禪師的第六、七代弟子。這附錄有寫到興功會主是靈廟寺道場沙彌海漢、海潮、海寂、海富等全部北越的寺廟真俗兩諦供養重印。

〔註104〕明行編集：《拙拙祖師語錄》第九卷，河內，時雨院藏本。
〔註105〕〈聖主賢臣頌〉也是在《心珠一貫》漢喃研究院編號：A.2054一書中出現的附載，內容跟《拙拙祖師語錄》附載一樣。

（二）《五種菩提要義》

《五種菩提要義》一書，六十頁，版高 23.5 公分，寬 14.5 公分，書面寫《五種菩提要義》六字，漢喃研究院編號 AC.433。本書第四頁是拙拙禪師傳教的畫像；第六頁是真源和尚在黎朝保泰七年（1726）囑咐如隨禪師重印的序文，刻印板留在東潮縣瓊林寺〔註106〕。另外《五種菩提要義》還附載在《佛說觀無量佛經》，印於阮朝嗣德十三年（1860），漢喃研究院編號：AC.395、AC.623、AC.179、AC.128、AC.425。

《五種菩提要義》的內容提到心、性的問題。五種就是皈依三寶、受持五戒、懺悔業障、發大誓願、念南無阿彌陀佛。因此，拙拙也對五種問題講述他的看法。《五種菩提要義》裡面補充很多偈文，可能是拙拙的偈文，是他針對五種問題寫的。

《五種菩提要義》的一書裡頭還有：〈普勸修行〉、〈張魁偈文〉、〈淨土偈文〉、〈延光集文〉、〈寒山偈文〉等。《五種菩提要義》還收集了〈龍舒淨土〉各卷。最後是真源和尚為了後學而撰寫諸問答。內容可能是真源和尚在重印拙拙的應答之後補充他的回答。

以上是對《拙拙祖師語錄》與《五種菩提要義》的介紹。對《拙拙祖師語錄》，筆者根據第一集與第三集考證。總計拙拙語錄，目前筆者看過第一卷、第二卷、第三卷、第九卷、第十卷跟第十一卷。語錄裡面還有其他的文本，都是拙拙幾位弟子的作品，補充拙拙當時佛教與國家的關係。但語錄文本還不完整，筆者希望有機會找到全本，因此可以對拙拙的作品與內容做更完整的考證與研究。

《五種菩提要義》是真源和尚為師公編輯的，他重刊拙拙的作品，另外補充《龍舒淨土》一文是宋代王日休居士撰而傳到越南的幾段作品。今日文本保留在越南漢喃研究院。

二、拙拙禪師的思想

以上筆者介紹了拙拙禪師的作品。當然，依據拙拙作品我們可以了解他有關佛教的思想與越南文化。他的作品與當時越南佛教史有何種關係。關於拙拙的思想，筆者除了根據他的《語錄》、《五種菩提要義》兩書之外，還參考

〔註106〕瓊林寺，現在是廣寧省東潮縣瓊林禪寺。

當時拙拙與徒弟出版、使用的佛經。另外，筆者還對照越南與中國佛教史，參考中國明末時代的佛教史。因為中國明朝末年，中國四大高僧的宗風特別影響到佛教禪林廟宇。因此，明代末年佛教思想當然影響到拙拙禪師，再影響越南佛教史。

以下，筆者根據拙拙書籍，論述拙拙的佛教思想。

（一）拙拙禪學思想

十七世紀上半葉，拙拙到北越傳臨濟宗派而成為越南北方禪祖。成為禪祖，他當然用禪宗經典傳教。在拙拙的《語錄》常常出現禪宗常用的作品，同時，拙拙也用禪宗作品論述到他對佛教、佛法的觀念。《語錄》卷之三師引《楞嚴經》對弟子演說開示。另外，讓回答弟子問，拙拙常用《涅槃經》、《金剛般若波羅蜜經》、《心經》、《華嚴經》、《法華經》、《智度論》、《正法經》、《古音王經》、《法句經》、《金剛論》與《壇經》等。其中拙拙最常用《壇經》開示弟子。拙拙常引用《壇經》的佛教範疇，例如：「心」、「性」、「佛心」、「無」等。這幾個範疇也是禪宗基本上的哲學範疇。「心」、「性」是萬物的本體。佛教進入中國，達摩闡揚修心養性，經過慧能發揚光大「即佛即心」、「心就是佛」、「見性成佛」等範疇，讓眾生跟僧人修行，真身向善，修持佛法，人人皆可成佛，這是最高的修行目標。在《拙拙祖師語錄》拙拙對弟子開示「心」正是「性」，也就是「佛心」：

> 學道明心，見性成佛。心不明，性不見，佛則不成。佛者覺性者。
> 心不明則覺性不了。性有三性。一圓成性、正真如心、本來覺性，
> 謂之圓陀陀。人人本具。不欠不餘。故曰：箇箇圓成謂之圓成性。
> 〔註107〕

拙拙認為萬事由心造，世界上由於廣大，但都是心而生萬事。拙拙的語錄中有曰：

> 善哉！善哉！幸逢大善知識，廣結殊勝良緣，佛法無邊，信者能入。
> 法中雖曰：四生九有，三界萬靈，不外乎十法界。法界雖多。不出
> 一心。〔註108〕

拙拙認為「佛在心，識心便見佛」，〔註109〕法界上不外本心。因此拙拙

〔註107〕明行編集：《拙拙祖師語錄》第九卷，頁33a，河內，時雨院藏本。
〔註108〕明行編集：《拙拙祖師語錄》，北寧省仙遊縣佛跡社萬福禪寺藏本。
〔註109〕明行編集，《拙拙祖師語錄》第九卷，頁44a，河內，時雨院藏本。

的語錄中，可以看到他對各眾弟子講法最多是本心的問題。修佛就是修心，「識心達本，解無為法，心本若昧，無道可學」。〔註110〕拙拙對各眾弟子講到學道先要識心達本讓人了解「佛者心者。識心乃刻發心……法界歸源一心」。〔註111〕眾生修行，專心學佛。拙拙也對檀那信施講到供養、布施要發自於心。拙拙講：「布施滿四天下，不如一時發菩提心。故功德在自性中立，非供養布施所可求也。故發心是第一功德」〔註112〕。因此依靠三寶而修行，才可修心成佛。另外，拙拙講到「佛者靈知覺性也。佛性人人本具，不待外求」。〔註113〕佛、心、性是統一的。其他，都是外求，不能成佛。拙拙還講到佛心範疇。他講：

> 佛心者，本來無父無母，亦無子。身有父母子，心何有父母子。本來者心也。學道不識心。故曰：癡人，若明心則見自性，即是真如性。真如是本來心。本來心即是佛。佛則非男非女、非善非惡、無父無母、不生不滅。故曰：佛在心，識心便見佛。〔註114〕

在語錄第一、二卷，拙拙講到布施、修行、作福、除災等方式，還有六道四生、五蘊、九識、四大、七大等範疇都是佛心所現，「學道明心，見性成佛」。〔註115〕依佛就是成佛，修心養性是佛法真正目的。因此，拙拙說到「心」、「性」、「佛心」、「無」等，目標都是說明本心的範疇。拙拙希望弟子們了解本心才能成佛。本心是萬事的根源。因此，修行從自覺、覺他到覺行圓滿都是依靠本心。本心良善才能成果。本心也是禪宗傳統的範疇，讓禪宗歷史各代祖師依靠此說而教育弟子。「心」、「性」、「佛心」也是拙拙禪宗的基本思想。

（二）禪淨雙修

禪淨雙修也是拙拙的核心思想。但拙拙不是發明禪淨雙修的方式，他只是從中國帶到越南而與越南佛教文化融合與發揚。在中國，從宋代永明延壽禪師（904～975）提倡禪淨融合。到明末清初四大高僧都闡揚禪淨雙修，特

〔註110〕 明行編集，《拙拙祖師語錄》，北寧省仙遊縣佛跡社萬福禪寺藏本。
〔註111〕 明行編集，《拙拙祖師語錄》，北寧省仙遊縣佛跡社萬福禪寺藏本。
〔註112〕 明行編集，《拙拙祖師語錄》，北寧省仙遊縣佛跡社萬福禪寺藏本。
〔註113〕 明行編集，《拙拙祖師語錄》，北寧省仙遊縣佛跡社萬福禪寺藏本。
〔註114〕 明行編集，《拙拙祖師語錄》第九卷，頁34a，河內，時雨院藏本。
〔註115〕 明行編集，《拙拙祖師語錄》，北寧省仙遊縣佛跡社萬福禪寺藏本。

別是德清（1546～1603）、袾宏（1535～1615）。他們都闡揚攝禪歸淨，禪淨融合而影響到中國佛教思想，同時影響到國外東亞、東南亞各國佛教思想。明末清初中國各地都闡揚禪淨合一。當然，拙拙到大越他也受到中國禪淨思想的影響。在拙拙作品可以看到他的禪淨融合。《拙拙祖師語錄》第十一卷就寫到〈念佛報恩論〉，內容是「淨土國度，人人念佛就可以成佛」、「念佛誠乃諸法之要」、「念彌陀出世，處處極樂現前」〔註116〕、「至心念阿彌陀佛一聲，滅八十億劫生死重罪，上至一心不亂，下至十念成功」。〔註117〕勸人修行淨土，讓人身心清淨，善心發展成佛。拙拙對眾弟子講話，示偈：

> 西方淨土人人有，本無修證元在前。
>
> 未有天地先有性，釋迦彌陀便同肩。〔註118〕

拙拙提倡念佛超生。在語錄，拙拙講：「經云：至心念阿彌陀佛一聲，滅八十億劫生死重罪。上至一心不亂，下至十念成功」，或「吾勸學道之人，若不能頓悟。且把一句南無阿彌佗佛，常憶常念、常想常照」。之後，拙拙講到上品上生，淨土往生。拙拙講「若人欲生淨土，須辦淨土資糧。何謂淨土資糧：信、行、願三字也。三字具足，淨土必生」等內容。從此，拙拙也說到生死、圓寂，當然根源還歸元與佛心而已。禪淨成為融合、合一。特別，拙拙提倡念佛、常唸阿彌陀佛，可以「名聲超十方，人天欣得聞……若能如是念佛者，決定上品上生，直至成佛」。因此要「頂禮念、攝心念、參究念、觀想念、輪珠念、行道念、住立念、靜坐念、側臥念、默念明念、千念萬念皆同一念。唯要決定信心，求生淨土」。〔註119〕

拙拙在《五種菩提要義》闡揚禪淨雙修。五種就是五個妙菩提路，讓學人可以快到彼岸，成就菩提。下列五種：一、皈依三寶；二、受持五戒；三、懺悔業障；四、發大誓願；五、唸南無阿彌陀佛。透過五種戒法、方法修行，可以看出拙拙的淨土思想，拙拙曰：

> 念彌陀者，念我自性阿彌陀也。無量壽佛，無量壽光也。自性萬劫不壞，為無量壽普照十方世界。〔註120〕

〔註116〕明行編集，《拙拙祖師語錄》，卷之十一，河內，時雨院藏本。
〔註117〕明行編集，《拙拙祖師語錄》，卷之十一，河內，時雨院藏本。
〔註118〕明行編集，《拙拙祖師語錄》，卷之十一，河內，時雨院藏本。
〔註119〕以上幾段都引自明行編集《拙拙祖師語錄》，卷之十一，河內，時雨院藏本。
〔註120〕真源和尚重刊：《五種菩提要義》，漢喃研究院編號：AC.433。

圖七　《拙拙祖師語錄》的禪淨融合思想圖

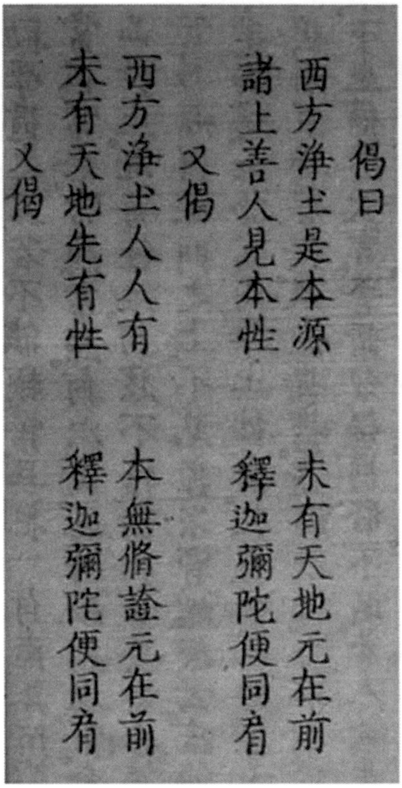

印佛心宗卷之十一

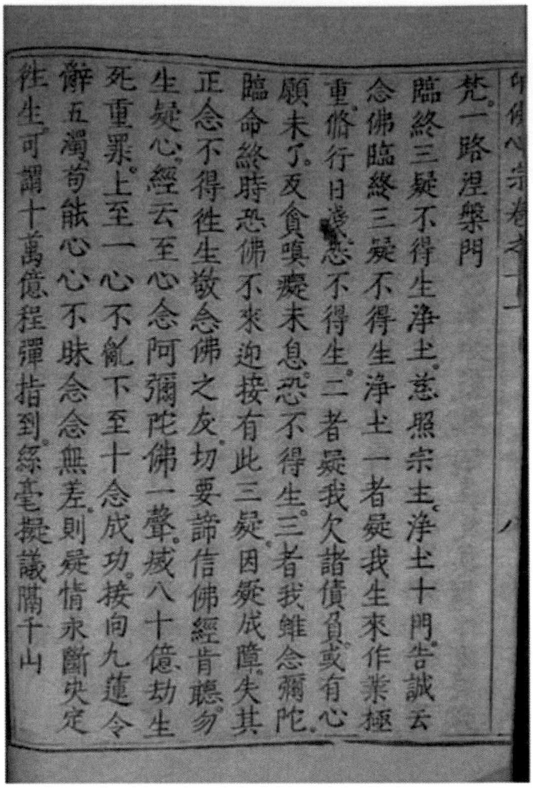

梵一路涅槃門

臨終三疑不得生淨土。慈照宗主淨土十門告誡云念佛臨終三疑。一者疑我生來作業極重俗行日淺恐不得生。二者疑我欠諸債負或有心願未了及貪嗔癡未息恐不得生。三者我雖念彌陀臨命終時恐佛不來迎接。有此三疑因疑成障失其正念不得往生。故念佛之人切要諦信佛經肯聽生疑心。經云至心念阿彌陀佛一聲滅八十億劫生死重罪。上至一心不亂下至十念成功。接向九蓮令辭五濁苟能心心不昧念念無差。則是情永斷央定往生可謂十萬億程禪指到經臺擬議隔千山

偈曰
西方淨土是本源
諸上善人見本性
又偈
西方淨土人人有
未有天地先有性
又偈
未有天地元在前
釋迦彌陀便同肩
本無脩證元在前
釋迦彌陀便同肩

資料來源：《拙拙祖師語錄》，河內，時雨園藏本。

　　從拙拙兩本書可以看到他對禪淨思想有深入的認識。首先當初拙拙認為「八萬四千法門，念佛是第一法門。」從淨土觀念上，拙拙認為禪與淨雖然是兩個禪派，但融合一起讓學道很快到進入佛道，頓悟成佛。拙拙認為：「參禪不礙念佛，念佛不礙參禪。」從念佛發生佛心，發生佛性而成佛。拙拙認為，淨土與禪不可分開而同一修行過程：「從上佛祖立教，開示念佛法門何況今之禪流不信往生淨土。凡修淨土者，不礙於參禪。何參禪者乃薄淨土而不修也。」由此可看，拙拙的思想包括禪淨融合、合一。〔註121〕

　　不但拙拙的作品，他、弟子明行與其他僧俗弟子在建立廟宇，刻印佛經都是禪淨雙修的格式。對寺宇，拙拙與明行在重修筆塔寺，除了上殿與祖堂以外，他們還建立一座九品蓮花台。這台高兩層，裡面安置九品蓮花九層，

〔註121〕以上幾段都引自：明行編集《拙拙祖師語錄》，卷之十一，河內，時雨院藏本。

可以轉動，每層升高到上品上生。九品蓮花台是依靠《無量壽經》分開九品上生而建立樓台。這樓台的格式是越南特別的產物，與中國佛教史上沒有。另外，還有拙拙僧俗弟子努力刻印佛經，特別是明行禪師、明幻了一、明良禪師與善善。他們在筆塔寺、佛跡寺或其他寺宇印送佛典。佛典都是禪淨經典，例如：《金剛經》，《心經》、《楞伽經》、《阿彌陀經》、《無量壽經》等，大部分保留在漢喃研究院或越南北越各省廟宇。

在佛跡萬福寺、筆塔寧福禪寺刻印很多經板，內容都從中國傳到大越。明行圓寂後，弟子建塔，塔裡頭有兩本書籍，是青銅刻的內容，至今還存有原本，內容是《諸經日誦》，這本書是袾弘定本而到大越，第一部份是：《南無大方廣佛華嚴經華嚴海會佛菩薩》、《十小咒》（如意寶輪王陀羅尼、消災吉祥神咒、功德寶山神咒、佛母准提神咒、佛母准提神咒、聖無量壽決定光明王陀羅尼、藥師灌頂真言、觀音靈感真言、七佛滅罪真言、往生淨土神咒）、《善天女咒》、《大佛頂首楞嚴神咒》、《般若波羅蜜多心經》、《大佛頂如來密因修證了義諸菩薩萬行首楞嚴經》、《千手千眼無礙大悲心陀羅尼》、《般若波羅蜜多心經》；第二部份是《金剛般若波羅蜜經》。〔註122〕從兩本書的內容，可以看到當時拙拙、明行師徒傳教受到禪宗、淨土宗與密宗影響甚深。兩本書在塔內，有淨土經書、陀羅尼的密宗經書及禪宗的經書。

拙拙在北越，思想有轉變，在廣南順化還是見性成佛的講話，以後到北越時他講到念佛成佛，可看到，拙拙的思想包含單純禪宗思想和淨土宗思想混合。但拙拙在哪講話，他都為了眾弟子引用經典，讓弟子們更快速地親近佛法。另外受到北越的國家重視，拙拙的思想也是三教同源，儒教與佛教並行。

（三）三教同源

十七世紀初，拙拙禪師離開中國，上商船到國外。1644 年，拙拙圓寂，弟子們建立祖塔，收集資料，出版《拙拙祖師語錄》與《五種菩提要義》兩書。根據《拙拙祖師語錄》的內容記載他從順化到北越的時間，他與廣南、順化縉紳論述佛教道德，之後，拙拙與北越的皇朝官吏論佛道。因此可看到拙拙的思想，是把儒教與佛教融合一起。另外還有道教影響。因此可以論述到拙拙的三教思想。

〔註122〕范文俊：〈筆塔銅書從版本到宗教〉、《考古學通報》，考古研究院，河內，2009
　　　　年。或者參考：http://thienphongvien.blogspot.tw/2012/04/sach-ong-chua-but-
　　　　thap-tu-van-ban-en.html

但不是拙拙到大越才有三教思想。他在中國已受到中國當時佛教思想的影響。在明末清初，四位高僧一邊鼓勵攝禪入淨，一邊提倡三教融合、三教同源。拙拙當然受到影響。他到越南後，努力鼓勵三教融合。在拙拙作品，我們可以看到他論述到儒教的範疇與佛教範疇的關係。拙拙剛到北越時，郡公們就問他佛法意思，心性成佛。當時的弟子勇禮公問拙拙：

> 儒釋道三教，何教為尊？師曰：儒教三綱五常畏天純仁，忠恕而已。
> 道教三元五氣修心煉性，運氣通神而已。釋教三皈五戒，明心見性，
> 福慧兩足而已。故儒教以經世，使齊家治國平天下。道教以煉身，
> 使正坎離長生不老。釋教以明心，使圓光普照，寂滅為樂。三教皆
> 同一心所生而上下差別不等。〔註123〕

拙拙為弟子講解三教的意思與關係。佛法能救度眾生。拙拙引文《壇經》也曰：「佛法在世間，不離世間覺。」〔註124〕佛教不離世間，就是與儒家觀點融合。可看三教的範疇：仁、禮、義、不邪淫、不妄想、智、信、五氣等，拙拙都講解得很清楚。他講到儒家觀點仁者佛教觀念大覺能仁，還有陰陽二氣是道家觀念，或仁禮之辯是儒教思想等，拙拙為弟子盡量清楚地講法。對拙拙而言，萬事都是佛法事，因此，儒家、道家，都是佛法的真理。

三教相互融合而對人生的道德、修行有的很大貢獻。可以說，從小學儒，之後入道，拙拙了解報恩就是佛法最大的路線。成佛，也是純心修道。因此，拙拙為了眾弟子們努力把佛法心宗說清楚。他的思想也有轉變，與越南佛教傳統融合，與越南宗教儒佛道混合發展。因此拙拙修行、教養宗門才變成越南禪祖，永遠在越南禪風中受到崇拜。拙拙學徒很多，他的宗派就是臨濟宗。拙拙是越南北方十七世紀上半葉至今臨濟宗的始祖。圓寂後，拙拙和尚受到皇帝的敕封為明越普覺和尚，是表示明人在越南傳播佛教。他的思想就是臨濟宗的思想，還有越南傳統佛教的文化，拙拙禪師結合淨土宗與越南本地風俗，形成特殊的禪派。

總之，拙拙到越南後，他帶來中國傳統佛教思想，另外他也融合越南佛教傳統思想。因此拙拙的思想中，我們可以看到明清時代的佛教史，也清楚知道越南北方佛教史的影響。為什麼拙拙決定到北越？還有為什麼他停留北

〔註123〕明行編集，《拙拙祖師語錄》，卷之三，北寧省仙遊縣佛跡社萬福禪寺藏本。
〔註124〕明行編集，《拙拙祖師語錄》，卷之十，河內，時雨院藏本。

越傳教？原因當然很多。有的是環境、有的是拙拙自身決定，都影響到拙拙
的思想。

　　當拙拙到越南南方時，南方阮主政權正處於奠立的過程，因此阮主更為
關心的是經濟與軍事力量。由於南方地狹人稀，文化不一，南方佛教與北方
傳來的佛教混雜，因此拙拙就轉向北越。當拙拙到越南北方時，看到北方相
對穩固的傳統與文化，民間信仰主要受北方佛教影響。十七世紀初，越南北
方剛經過多次的戰爭，佛教、道教衰微，人心無所依，拙拙看到北方發展宗
風的契機，因此定居北越，往後受到北越國王至人民的擁護，發展成為北越
拙拙禪派。拙拙的保守，保留了中國傳統佛教思想。抵達大越時，他也看到
越南黎朝朝廷與北越文化相同，是弘揚佛法很好的條件，讓他可以發展傳承
與顯示的佛教思想。他到北越的主要原因之一，是為了停留北越傳教，可以
看在他與一位郡公答問：

　　「掌監司禮太保峻郡公問祖師曰：「天朝大國不居，何故來此小
　　國」？師曰：「國有大小，人無大小，人有大小，性本平等，見性
　　平等，故捨大從小，其實小大同焉」……問：「修行不居深山，而
　　入市朝，教化婦人，何也？」師曰：「小僧是雲水僧，不是住持僧，
　　是代佛宣揚，不是居山苦行。孔子曰：士而懷居也，不足以士矣。
　　亦周流四方，函見南子。經曰：自己度而度他，諸佛出世，自未度
　　而度人者，菩薩發心。小僧德薄智淺，大膽欲菩薩之行。故不辭萬
　　水千山，跋涉而來入王門教化宮人。論過則不可言，論功則難思
　　議。功過當相奄，將功以補過。又若不將身入地獄，難救得獄中之
　　人。世世常行菩薩道。若不如此，何以報多生父母，度累劫冤家，
　　報四重恩也。」〔註125〕

　　以上筆者論述到拙拙的思想，可以看到他本身是中國閩南僧人，受到明
末時代的中國佛教思想的影響。因此，對拙拙可以說他是越南的明朝末年
佛教思想的僧人。當然，從拙拙傳到後代，他的佛教思想依然有許多影響。
禪淨融合、三教同源、都是從中國傳到越南，融合越南本土文化而產生出來
特色的樣式。因此，拙拙的佛教思想可以說是很容易與越南文化溝通而發
達。

〔註125〕《拙拙祖師語錄》，北寧省仙遊縣佛跡社萬福禪寺藏本，卷之三，頁17～18。

第五節　拙拙禪派與越南北方文化

　　拙拙在北越十一年，拙拙禪師與北越文化共同發展，他建立宗風，收很多信眾，成為越南黎朝後的禪祖。拙拙對大越佛教文化有那麼多的貢獻。拙拙到北越時，他有可能改變想法，拙拙要如地獄以救群迷。由此可知，他從雲水僧改住持僧而定居北越。拙拙定居北越還很多原因，他自身想法有轉變、北越文化、佛教文化、北越的華人認同與明朝衰弱信息等原因。之後拙拙留身佛跡寺，管理筆塔、看山幾個寺宇。他對國家皇室、宮嬪、官吏等傳戒，同時拙拙收弟子，對北方佛教寺內清規、念誦禮儀等有很大貢獻。

　　拙拙本身是華人，不熟越語，因此，到大越時，他特別受到在大越的華人資助與介紹。之後，拙拙可以與越南北越朝廷、官吏等溝通而發展宗風。因此拙拙在北越過程中，傳教臨濟宗大概有十年。他與弟子重建廟宇、建立清規、教養眾生對越南當時有很大影響。拙拙臨濟宗派，對越南文化上有什麼影響？可以說至今還有影響的，是他的臨濟宗禪派。1644 年拙拙圓寂，他的弟子繼續發展宗門。因此，拙拙對越南文化影響，在論文中，筆者只介紹及各重點的內容。特別是與拙拙當時有關，例如：他經過寺宇、他與弟子帶來經書、傳教戒律等方面。

一、臨—曹共響——拙拙宗派對越南佛教史交融

　　拙拙帶來越南歷史的臨濟宗。他是臨濟宗的弟子。在十七世紀，拙拙弟子都是臨濟宗禪派，當時越南北越只有臨濟宗而已。到十七世紀下半葉，曹洞宗才傳到越南，越南當時出現兩個禪派：臨濟宗與曹洞宗。1667 年，經過三年到中國參學後，水月通覺（1636～1704）回國，發展曹洞宗風。從此，越南北越曹洞宗與臨濟宗一起發展。水月傳到真融宗演（？～1709），宗演傳到慈山行一等。水月禪師在北越傳教受到很多阻礙，當時臨濟宗特別興盛，因此曹洞宗對社會影響不深。十八世紀初，到第二代宗演禪師時，他與臨濟宗合作共同發展。慈山行一（1681～1737）是越南十八世紀初很有名的禪師，從小參學於宗演禪師，受到慈山行一的偈派名字。1709 年宗演圓寂後，如山到廣寧省瓊林寺臨濟宗真源禪師參學。真源給他如山的偈派名字。因此，他有兩個偈派名字，參與兩個宗派。參學成才，如山禪師回到佛跡寺修行，他也主持升龍京都曹洞宗鴻福禪寺。他在兩個寺宇。當時還有很多禪師受到兩個宗派的偈法而有兩個宗派的法名。對如山可知，到十八世紀，越南佛教史上

有臨濟宗與曹洞宗的融合。如山編輯《繼燈錄》〔註 126〕，也是越南佛教史上的第一部。這個作品，對研究越南佛教史有很重要的位置。

1737 年，如山圓寂，海陽省荊門先任陽山聖光寺建立如山〈淨明塔〉，塔上刻如山的身份碑文。至今他的作品，除《繼燈錄》之外，還有幾個重印的佛經序文。另外，如山圓寂後，弟子各代在佛跡寺建立一座如山〈淨明塔〉。除了如山，十八世紀初，越南佛教史上有很多禪師受戒在兩個宗派。當時北寧省慈山縣天心寺是曹洞宗禪派的寺宇，之後如智禪師住持本寺也是臨曹兩宗的禪師。可能如智禪師與如山禪師都是真源的弟子。

除了傳承之外，至今越南佛教教會也難分辨臨濟宗與曹洞宗的弟子。越南佛教僧人修行、念經與行禮等方面都沒有分別，且經文統一、禮懺相同等。因此，僧人臨濟宗與曹洞宗的生活時或修行時可以說有些混淆。從十七世紀以後，有弟子是臨濟宗與曹洞宗融合思想、禪派。但，拙拙臨濟宗禪派來說也越來越發展，至今，北越各地曹洞宗的廟宇很少，大部分都是拙拙臨濟宗宗派的廟宇。因此，可以看到拙拙的禪派佔領了越南北方的佛教思想、文化。

二、中國文人在越南與拙拙交往

十七世紀上半葉，明朝朝廷衰微、國內內亂、清兵叩關、經濟停滯，因此很多華人從中國南方陸續到南洋，特別是到越南。這事情在《清初嶺南佛門史略》寫得很清楚：「明清易代之際，遺民逃禪成風。邵廷采《遺民所知傳》自序中，言之鑿鑿：明之季年，故臣莊士往往避于浮屠，以貞厥志，非是，則有出而仕者矣。僧之眾多遺民，字明季始也。」〔註 127〕

到北越的有很多人士是明朝的官吏。當時越南的華人很多，升龍有紅河龍編港是很大的港市。海外華人從海防、興安舖憲或從南定省等海邊海港都到升龍做生意。升龍是國家中心，因此很多華人在京都做生意與僑居。拙拙到大越時受到很多華人幫助。還有當時華人對國家政權有重要的地位，因國家的經濟、生意都因華人而有。而且通商與朝貢等事朝廷都依靠華人。例如，

〔註 126〕如山禪師：《繼燈錄》，又全名《御製禪苑統要繼燈錄》，三卷，漢喃研究院
　　　　編號 AC.158／a 與 AC.158／b，內容：中國與越南佛教史。第一卷是有關西
　　　　方印度直到中國各代傳承的祖師。第二卷：越南佛教史十七十八世紀臨濟宗。
　　　　第三卷：越南十八十七世紀的曹洞宗。該書是如山依靠《五燈全書》而編撰。
　　　　到十九世紀（1859 年），福田和尚再一次補充越南臨濟宗傳承與重刻、印送。
〔註 127〕蔡鴻生：《清初嶺南佛門史略》，廣東高等教育出版社，1997 年，頁 18。

在清兵入關，明朝退到南明福建地區建立國家，黎朝還保留朝貢的體例，因此，黎朝朝廷依靠福建華人以商船到福建南明朝廷朝貢。這事情《大越史記全書》很清楚記載在 1646 年，明順武二年、清順治二年大越使臣到南明國家朝貢：「差正史阮仁政、副使范永綿，陳槃、阮滾等同天朝使，都督林參駕海王福建求封于明」。〔註 128〕這時明朝退到福建，因此大越朝廷使臣就到福建朝貢，也說明從大越到福建往來的海路都很順利。

因朝廷衰微，很多華人抵達到大越逃難，他們定居升龍或北越其他地方。拙拙在北越有可能得到他們的很多幫助。當時拙拙、明行與明幻等僑僧，他們一起在升龍華人共同生活對佛教影響甚深。在研究過程中，筆者看到越南十七、十八世紀有很多華人學者，但現在他們蹤跡存在很少。例如：歐陽體真在筆塔寧福禪寺寫的木匾，寫的《獻瑞庵報嚴塔碑銘》，歐陽穎俚編寫《三經日誦》序文等。至今沒有對他們有其他的研究，因此難以考證他的身份。明行在重刻與序文《三經日誦》時有邀請歐陽穎俚寫序文。在序文中，歐陽穎俚用很多華美的詞讚頌明行禪師的功果。序文內容表明穎俚是廬陵居士，可能他從廬陵〔註 129〕到越南，見拙拙與明行後，受在家戒成為居士。《三經日誦》序文寫：「廬陵居士歐陽穎俚題」。〔註 130〕

還有蔣光廷，是一位萬福禪寺的居士。他在萬福禪寺幫皇宮妃嬪寫碑文。萬福禪寺《普光塔碑記》記載黎氏玉緣法號妙慧生平，內容由蔣光廷所寫。這塔碑，在尊德塔也有刻印內容，都記載由蔣光廷撰文。根據碑文說明，明顯光廷是大明人：「大明國樞曹逸史蔣光庭敬撰」〔註 131〕。碑文的年代是黎朝景治七年（1669），這年可能黎氏玉緣法號妙慧圓寂而建塔立碑。碑文也寫到蔣光廷的職官是樞曹逸史，樞曹是軍機的小官職；逸史是編輯史料的職分。可能在明朝，蔣光廷當的是一個軍機處編輯歷史的小官。到 1669 年時，蔣光廷出現在萬福禪寺、筆塔寧寺寫碑文。因此有可能清軍入關，明朝大敗，蔣光廷就到大越。

十七世紀後半葉，大越全國有很多華人。筆者在看山寺資料中發現有提到華人在大越升龍詠升龍最佳八景的詩歌。當然他們擁戴佛教、鼓勵與供

〔註 128〕陳荊和編校：《校合本大越史記全書》卷之下，東洋大學東洋文化研究所，昭和 59，頁 590。

〔註 129〕廬陵，現在屬江西省吉安市地區。

〔註 130〕《三經日誦》，漢喃研究院編號：AC.545。

〔註 131〕《普光塔碑記》，北寧省仙遊縣萬福禪寺碑，漢喃研究院編號：2188。

養宗教。十九世紀上半葉，蔡廷蘭到越南，他從南方廣義省到經過陸路到升龍回到福建再回到台灣澎湖。蔡廷蘭作品《海南雜著》記載清楚路途上的華人幫助。蔡廷蘭到每個地方都有華人在各省市幫助、送錢等讓他順利回國。〔註 132〕

　　因此大越的華人共同關係很密切，他們都在異鄉，僑居升龍而互相幫助同鄉。拙拙或其他人，到哪地方發展事業都受到當地華人互助。拙拙、明行、明幻剛到北越，就受華人幫助。之後拙拙圓寂，歐陽體真對他寫碑文提到他與拙拙在升龍看山寺見面等內容，都表示明朝的移民到大越的宗教關係。

三、拙拙禪師對中越書籍與越南文學影響

　　十七世紀上半葉，大越北越鄭、莫剛結束戰爭，社會紛亂還沒穩定，因此拙拙到越南傳教好像如魚得水。因此事情都順利，讓拙拙發展宗風。大越多年戰爭，北方與莫朝、南方與阮主，造成經濟衰落，因此許多人民餓死、戰死。朝廷也依靠宗教穩定人心。因此邀請拙拙準備一壇水陸救陰度陽。這水陸壇，拙拙對大越黎朝朝廷與升龍社會有很大影響。但佛經數量很少，從南到北帶來不方便，因此拙拙一邊請華商帶來書籍，一方面讓徒弟明幻禪師回到中國帶回經書。這內容都在水陸諸科的序文記載，內容拙拙派明幻了一禪師回國取經：

> 此時，大元師文祖誼王啟建齋壇於中沙洲，特命祖師奉行法事。祖師意欲弘上乘道祕方便門，轉誦經咒七日，加持全無讚誦。王御見放下綸音。善哉！禪僧依法修持，可謂真誠之至。然我欲質文兩闡，讚誦雙彰，上孚感格於聖賢，下篁觀瞻於世庶。祖師聽旨，敢不遵承。即使門人法名明幻，返回北國，覓取諸科馳來。祖德潤色始終，謹啟遞進。誼王御覽嘆將，移時頒下精釵，奉傳刊板，仍留寺院。
> 〔註 133〕

　　明幻了一禪師回國帶來書籍事情很明確。但拙拙帶來大越許多書籍，拙拙有關作品卻沒有提到。到十九世紀初，松年范廷琥（1768～1839）在編輯《桑滄偶錄》一書中，他再次提到拙拙帶來書籍的問題。在小傳《拙拙禪師》范廷琥描述拙拙帶很多書籍到北越如下：

〔註 132〕陳益源作：《蔡廷蘭及其海南雜著》，台北，里仁書局，2006 年。
〔註 133〕真源：《水陸全集》，漢喃研究院編號：AC.691／1-6。

先朝中興間，內地沙門拙公禪師駕海舶，載藏經三萬餘卷南來，登
爛柯山，恍然有悟。〔註134〕

三萬餘卷可能是誇張的說法，但也表明當時拙拙帶來很多書籍與佛跡寺
重印、抄本的活動。除了帶來經書、經義佛典，拙拙與中越弟子在佛跡寺、筆
塔寺等共同重刻經板。當時佛跡寺、筆塔寺是兩個刻印經書的中心。十七世
紀下半葉拙拙弟子，法孫傳到很多地方，他們繼續重刻書經，例如：永福寺、
永嚴寺、天心寺等。到十八世紀，大越臨濟宗與曹洞宗的禪風可以說是鼎盛，
各地都有佛寺祖庭而刊刻很多經板。大部分都個寺宇有連結刻板，每地方刻
板後，印出來，與其他寺宇交換經書。因此，北越各地的寺宇都有藏經閣以
藏木板。

1660年，明行圓寂後，弟子鄭氏玉竹與宗門弟子刻板青銅《諸經日誦》放
在尊德塔層上。到2009年，尊德塔頂有有棵小樹影響到塔的面貌，因此寺
內僧人重修塔頂。在重修過程中，僧人發現塔頂裡頭有青銅的《諸經日誦》。
這本青銅《諸經日誦》與現在漢喃研究院保存的《諸經日誦》內容一樣。現
在漢喃研究院保存《諸經日誦》有印本五種，都是1660年印本而後有重刻、
翻印。但，1660年本，就是筆塔寺的版本。這本《諸經日誦》是明朝雲棲寺
沙門袾宏編輯，端州鼎湖山沙門弘贊校訂而拙拙與弟子帶來越南，書中有刻
「教授師摩訶比丘明行在公和尚贈封明越成等正覺化身菩薩弟子正宮皇太
后鄭氏玉竹道號法性」。《諸經日誦》其中包括禪宗、淨土宗、密宗思想，分
開兩卷上下，內容有：《南無大方廣佛華嚴經華嚴海會佛菩薩》、《千手千眼
無礙大悲心陀羅尼》、《千手千眼觀世音菩薩大悲心陀羅尼》、《十小咒》、《般
若波羅蜜多心經》與《金剛般若波羅蜜經》等。在拙拙的時代，佛跡寺與筆
塔寺重刻很多佛經，至今大部分都是阮朝重刻，但很多書籍都還保留前代的
刻板，很類似佛跡寺、筆塔寺的版本。在筆塔寺明行在在與善善重刻《三珠
一貫》、《心經》、《金剛經》、《楞嚴經》等。例如《大阿彌陀經》〔註135〕的
經本，筆塔寺依靠宋代王日休板而重刻，到阮朝時經板再次重刻，但不是在
筆塔寺而是在北江省永嚴禪寺；《淨慈要義》〔註136〕，明行禪師在筆塔寺刻

〔註134〕孫遜、鄭克孟、陳益源主編：《越南漢文小說集成》，上海古籍出版社，2011
年，第十二集：《桑滄偶錄》，范廷琥、阮案編撰、楊曉靄、胡大浚校點，頁
137。
〔註135〕《大阿彌陀經》，漢喃研究院編號：AC.62。
〔註136〕《淨慈要義》，漢喃研究院編號：AC.316。

印。到十九世紀時，河內乾安寺重印，內容寫很清楚，明行根據明朝的版本，還記載「旴江雲水沙彌在在重梓」在阮朝沙門清錦時重刊。明良到永福禪寺住持後，也與弟子們重刻很多經本，特別是明良之後，他的弟子繼續發展宗風，永福禪寺是北越刻經的中心。當時景治七年（1669年）明良刻板《目連五百問律新疏》〔註137〕，是根據明朝棲霞禪寺法通禪寺疏。另外，漢喃研究院還保留許多佛跡寺與筆塔寺書籍，或是當時印本或是以後各代弟子重刻、翻印。

圖八　青銅金剛經　　　　　　　圖九　明行禪師像

資料來源：圖九：筆塔寺尊德塔青銅金剛經。

圖十：明行禪師像，《筆塔——佛教藝術》，河內美術出版社，1996年。

　　拙拙禪派臨濟宗各代很注重重刻經板，翻印佛經讓宗風永鎮而永遠留長。但在歷史過程，各代弟子也有創作文章，都有受到拙拙禪派思想影響或書經的流傳。其中特別是真源禪師，他對越南佛教史上，拙拙臨濟宗派有很大貢獻。真源禪師把許多佛經翻譯成喃字，另外他繼續重刻、重印陳朝的書籍。真源闡揚陳朝竹林禪派，但也是拙拙禪師禪派。從拙拙有語錄後，真源禪師繼續依靠禪祖而創作語錄《見性成佛》一書。可以說，真源發揚光大拙拙臨

〔註137〕《目連五百問律新疏》漢喃研究院編號：AC.315。

濟宗的思想與宗派,重刻書籍與詮釋佛教經典。除了真源禪師以外,之後各代弟子繼續重刻書經,翻譯喃字等,例如:十八世紀上半葉如山禪師、釋條條禪師與十九世紀下半葉福田和尚。至今越南佛教書籍,或是重刻、翻印或是喃字創作大部分都依靠以上的各位禪師。

可以說,從拙拙到大越,帶來經書,弟子回國也帶來經書,得以發展禪派,造成北越佛教鼎盛的時期,引起以後宗教中興。十八世紀時,越南北方佛教繼續發展,還有一次越南僧人到中國鼎湖山修行與請經藏回國。總之拙拙與弟子建立宗風,傳承弟子,至今越南佛教史還受到幾百年前的影響。

四、拙拙與閩南、越南佛教寺院建築文化

(一)福建漳州南山寺

南山寺有一千多年的歷史,從唐朝 721 年,陳邕建宅於龍溪縣。之後,他改宅為寺而邀請雲嶺常公和尚住持而常公改為「延福禪寺」。延福禪寺就是南山寺之前的寺宇。開寶三年(970),延福禪寺該名成為報劬崇福禪寺。〔註138〕過幾百年有很多改變,有時是院、有時是寺,但都是僧人生活與修行的地方。1545 年,南山寺遭火,之後寺僧圓性重建寺宇。〔註139〕但圓性禪師後,南山寺沒有史料記載。明代萬曆年間(1567～1620)月港成為福建重要的海港,使得福建漳洲地區受到很多影響,特別是與國外貿易。很多僧人透過商船到國外傳教。當時,拙拙禪師在漳洲出生與在南山寺受比丘戒而得到突空智板禪派的偈傳。拙拙得到圓炆法號是偈傳的「圓」字輩。不知道拙拙的圓字有沒有與南山寺圓性是同字輩還是後輩,但數十年後,南山寺沒有記載南山寺的傳承。

萬曆年間,南山寺名字是南山報劬崇福寺。到天啟年間(1621～1627)南山報劬崇福寺改名成南山寺。這年代南山寺有歷史記載幾位僧人僧雄、連山與尼姑共同寫《法華經》八十一卷。〔註140〕1623 年左右,拙拙第一次回國,他有見幾位僧人寫經。《拙拙祖師語錄》沒寫到當時拙拙在南山寺的情況。1628 年,拙拙出國之後,南山寺的覺海禪師也到日本建立福濟寺。〔註141〕根據很少的史料,現在很難考證到當時南山寺的偈派。之後 1636 年亘信行彌

〔註138〕《南山寺志》,南山寺出版,頁 3。
〔註139〕《南山寺志》,南山寺出版,頁 155。
〔註140〕《南山寺志》,南山寺出版,頁 156。
〔註141〕《南山寺志》,南山寺出版,頁 156。

（1603～1659）進入住持南山寺。〔註142〕從此，南山寺才遵守天童密雲圓遇傳派而後繼續發展。〔註143〕清順治十六年（1659）怡石和尚繼持南山寺任住持。至今，南山寺繼續發展，都是依靠亘信行彌傳來的偈法傳承，南山寺成為閩南地區一個佛寺的祖庭。

　　明清至今南山寺有很多僧人到國外傳法。他們到日本、越南、新加坡等國建造寺宇，建立宗派。由各代南山寺弟子到國外，但他們禪祖、宗風都是來自福建省漳州南山寺。因此，歸源返本都在每人的心裡。拙拙禪師又一次回到家鄉本寺，第二次到國外，留身客地，但他的心裡永遠留著南山寺的影像。

（二）佛跡社萬福大禪寺

　　越南最古老的佛教中心是北寧省，特別是順成、超類與仙遊等縣。其中仙遊縣的爛柯山東南方有佛跡社萬福禪寺。萬福禪寺，別名是佛跡寺。《大南一統志》曰：

> 爛柯山在仙遊縣南四里，山上有獸龍蛇、石室，嶺有石棋……山下有洞名萬福，景致幽雅，相傳李世所造。史記趙佗住軍仙遊山與安陽王戰即此地。傳奇錄徐式解束贈仙女亦此地也。一名仙遊武山。〔註144〕

　　越南學者很多都認為「洞名萬福」就是萬福禪寺。萬福禪寺有的一千年的歷史，《大越史記全書》記載在李朝聖宗年間（1057年）〔註145〕建立佛塔，於陳朝重修寺宇，建立書院藏《大藏經》等。之後《萬福禪寺碑》中也提到萬福禪寺在李朝後的歷史。但根據《古珠法雲佛本行》一書中，萬福禪寺開創於三世紀左右。因此很難考證本寺的歷史，但可確定超過一千年。關於萬福禪寺《大南一統志》曰：

> 萬福寺在仙遊縣佛跡社爛柯山，李聖尊建，中有石像一高五尺大六尺。遞年正月初四日有荷花會，人多行香。陳昌符間（1377～1388）藝祖試太學于此。黎景興年間（1740～1886）作大宴會。〔註146〕

〔註142〕《南山寺志》，南山寺出版，頁156。
〔註143〕有關亘信行彌與南山寺傳承，在第三章拙拙傳承問題，筆者也有論述。
〔註144〕《大南一統志》，日本慶應大學藏本。
〔註145〕《大越史記全書》記載與1057年「九月，命郎將郭滿建塔僊遊山」。今塔未見，但考古學剛發現塔的基層，近幾年重修梵宇，但基層還保留。
〔註146〕《大南一統志》，日本慶應大學藏本。

　　但十七世紀，拙拙到佛跡寺一方面保留古籍，一方面重新梵宇，擴大寺宇規模。拙拙受到皇朝、鄭主與宮嬪供養而修建寺宇。十七世紀到十八世紀間各代僧人繼續重修而有今日的面貌。在 1686 年間，佛跡寺有一次很大規模的重修。這年，弟子們也建立《萬福大禪寺碑》紀念重修事情。《萬福大禪寺碑》對佛跡寺的歷史的描述：

　　睠惟：

　　仙遊勝地，佛跡名山。應勢乾方鳳嶺，入懷辛水牛江。朱案起方圓，水澄凝湛湛。玄虛高突屼，山燦爛巍巍。左青龍水邊，右白虎山扶。頂上室開磐石，給中殿儼琉璃。是殿也，豁然而大，煥爾且輪。獸階陳前僅十，龍池養後無雙。閣對鳳，彩光牛斗；樓崎龍，手摘星辰。廣寒花採蕊紅，徐郎解皇恩船渡。蓬萊碁排山碧，王質慕赤松岸遊。雖清奇，俱新萬景；然崇興，必〔有〕一人。

　　幸而天啟聖明：李家皇帝第三，龍瑞太平年四。興造寶塔丈千，崇建金身尺六。普施田，所滿百餘；築立寺，座餘一百。所以祚享久長，無非推此心而行此道也歟！？〔註147〕

　　寺宇穩定規模並定形，直到 1947 年，法軍返回北越，法越戰爭爆發，佛跡寺被毀滅。1959 年時重新蓋一座梵宇；1986 年重修梵宇；1991 年再次重修梵宇；2005 年釋德善禪師建立觀音院。至今，釋德善禪師重修梵宇，建立新的上殿、行廊、祖堂等處。現在萬福禪寺的建築規模是釋德善禪師根據法國拍攝本寺的照片與版畫設計而重修梵宇。可以說，現在建築風格受到黎朝時代建築風格影響。

　　佛跡寺的建築與越南北方建築的「內工外國」的模式。「內工」是裡面的建築形狀像「工」字，前堂連結上殿的中間是中殿。「外國」是寺周圍類似「國」字，佛跡寺在山上，因此從山下三關到山上中間的前堂，前堂與上殿之間是燒香之殿。上殿左邊是第一祖堂，右邊是主婆祠堂。前堂前方是李朝的十獸：象、馬、獅子等高一公尺二十尺到一公尺六十尺左右，左右兩邊對稱。

　　佛跡寺靠山，因此從山關到前堂有一段要爬山。至今，仍保留很多李陳朝構件的散跡。還有前堂比三關高十公尺左右。根據考古學者認為佛寺的前堂有十一間、燒香殿三間、上殿五間、後宮九間、行廊兩邊共十四間、方丈五

〔註147〕《萬福大禪寺碑》，現已被破壞，只有拓本藏在漢喃研究院，編號：2146～2147。

間、第一祖堂五間、後殿三間，總計四十九間，另外有主婆祠堂奉祀德主婆
陳氏玉庵，可說是很大的規模。這建築空間是黎朝拙拙到越南後重修而出現
的。到 1947 年，全部黎朝建築都受到戰爭破壞，因此雖然經過幾次重修而寺
宇迄今尚未完全重現舊跡。

圖十　佛跡萬福禪寺照片

資料來源：越南美術館的照片。

　　佛跡寺奉祀的佛像可以說是跟越南北方信仰一樣。前堂中兩邊奉祀兩位
很大的護法。護法是兩位很大的神像，手拿兵器，色面莊嚴。越南北方佛寺
大部分前堂都奉祀兩位保衛佛法的護法神像。筆塔寺的前堂也有兩位很大的
護法神像。也有很多寺宇的前堂奉祀十位閻王或共同祭祀，因為每個寺廟的
奉祀分佈都要有根據格局空間的大小。對佛跡寺的燒香殿，中間香案，兩旁
每邊九位羅漢。羅漢在佛跡寺與筆塔寺有很多差別，筆塔寺的羅漢是在上殿
空間的兩邊。佛跡寺的上殿中間也奉祀三世佛：中間釋迦牟尼佛、左邊是未
來佛、右邊是過去佛。〔註148〕

〔註148〕越南現代的學者都認為：三世佛就是過去佛、未來佛與現在佛，但他們還沒
　　　　分開清楚，注釋三位的名字或者來歷等有許多差異。根據《佛教大辭典》：

後堂經常奉祀：德翁、地藏菩薩、檀那信施或是禪祖。對第一祖堂奉祀開創諸祖，有可能是佛跡寺與筆塔寺的禪祖。但佛跡寺是拙拙修行的中心，還有拙拙在北越大部分時間是在佛跡寺，他只有四、五年左右在筆塔寺。因此拙拙門徒法派的各代弟子禪師圓寂後都在佛跡寺第一祖堂奉祀。越南的祖堂的中間大部分都奉祀達摩祖師，以下都是越南諸禪祖。在佛跡寺，至今上面奉祀達摩祖師外還奉祀列位越南祖師，特別是近幾年新發現的拙拙肉身菩薩。

越南最近發現很多禪師的身像，例如：武克明、武克長兩個兄弟投佛修行，還有北寧天心寺的如智禪師肉身菩薩。如智禪師是拙拙禪師的法姪。筆塔寺也有保留拙拙的肉身，之後轉到清化省的慶光寺，但沒有再轉回筆塔寺而轉到佛跡寺的第一祖堂的龍龕奉祀。1947 年，法軍火攻佛跡寺，附近人把身像放在報嚴塔裡面。對拙拙肉身像，以上，筆者第二章已有論述，約二十年前左右，佛跡寺發現報嚴塔裡面有一位肉身菩薩，是真的人像。1991 年後，考古學者進行分析與復原的身像，經過幾年，到 1993 年復原完成。根據專家判斷，人像高一公尺五十九公分，但是坐身像，因此只有高六十七公分，判斷是拙拙禪師的身像。

佛跡寺還有一個特色的佛像。這佛像很漂亮，全身用石造成，至今越南學者還不知道是什麼像？大部分越南學者根據 L. Bezacier《越南藝術》〔註 149〕確定佛像是阿彌陀佛，因此數十年來，越南研究藝術史都根據 L. Bezacier 的看法。但最近美術研究院與考古界根據考古現物與歷史考證判斷神像是毗盧遮那佛。他們認為，這毗盧遮那佛有可能放在李朝 1057 年的佛跡雁塔裡面而現在只有散跡。身像高 1.87 公尺，全部身像與盤座是 2.77 公尺，盤座如意花紋與龍紋，都是李朝時期的佛教藝術特色。

《大越史記全書》記載李朝於 1057 年建立佛塔高千丈。以上論述在《萬福大禪寺碑》內容中也有提出：「李家皇帝第三，龍瑞太平年四。興造寶塔丈千」。因此可知佛跡寺有很大的佛塔。但根據黎朝的建築空間，有可能，到黎朝時佛跡寺的大佛塔沒有了。到二十世紀（2008 年），釋德善禪師要考古學

三世佛：「過去現在未來也。過去佛：為迦葉諸佛。現在佛：為釋迦牟尼佛。未來佛：為彌勒諸佛。此即佛經所云：三世諸佛也」。對三世佛，有很多理解，大部分都認為中間是釋迦牟尼佛，但兩邊的看法都不同，例如：左邊可以是藥師佛、右邊可以是阿彌陀佛等看法。越南人常常叫三世佛是「三寶班」。

〔註 149〕L.Bezacier：L'art vietnamien《越南藝術》，法文版，1954 年，作者參考譯本。

者、美術學者進行考古佛塔基層，之後發現地下的佛塔遺址。在 1937 年，法國考古家第一次開發地下，發現李朝龍瑞太平年的瓦磚，到 1940 年第二次考古，再發現很多古物。L. Bezacier《越南藝術》根據基層而認為佛塔有可能高四十公尺。至今，越南學者論述佛跡古塔的面積是 9.1×9.1 公尺，分成多層次，每層次平均 2.4 公尺，因此可得出佛塔高四十多公尺。

　　寺內是建築，法像分佈，寺外後堂之後是山上，山上有很多祖塔，都是佛跡寺的歷代祖師圓寂後弟子建塔奉祀。塔園有三十六塔，大部分是石塔，有一部分是磚塔。越南寺廟常有塔園，北寧省是越南省市佛教寺廟擁有最多塔園的地方之一，仙遊山南山寺的祖塔比佛跡寺更多，但就古老的祖塔來說，佛跡寺擁有的古老祖塔更多。例如：普光塔有四層，建立於景治二年（1664），塔上記載妙慧釋善善修行過程。這內容，筆塔寺尼珠塔碑文也有一樣相同記載。圓融塔建立於己未（1679 年）有四層、顯光塔建立於永治五年（1684）、圓光塔奉祀真福建立於 1684 年、報嚴塔奉祀拙拙建立於正和十三年（1692）等祖塔，都是歷代祖師的各代弟子建立的。

　　總之，佛跡寺現在的建築是依照黎朝拙拙年代所建立的模式。經過幾百年，戰爭過去，佛跡寺無法保存前代的面貌，雖然靠法國照片與圖畫的建築圖而復興舊景但也無法準確。另外，保留拙拙肉身菩薩是很重要的議題。1684年建立《萬福大禪寺碑》記載了拙拙各代弟子與法孫、法姪等，到正和十二年（1692）弟子明靈與道場建立佛跡寺報嚴塔都是歷史回顧，關係到拙拙禪祖與宗派發展過程。如果筆塔寺在拙拙圓寂後一年就建立報嚴塔，那麼佛跡寺數十年後才建立的祖塔，這次有可能是因戰爭停止，弟子各代到慶光禪寺迎接拙拙真像回來佛跡寺安藏龍龕，之後他們建立祖塔以紀念之。因此可推算，到十七世紀下半葉，佛跡寺比筆塔寺更盛興，祖塔與建築規格等都完備。到十八世紀，性廣釋條條還再次編撰東都始祖拙拙禪師的供祖科，就是佛跡寺的藏本。總之，拙拙是越南北方的禪祖，而佛跡寺是越南北方的禪宗大祖庭。

（三）筆塔寧福禪寺

　　從河內到北寧省順成縣庭祖社筆塔村寧福禪寺有三十公里左右。寧福禪寺是一個很古老的寺廟，地方人民傳言寧福禪寺有一千多年歷史。可能他們根據順成縣是越南古代交州舊地，也是越南佛教中心。《北寧風土雜記》

〔註150〕記載筆塔寺是陳朝竹林第三代玄光尊者重修，以後 L.Bezacier 在《越南藝術》〔註151〕一書中也是同樣的說法。L.Bezacier 認為筆塔寺是從陳朝十四世紀開創歷史。經過數百年，到十七世紀上半葉，拙拙到筆塔寺後，筆塔寺才有今日的面貌。現在寺依靠著一條河，隔著河就是佛跡寺。沿著水路可以從河內到筆塔、佛跡兩寺或到各地。因此，在越南北方筆塔寧福禪寺有重要的位置。

寧福禪寺之前是古剎少林寺，拙拙師徒到筆塔後，就改名成寧福禪寺。另外，寧福禪寺還有別名是筆塔寺。筆塔是社名，首先是雁塔社，〔註152〕之後因為有拙拙報嚴塔像一個寫青天的毛筆，因此本地人就叫筆塔而聞名。至今難考筆塔寺的古史，而碑文與其他史料都是十七世紀上半葉年代拙拙師徒到筆塔修行。因此筆塔寺的年代，可以說是拙拙到升龍修行的年代。

1633 年，拙拙到北越，首先在看山寺修行、講法、收弟子，之後他回到萬福寺修行。在萬福寺，拙拙重修寺宇，廣度眾生，收了很多弟子。到陽和八年（1642）拙拙與明行弟子到雁塔社重修寧福禪寺。〔註153〕他們受到皇帝黎神宗與鄭梉捐助而重修梵宇。神宗頒橫匾「敕賜寧福禪寺」與「御製大雄寶殿」於陽和八年（1642）。1643 年寧福禪寺基本完成，拙拙從佛跡寺到寧福禪寺兼任住持。這時明行還是一位居士，尚沒出家。〔註154〕

福泰五年（1647），明行禪師進行重修筆塔寺時，他針對筆塔寺寫道：

大雄寶殿臨江渚，慧日荷花相映語。

蘭若經聲日夜傳，雪山真諦晨昏舉。

孝慈法性本來情，不度今生待何生。

〔註150〕《北寧風土雜記》，阮朝書籍，寫本，內容有關北寧省的寺、觀、祠、禮會、節日、地形、產物、地方奇異等。本書也收集碑文、文章、詩歌等漢喃資料，漢喃研究院編號：A.425。

〔註151〕L.Bezacier：L'art vietnamien《越南藝術》，法文版，1954 年，筆者參考還沒出版的越文譯本。

〔註152〕雁塔社：拙拙重建寧福禪寺時，本寺地名還是：京北鎮順成府超類縣雁塔社寧福禪寺。到阮朝 1831 年，明命建立北寧省，改府成縣，從此才是順成縣庭祖社筆塔村。現在，在寧福禪寺附近，民居叫雁塔也行筆塔也行。另外，寧福禪寺，越南人常常叫是筆塔寺，是地名的代名。

〔註153〕潘錦上在：《筆塔——佛教藝術》，河內，美術出版社，1996 年，書中認為拙拙到筆塔寺在 1640 年。

〔註154〕根據寧福禪寺與 1642 年的橫匾記載內容說明這年代，明行寫橫匾時他自稱是盱江居士。

聖善明珠深保養，拔茅連茹以彙通。〔註155〕

1644 年間，明行正式出家而在寧福禪寺當住持，拙拙圓寂後，明行與檀那信施建石塔供奉師傅。明行也繼續重修寧福禪寺，大部分基層都是用清化省運來的石頭而雕刻。拙拙禪師的報嚴塔、碑文等都用清化省的石頭。

1659 年明行圓寂，弟子黎氏玉緣法號妙慧繼續當住持。這時，黎神宗再次當皇上，他與皇朝各位郡公繼續重修寺宇，擴大規模。1714 年《慶流碑記》記載當時很多高官的檀那信施捐助，例如：體泰候黎會、穎郡公黎挺、尚君主黎氏玉楮、寧祿候黎詠、堅完候黎轎等資助建寺。〔註156〕到 1739 年，沙門性該，有可能是在黎氏玉緣死後，性諧從寶光寺〔註157〕到寧福禪寺主持，他繼續重修寺宇而建立九品蓮花台、塑像、建塔等，廣開寺宇規模。

二十世紀初（1905 年），寧泰總督黃仲敷經過順成縣，參觀筆塔寺感慨而出錢重修，鑄大鴻鐘。從此之後還經過幾次重修，例如：1937、1940、1957、1990～1993 年。現在筆塔寺的面貌就是 1993 年重修的結果。

根據歷代重修，拙拙師徒建立的上殿、燒香殿與前堂是本寺供奉的中心。拙拙、明行圓寂後，各代弟子繼續重修，重修部分就是新蓋的府祠、中堂、九品樓等。但筆塔寺保留完整的建築，特別是中間建築，只有行廊兩側是最近重修而已。

經過幾百年，寧福禪寺還依舊保留原始面貌，建築風景，塔、碑、佛像、地面分佈等都沒改變。筆塔寺是國家重點名勝古跡。年年香火鼎盛，十方貴客常往來參訪，可以看到拙拙對後人的影響。

筆者有段時間在筆塔寧福禪寺生活，這時間也已過了十年左右。每次回到筆塔寺，覺得回到家裡一樣，寺宇幾層、各代僧人、佛像、祖像與石碑等都很清楚。還有。筆者也有很多親屬住在那附近，因此筆者特別關注筆塔寺建築與藝術。

三百多年來，筆塔寺建築大部分沒有改變，至今筆塔寺還依靠天德江南河堤，河堤對岸幾公里外就是佛跡寺。筆塔寺面向南方，全寺長 150 公尺左右。寺內建築空間佈置「內工外國」。「工」字是上殿與前堂的中間即燒香殿。

〔註155〕筆塔寧福禪寺的《敕建寧福禪寺碑記》，漢喃研究院編號：2894。
〔註156〕筆塔寧福禪寺的《慶流碑記》，黎朝永盛甲午年（1714）立，漢喃研究院編號：2876。
〔註157〕寶光寺在北寧省桂武縣南山社，寶光寺開山祖師是如適禪師。如適禪師是明良弟子，拙拙法孫，臨濟宗派。

因此「工」字就是從外面經過前堂、燒香後到上殿，三部分構成「工」字的模式。還有「國」字就是寺外的周圍像「國」字的模式。〔註158〕因此越南北方寺宇，大部分越南學者都用「內工外國」描述寺廟建築。筆塔寺，也是「內工外國」的建築。筆塔寺從外到裡面需經過：三關、鐘樓、前堂、燒香殿、上殿、石橋、九品蓮花台、中堂、府祠與後堂，另外還有兩邊行廊（左廊與右廊）與本寺的左邊祖堂。

寧福禪寺上殿是本寺重要奉祀的地點。內殿中間全部都奉祀佛像，佛像分佈很對稱，空間佈置得很好。其中中間是三世佛：中間釋迦、左邊過去佛、右邊未來佛，三位坐在上殿中間。還有左邊奉祀普賢菩薩坐上白象、千手千眼菩薩與九位羅漢，右邊奉祀文殊菩薩、雪山像與九位羅漢。還有香案、法器等。空間構成漂亮而莊嚴。另外祖堂、中堂、後堂、府祠等空間都有莊嚴的法像，構成筆塔寺整體建築。這祖堂奉祀拙拙、明行、妙慧與如隨等。另外後堂也是全寺的祖堂，奉祀本寺全部的歷代祖師。當然，兩個祖堂都有祖像。

筆塔寺還有九品蓮花台的建築，這台高三層，裡面有九層蓮花，每層有繪畫與雕刻佛教故事，表示每層是一個脫離人生而升級佛景。九品蓮花台兩邊都有阿彌陀佛坐像。因此可以知道九品蓮花台是淨土宗信仰。在十七世紀後半葉到十八世紀，越南北方佛教寺廟建立很多九品蓮花台，都用木板構成，至今還有。九品蓮花台是越南寺廟很特色的淨土宗信仰。

一方面，建築上正殿廂房上下、天溝、屋脊、垂脊、蛟龍、石龍、斜梁尾、下斜梁、角斜梁、角檐柱、外檐柱、檐斜梁、壁板與椽子等都受到宮廷建築設計影響。因為筆塔寺是鄭枬、他的女孩鄭氏玉竹與很多皇宮官員出錢重修，因此寺宇規製得到朝廷工匠協助。

筆塔寺除了建築規模、佛像、祖像以外，還有很具特色的菩薩千手千眼像。這菩薩像很特別，是十七世紀的藝術作品。1656年，黎氏玉緣還在筆塔寺修行，她請張先生雕刻菩薩像。菩薩座高兩百公分，全部神像高三百七十公分，有四層、十一菩薩人頭、一千手造成七圈，上面還有兩個菩薩人頭。從年代、精美雕刻到塑像等方面，大部分越南和國外學者都認為這菩薩像是越南珍貴的宗教藝術作品。

〔註158〕參考黃蘭翔編撰《越南傳統聚落、宗教建築與宮殿》，台北，中央研究院亞太區域研究中心出版，2008年，頁241。

圖十一　筆塔寧福禪寺照片

資料來源：筆者到筆塔寺拍照的九品蓮花台

　　還有筆塔寺石雕欄由二十六組雕刻護欄構成，每組雕刻都很精美。二十六組分佈上殿與上殿後面到石橋，兩邊對稱。石頭的題材是花鳥、景物，例如：雙馬群飛、菊花、鳳舞麒麟、雙魚戲水，孤鷺山鹿、三羊朝日、松竹冬天、鷺群、蓮花、向陽花、梅鳥、魚化龍、蓮花飛鷺、芙蓉等。以上全部形象都整體表觀出越南佛教文化，是陰陽交融、是自然與人生融會。從這些雕刻可看到當時越南藝術家與中國僧人共同設計構思而建成了本廟宇。

　　筆塔寺左邊還有報嚴塔，高五層，十三公尺左右。報嚴塔也有二十三組石雕，內容有關：龍、虎、雙麟、官人小鶴等。塔裡傳說有拙拙真像，但之後佛跡寺發現真像，現在塔裡供奉香案的一尊石像。此石像，人人都認為是拙拙的像。另外後堂後還有三個祖塔：中間是尊德塔奉祀明行禪師、左邊是尼珠塔奉祀黎氏玉緣、右邊是心華塔奉祀性燭。塔上有刻很大的佛字，另外每個祖塔都有刻在塔上的碑文，碑文是有關在塔奉祀的這位僧人。

　　至今筆塔寺經過幾百年，但寺宇香火依舊，建築保留從拙拙到現代的越南佛教傳統與封建時代的建築。筆者有段時間在筆塔寺生活，探討著筆塔村

佛教風俗，研究筆塔碑文與建築藝術，因此可以接近到筆塔與當時拙拙、明行禪師的佛教。碑文、祖像、佛像、祖塔都是筆塔寺的僧人與當時佛教史的表現。寺宇也表明禪宗、密宗與淨土宗一起共同發展。

（四）澤林寺

澤林寺是以清化省 Bim Son（阮朝是宋山縣）縣光中社澤林村而命名，越南人常叫村名代替禪寺的名字。〔註159〕澤林寺名字是慶光禪寺。〈祖師出世實錄〉有提到拙拙圓寂後，弟子明行將拙拙肉身移到慶光寺，因此可知，慶光寺、佛跡寺與筆塔寺有很密切的關係。之後北方穩定，弟子們才迎接拙拙肉身回來。根據歷史，鄭梉與正妃阮氏玉琇都羨慕佛法，他們重修很多寺宇，其中有佛跡寺、筆塔寺、慶光寺等。吳德壽教授在編輯《越南遺跡文化辭典》曰：

> 清化省宋山縣澤林社慶光寺有清都王鄭梉的玉琇正妃（1631年）建
> 立。她是端郡公阮潢。1623年，入鄭梉內宮後，她回到宋山縣家鄉
> 出錢與功建立慶光寺。寺宇有王妃像就是她。寺後有塔園，有一塔
> 高三層，還不知道是奉祀哪位。〔註160〕

塔高三層，就是明行禪師的塔，塔裡奉祀明行禪師的銅像。L.Bezacier 在《越南藝術》認為這銅像是第一精巧的越南佛像。裡面有奉祀拙拙、明行、玉琇與很多禪祖。因此，北方臨濟宗傳到清化省不只是一個澤林寺這包括很多別的寺宇，例如：清河寺、南岸禪寺等。二十世紀戰爭爆發，澤林寺受到戰火毀滅導致寺宇建築、祖像、祖塔等幾乎已不存在。

《大南一統志》寫到清化省澤林寺：

> 澤林寺在宋山縣澤林社。本朝公主阮玉秀所建。〔註161〕嗣德年間，
> 清督尊室瀞重修，其舊碑苔滅不記年月。有玉秀神像在焉。〔註162〕

因此可知澤林寺建立於1631年之前，有可能拙拙與明行弟子從南到北，他經過澤林寺，之後還常到慶光寺。有可能此時，玉琇回去家鄉生活與修行。

〔註159〕黎朝時代，慶光寺屬清化省送山縣澤林社，現在是光中社澤林村。

〔註160〕吳德壽：《越南文化遺跡辭典》，河內，文化出版社，2003年，頁362。

〔註161〕阮氏玉琇是南方阮主阮潢之女兒，因此叫玉琇為公主。阮氏玉琇與阮玉秀是同一人。

〔註162〕高春育、劉德稱、陳燦：《大南一統志》，第十六、十七卷，「清化省」，越南國家圖書館編號R.792，1909年，頁67。

根據端國公阮潢到北越 1599 年，他同意嫁阮氏玉琇給鄭枏，到 1631 年時，
概算玉琇四十多歲到五十歲左右，他就回家鄉建立寺宇與迎接拙拙師徒。

　　經過一段戰爭的時期，慶光寺受到毀滅祖塔、祖像、建築都已無存在。
最近，清化省宋山縣與十方信士共同捐錢重建寺宇。現在寺宇輝煌，十方信
士仰慕。每年過春節地方與慶光寺組織本寺禮會，讓人民得到很多興趣。

（五）看山寺

　　1010 年，李公蘊定都升龍（今日的河內），從此大越國開始穩定。定都
後，宗教陸續從寧平長安移到升龍。根據河內有關的史料，都寫到李朝時代
開始有看山寺。但寺宇創建時是一個小庵。《升龍古跡考》認為在黎桓年代看
山寺出現。黎聖宗常到「看山」看講武堂練兵，因此有「看山」的名字。

　　到十七世紀，拙拙到升龍城，住看山寺。在這裡拙拙對朝廷官吏講經，
與升龍地區的華人來往。之後，拙拙到北寧省建立佛跡寺與筆塔寺。當拙拙
回到升龍時，他都住看山寺，而朝廷官吏以至華人往來都在看山寺跟他見面。
對這個事件，歐陽體真在《獻瑞庵報嚴塔碑銘》寫出他在看山寺見過拙拙，
當拙拙圓寂後他到筆塔寺寫碑文。這事情，筆者在以上也有論述。關於看山
寺的歷史與拙拙到升龍的事情，阮朝《西湖志》有曰：

> 看山寺：寺在看山上，故名。即李朝神狗母廟之故基也。經陳及黎
> 此廟尚存。鴻德間幸處，後黎永祚初東宇已壞，因寺之。陽和間，
> 名僧拙公曾住此，為明淑皇太后阮氏講《金剛密義》，後以疾告去，
> 作偈云：
> 有病且歸寧福隱（寧福乃雁塔社寺也），
> 無緣不會看山春。
> 遂此陽德（嘉宗）年間塑神宗御容，奉於此，鼎革後移在徽文村毓
> 慶寺。今存山與寺。今在省城內西隅。〔註163〕

　　當時看山寺受到神宗捐助重修，特別是神宗的孩子黎嘉宗陽德年間（1672
～1674）再一次擴大規模。有可能在陽德年間，看山寺受到拙拙弟子與皇宮
宮嬪資助而重修寺宇。當時升龍華人很多，特別到乾隆時代（1736～1795）有
一位清人寫升龍八景。黎貴惇《雲臺類語》一書寫到：

〔註163〕《西湖志》，漢喃研究院編號 A.3192，頁 91～92。相同的內容還見於阮朝的
　　　　　很多書籍，例如：《升龍古跡考》、《河內山川風域》、《北城地輿志》、《大南
　　　　　一統志》等。

乾隆初北客有能詩者，附商船至山南鎮，作〈珥河春遊賦〉并詠〈京
都八景〉今錄其詩……

〈看山夕照〉

細柳餘暉散落霞，滿城樹色半歸鴉。

樓臺幾處驚鴛瓦，丘壑千重賦兔罝。

捲市出忙沽酒店，養生終老釣魚家。

看山寺北池塘晚，春草田疇岸岸蛙。〔註164〕

根據此詩，可看到當時清人常來往看山寺，還有看山寺還保留拙拙住持
的影響。拙拙圓寂後，弟子明幻也是一位有名的僧人，本章第二節已介紹他。
阮朝重印《禪林寶訓合註》的序文有寫到明幻與正宮皇后一起興工刻印：「本
國中都升龍城內之看山寺黎朝景治六年（1668），歲在戊申，正宮皇后興工發
刻，明幻大師為之序」。〔註165〕

據歷史上所載，在景治七年皇后鄭氏玉竹過世，因此可知玉竹是在死前
一年與明幻在看山寺重印《禪林寶訓合註》。從拙拙到明幻與很多明清人士到
升龍城、做生意或者避難，可以看到他們與佛教關係密切。在看山寺，拙拙
與歐陽體真見面或後世對升龍城詠八景，也提到看山寺夕照。

經過幾百年，我們無法看到看山寺，只能在書籍看到古人記載，拙拙與
明清之際的華人來往此寺。《河內山川風域》一書提到西山時代，軍隊毀滅看
山寺，附近人民搬移佛像、祖像、法器等到徽文寺，這事件也結束了看山寺
的歷史。

（六）天象寺

根據拙拙由南北上時，他經過義安省逗留在天象寺。因此可說，拙拙到
北越是根據陸路。1630年代，如果用陸路到北越很難走。還有，我們難判斷
他們走路的路線。但越南清化、義安兩省的人民在這年代陸續到南方開墾與
南進，他們到南方有兩個路線，是海路與陸路。當然陸路很艱苦。有可能，拙
拙與明行與經過橫山後，到義安河靜之間，就到鴻嶺山參訪天象寺。當時，
義安當然有很多華人，有可能拙拙師徒到義安省，在義安省天象寺修習一段
時間之後才到清化。

〔註164〕黎貴惇：《蕓臺類語》，漢喃研究院編號 A.141，卷之三，頁 71。

〔註165〕《禪林寶訓合註》，河南省維仙縣龍隊寺重刊於嗣德十一年（1858），漢喃研
究院編號：VHv.1517／1-2。

拙拙的路線有可能受到很多華人幫助。我們看到之後蔡廷蘭回國陸路從廣南省經過幾個省市到北越而回國時也受到很多華人幫助，可以想到拙拙當年也可能受有類似受的情況，因此筆者判斷有可能拙拙到義安省就留住天象寺。在拙拙當時的史料，沒有記載他到天象寺的情況。但阮朝福田和尚記載拙拙留住天象寺的情況。〔註166〕

天象寺現在今日河靜省紅嶺市忠良社瓊林村紅嶺山上。〔註167〕《干祿縣風土誌》〔註168〕記載在陳朝時代就有天象寺。從義安、河靜到天象寺可沿著藍江到山下，之後爬山到山上的天象寺。義安、河靜兩省有天象寺與香山寺這兩個有名廟宇。《大南一統志》、《干祿縣風土誌》都記載天象寺的歷史。特別在黎朝、阮朝有很多詩人對天象寺寫詩歌。到二十世紀上半葉，天象寺還保留很好的建築。但1930～1931年時，義安、河靜兩省發動革命，引起宗教毀滅，而天象寺的建築、法器、祖像、碑文等都受到劫難。1980年間，附近人民才重建寺宇，邀請僧人當住持，從此天象寺再次重光。

至今，天象寺的面貌都是新蓋的，只有兩個舊祖塔、兩庵是經過人禍而尚存。第一塔是留德塔。留德塔高六公尺多，三層，方形。根據《干祿縣風土誌》記載，留德塔在十八世紀就有了。第二塔在石山塔是二十世紀上半葉建立。另外有兩庵，有可能是尼姑庵。另外其他寺宇都是重新建立的。

如上所述，筆者因史料佚失只能很簡略的介紹天象寺。該寺宇是重建的，但文獻、詩歌還有記載，天象寺永遠是義安、河靜兩省的名勝古跡。另外天象寺還與拙拙禪師的歷程有一段因緣。至今，我們看到寺宇蕭條，宗派消失，只能想到過去越南佛教歷史與越南發展過程有密切的關係。

〔註166〕有關拙拙到天象寺，筆者在第二章有論述，現在只是提到事情。

〔註167〕天象寺，屬鴻嶺山。紅嶺是義安、河靜之間，山很大，有九嶺，因此有部分是義安省地區，有部分是河靜省地區。

〔註168〕《干祿縣風土誌》，抄本兩種，漢喃研究院的編號：VHv.1190、VHv.1368。書中內容有漢喃文詩、對聯；附劉族家譜等。

第四章　閩南明海法寶禪師與
越南南方佛教

　　十七世紀下半葉，越南南方經濟發達，阮主政權推動國民與外國商人貿易。當時，順化、會安兩港外國人經常來往，華商在兩港市定居而認同越南文化。當時，明海法寶禪師到南方，受到阮主政權對國外人民、貿易、經濟、文化等的開放，因此明海定居會安。當初，明海法寶建立草庵而修行，之後收弟子，建立廟宇，發展宗風。經過數十年，明海法寶成為廣南佛教禪祖，他的禪派慢慢傳到南方各地甚至到國外。

　　至今，廣南會安祝聖寺是明海法寶禪派的祖庭，但對明海現存的有關文獻很少。因此，根據另外很多廟宇、傳說、碑文、木板等，筆者討論明海時代、身份與法派傳承，之後是他對南方佛教文化的貢獻。

第一節　阮主時代與南方佛教

　　李朝以前，廣南、順化兩地區還屬於占婆。隨著大越逐漸強盛，至陳朝時期仁宗皇帝與占婆交好，兩國遂通婚，將玄珍公主嫁與占婆皇帝。從此占婆更因兩國情誼深厚，故割地予大越。關於割地問題，《大越史記全書》曰：「丁未十五年元大德十一年（公元一○七年）春正月，改烏、里二州為順州、化州。命行遣段汝諧往定其民。先是，占城主制旻以其地為納徵物，羅始、作紅、㐌蓬等村人不服，帝命汝諧往宣德意，簡迪彼眾，授之以官，仍給田土，免租賦三年，以懷保之」。〔註1〕此後烏、里二州遂成大越領土，改名

〔註1〕《大越史記全書》，陳荊和校合本，日本東京大學東洋文化研究所，1986年印行，頁388。

順化、化州。一百多年後，十六世紀下半葉，阮潢（1525～1613）逃往順化〔註2〕，於越南中部形成一大勢力，與北方鄭主對抗。阮潢建立阮朝，且欣羨佛教，重建了許多寺院。南方原本就受到占婆小乘佛教影響，阮潢至順化後，發揚了當地的文化，佛教於是再次興盛。因海港之便，阮朝開放外國人至順化通商，貿易交流逐漸繁盛，廣南會安、順化清河遂成南朝兩大商業港口。經濟發展之後，宗教也隨之而起，本土佛教也因為與華僧接觸而漸漸融合。

初時至順化廣南，阮潢並未鼓勵佛教，因其家族出身乃越南北越的朝廷重臣，受儒家教育。到南方後，為了穩定人心，於是扶持佛教成為新的國教。1601年，阮潢建立天姥寺，幾年後，他繼續又建立幾間很大的寺廟。這件事受到南方百姓的擁戴，而本地官吏（特別是受黎朝鄭主指派的）因此聽從阮潢號令。在阮潢到南方前，廣南順化與外國本就有往來，在會安不但有定居經商的日本人、中國人，也有外國代理商。因此，阮潢至南方後，依靠本地商人，對外商制定了方針。

1600年，阮潢將全部家族、屬下遷移至南方。

1620年，阮潢之子阮福源拒絕朝貢黎朝鄭主。

1627年，鄭主與阮主開戰，以後陸續有七次南北戰爭。

當時越南鄭主、阮主皆外以儒教治世，內啟佛教安民。北越除了與南越戰爭之外，還要面對北方莫朝後裔或各地大型動盪的挑戰。這時，南方穩定，兩百年建立國度與開開疆闢土，南方只有兩次內亂。因此可以說南方阮朝是個穩定平安的地區，具有讓佛教發展的條件。

南方僧人到廣南會安，在1630之前，有拙拙禪師，之後拙拙到北越。越南因此而有中國南方佛教傳入。南方有濃厚的佛教文化。對此問題，Chistophoro Borri 在《1621～年南方地區》寫到：「南方處有很多美麗的高塔與鐘樓的禪寺。每個小地方都有供奉佛陀的寺廟。」〔註3〕Chistophoro Borri 描述南方風

〔註2〕阮潢（1525～1613）生於清化省的大家族，父黎朝朝廷大臣阮淦與女婿鄭檢共同推動黎朝追殺莫朝。1545年，阮淦被暗殺，後幾年，他的長子也受到鄭檢所殺。阮潢猶豫，常常稱病，不敢出外，之後，請轉到廣南南方。1558年，黎朝朝廷、鄭檢同意阮潢到南方，開始阮主政權，之後是阮朝朝廷。

〔註3〕Chistophoro Borri：《1621年南方地區》，（紅銳阮克川與阮毅譯註），胡志明市出版社，1998年（*Xứ Đàng Trong năm 1621*（Hồng Nhuệ Nguyễn Khắc Xuyên và Nguyễn Nghị dịch và chú thích）. Nxb Thành phố Hồ Chí Minh, 1998）。

俗，信仰佛教，供奉佛像，看到佛像如同見到上帝。此外，廣南順化至以南，有許多華人在此定居做生意，他們也信奉佛教。因此，可看到華人僑居南甸也有帶來他們的信仰：佛教、道教、保生大帝、關帝與天后的信仰等。

　　1644 年，清朝入關，明朝廷退居南方，反清復明之士多至國外，特別是廣南、順化地區。因此，南方的明人越來越多；日本天皇有海禁之後，日本人到會安越來越少。直到十七世紀後半葉，中國南方的鄭成功敗於清軍，之後清朝康熙二十三年（1684）解除海禁，引起海商到國外，特別是大越的海商越來越多。

　　大越南方經歷幾位阮主：阮福瀕（1648～1687）、阮福溙（1687～1691）、阮福淍（1691～1725）等都與國外通商，特別是華商，形成經濟發展、社會穩定與民間信奉佛教。從阮福瀕到阮福淍不到百年，但此期間有許多華人，特別是僧人到廣南順化僑居。首先是元韶禪師（1648～1728）到大越，之後他也帶來很多僑僧到大越，其中有他的弟子，或跟他同代的僧人等，都住在越南南方順化、廣南與歸寧等地。

　　十七世紀後期，中國僧人陸續到南越，可以確認如下：

　　——廣治省的圓實禪師與圓景禪師。

　　——順化有廣東人明鋐子融開山印尊寺，現在是慈譚寺、覺峰開山天壽寺、慈林開山慈林寺。

　　——廣南會安明海法寶開山祝聖寺、興蓮國師開山五行山三台寺。

　　——廣義地區法化禪師開山天印寺。

　　——福安地區濟圓開山會宗寺。

　　但他們到大越的年代，都很難考證。越南南方史料都缺少。現代研究越南歷史的學者都認為，僑僧到越南都與元韶奉阮主命回國邀請僧人兼攜法器、經書到廣南順化有關。因元韶到大越已久，與沿海華人關係密切，且為一代高僧，在國內外皆具有影響力，這也是阮主請他回國的原因。

　　元韶禪師（1648～1728），1677 年他從廣東到歸寧府（現在平定省）建立臨濟法派，〔註4〕他之後到順化建立國恩寺等活動。元韶到越南南方歸寧、廣南、順化也吸引很多華人僧人從中國南方到越南中部。越南史料都寫元韶又一次回到中國廣東邀請廣東僧人與攜帶法器、經書到大越。《大南列傳前編》，

〔註 4〕根據阮郎：《越南佛教史論》，元韶於 1665 年到大越。筆者根據〈敕賜河中寺煥碧禪師塔記銘〉，元韶是於丁巳年（1677）到大越。

阮福凋敕賜國恩寺碑文都寫元韶回到中國請石濂和尚〔註5〕。但根據《越南佛教史論》，阮郎認為有可能石濂到大越的時間，是在元韶圓寂後。石濂到大越之事，在《海外紀事》中記載有兩閩人到廣東代替阮主邀請石濂至大越。之後的1695年，石濂釋大汕到大越還再次寫出大部分閩南人在順化廣南地區：

> 八月四日知客叩門，稱大越國專使至，見之。使，閩人也，捧黃封甚謹，拜而將命享禮南金、花藤、黃絹、奇南之屬。獻畢，跽而請曰：大越國王馳慕老和上有年，今特焚香遙拜，奉尺書聘於獅子座前，伏乞道駕往化。允行，則國之福也。余法嗣與蓮宇果弘者亦為致啟，係王所拜國師也。計自前王有書并今凡三次矣，請至於三，為已誠也。〔註6〕

如上所述，兩位帶著阮福凋禮物來邀請石濂的是閩南人。《海外紀事》沒有寫到他們的名字。但根據《華夷變態》一書中有寫到他們是陳添官及吳資官。〔註7〕

1695年正月，大汕與一百多僧人到順化。四月，在順化禪林寺，大汕建立戒壇後，有一千五百多僧人到此受戒。之後，大汕到會安逗留一段時間。在會安，大汕也建立一個戒壇，為了幫一百多僧人受戒。當然，其中很多是閩南僧人。但至今，史料沒有記載這時有多少越南、廣東、閩南人在順化出家受戒。

由此可見，十七世紀下半葉，順化廣南及南方地區的佛教受到中國很大的影響，有許多僧人從中國南方到大越傳教。在十七世紀初有拙拙禪師、明行禪師，到十七世紀下半葉，有元韶與很多僧人，他們從順化到南方發展禪宗。特別是大汕到大越以後有許多僧人受戒，除了本地人外還有閩南人、潮州人等。對大汕到大越的事，姜伯勤先生認為大汕到大越可以說是「應順化阮主阮福潤之請，是為了滿足這一政權的宗教需要；而另一方面，則是適應

〔註5〕 筆者根據：《順化寺廟碑文選譯》，研究與發展期刊出版，第1～2期，2005年，頁65的碑文：〈敕賜河中寺煥碧禪師塔記銘〉寫很清楚，元韶回中國請石濂一起到大越。但阮郎《越南佛教史論》，（文學出版社，河內2010年，頁588～589）認為碑文是元韶死後建立，還有，石濂到大越的時間，元韶可能圓寂了。如果他還在，當然石濂有寫在《海外紀事》。正文，筆者有論述這個問題。

〔註6〕 陳荊和：《十七世紀廣南之新史料》，中華叢書委員會出版，台北，1960年，有寫：「客蓋會安各國客貨馬頭，沿河直街長三四里，名大唐街。夾道行肆，比櫛而居，悉閩人，仍先朝服飾，婦人貿易」。

〔註7〕 《華夷變態》，卷二十二，東洋文庫版，東京，1982年。或參：陳荊和：《十七世紀廣南之新史料》，中華叢書委員會出版，台北，1960年，頁19。

了在會安港的閩、潮商人的宗教需要」。〔註8〕

　　幾百年之前的歷史，中間歷經多次戰爭，現今我們所能看到的史料雖少，但也能看出當時中國南方與大越南方的關係。特別是閩南人、閩南僧人在大越，如會安地區祝聖寺尚有閩南僧人明海法寶留下的許多史料，是現代學者了解、研究當時歷史的重要資料。

第二節　明海法寶身份

　　十七世紀下半葉，很多中國僑僧也到大越：元韶煥碧禪師、明海法寶、法化禪師、明鋐子融、明物一智、明鉉定然、明覺奇芳、明容法通與明陽月恩等。到大越時，他們努力弘法、收弟子、發揚臨濟宗。華人僑僧永遠在越南歷史上是禪祖。

　　現代學者，對十七世紀的佛教史，都記載很多中國和尚的貢獻。明海法寶到大越主持祝聖寺，建立祝聖寺禪派，影響到越南南方的佛教歷史。至今，宗派發展興盛。

　　對明海法寶的身份與到廣南的歷程，沒有書籍記載。祝聖寺，現在很少書籍與他有關。首先，筆者根據越南現代歷史書籍針對明海法寶而寫。有很多學者、研究越南歷史、研究廣南會安或研究有關大越南方明鄉人等，在他們的研究很少記載有關明海法寶禪師的身份。黃蘭翔教授在研究越南建築《越南傳統聚落、宗教建築與宮殿》有論及祝聖寺在越南中部的建築，他有提到明海法寶禪師，但黃教授只寫到明海法寶的些許內容。〔註9〕之前，越南阮才書主編《越南佛教歷史》，全書受到阮郎《越南佛教史論》作品很多影響內容，但沒有一句寫到明海法寶禪師。另外，陳荊和在研究《十七世紀廣南之新史料》、〔註10〕聖嚴法師《越南佛教史略》一篇論文、〔註11〕《中外佛教關係史

〔註8〕姜伯勤著：《石濂大汕與澳門禪史——清初嶺南禪學史研究初編》，學林出版社，1999年，頁410。

〔註9〕黃蘭翔：《越南傳統聚落、宗教建築與宮殿》，台北，中央研究院人文社會科學研究中心亞太區域研究專題中心出版，2008年，頁48，有寫：「福建省泉州府的明海和尚前來會安，創設了祝聖寺。」

〔註10〕陳荊和：《十七世紀廣南之新史料》，台北，中華叢書委員會出版，1960年。

〔註11〕聖嚴法師（1930～2009），俗姓張，法號聖嚴，字慧空，江蘇人，童真入道，之後，1949年還俗，到1960年，他再一次出家，到日本學習。之後，聖嚴法師在台灣創立法鼓山，成為國際佛法大師。

略——中外佛教資料選編（三）》〔註12〕對大越十七世紀下半葉的明海法寶都沒寫到。越南的現代佛教歷史上能寫到的只有釋密體《越南佛教史略》一書，釋密體對明海法寶寫出：

> 還有明海法寶禪師他到廣南省開創祝聖寺。〔註13〕

釋密體還論述明海法寶有可能是元韶煥碧的弟子而沒有差別的記載。還有，密體禪師也沒有寫到明海法寶的籍貫、身世、事業等。之後，阮郎在《越南佛教史論》針對明海法寶而編纂一個題目「禪師法寶」，內容如下：

> 明海法寶禪師，福建人，開創廣南祝聖寺。有故事流傳是阮福溙（1687
> ～1691）時代，元韶禪師請他從廣東到大越，參與靈姥寺〔註14〕戒
> 壇後〔註15〕，明海法寶到廣南建立祝聖寺。他的兩位大弟子是正賢
> 與恩露。〔註16〕

提及明海法寶的內容很少且不清楚。阮郎只是補充了當時在順化廣南的佛教情況，而不知道阮郎根據哪些資料寫到明海法寶參與靈姥寺戒壇。因為，靈姥寺戒壇是石濂大汕於 1695 年到大越所建。明海法寶於 1695 年之後才回到廣南會安，若他在石濂大汕戒壇受戒，他就是曹洞宗的門第，而非臨濟宗的禪派。以後釋忠厚與釋海印編撰《諸尊禪德——順化佛教》對十七世紀佛教史有寫到明海法寶，雖然兩位和尚也寫得很簡單。可以看到，在研究越南佛教史時資料很重要，但現今資料很少，因此很難考證清楚。

以上是筆者綜合很多學者對越南佛教史或廣南會安的研究介紹，他們些許寫到或沒寫到明海法寶。筆者在廣南的時間，很榮幸受到圓覺禪寺釋如淨禪師所贈之《祝聖臨濟禪派傳承歷史》一書。釋如淨對越南祝聖寺的傳承於書中有清楚研究。筆者根據祝聖寺的碑文、橫匾、對聯、田野調查來的寺廟書籍等，補充可以研究明海法寶禪師的資料。

首先，筆者介紹有關明海法寶禪師的漢喃資料，但漢喃資料，至今留存很少，因此，筆者一邊介紹明海身份，一邊分析相關資料與現代越南學者的看法。

〔註12〕藍吉富主編：《中外佛教史略——中外佛教資料選編》（三），台北，彌勒出
版社，1983 年。

〔註13〕釋密體：《越南佛教史略》，河內，宗教出版社，2004 年，頁 199。

〔註14〕靈姥寺，是天姥寺的別名。本寺原名是天姥寺，之後阮朝皇朝忌諱天字的天
子而改靈姥寺。

〔註15〕靈姥寺的戒壇，可能阮郎的意思是石濂大汕 1695 年到大越的天姥寺組織傳
教戒壇。

〔註16〕筆者略述，根據阮郎：《越南佛教史論》，河內，文學出版社，2010 年，頁 594。

（一）第一份資料

第一份資料是明海法寶圓寂後，山門法派的弟子們在他塔前建立碑文，也可以叫墓塔的牌位，碑文有內容如下：

　　同安

　　本寺開山臨濟正宗三十四世梁氏號法寶老和尚塔

　　祿生庚戌六月廿八戌時壽享七十七歲

　　寂於丙寅十一月初七日酉時

　　皆如圍〔註17〕夾鐘〔註18〕上望創造。〔註19〕

至今有關明海法寶生死的時間只能根據這碑文。他的確切存活年代也尚未明瞭。2013 年，筆者在會安，與本地許多師傅、學者討論祝聖寺漢喃資料，他們都認為祝聖寺之前有保留一本書是《列祖傳》。釋密體《越南佛教史略》也寫有關祝聖寺的碑文與《列祖傳》內容與明海法寶禪師的歷史相關，但經過西山起義，變亂動盪，天災人禍之後，資料早已佚失。〔註20〕跟釋密體所論，《列祖傳》一書中記載祝聖寺的各位傳承的師祖，當然，對明海法寶原本應該記得很清楚。但越南中部時常有颱風、水災，書籍多次損壞，本寺書籍全部亡佚。之後，只能依靠傳說來編輯，因此也有許多錯誤。佛寺的碑文，目前都保留良好，但寺內碑文很少，至今已知的只有十塊，有關明海法寶內容很少，或者有可能阮朝末年才根據傳說而編撰。再說，祖塔碑文是在明海法寶圓寂後建立的，因此年代是準確。對碑文，我們可以看到：明海法寶姓梁、祝聖寺開創禪師、臨濟宗傳承第三十四代、享壽七十七歲，至於何年建立塔碑筆者還沒清楚。因此，根據第一資料，可以說，對明海法寶的研究還沒清楚，因而很難完整論述他的身份。

（二）第二份資料

第二份資料就是明海法寶的父母墓碑。明海法寶祖塔在祝聖寺三關內的右邊，他塔的前面就是他父母的墓墳。墓墳是合葬或者雙墓。墓墳內容如下：

〔註17〕現筆者還沒查出如圍是什麼意思，考證《爾雅》有曰：釋天，也沒有找到相關的內容。

〔註18〕夾鐘：可能是根據《禮記.月令》：「（仲春之月）其音角，律中夾鐘」。因此，可能夾鐘就是第二月。

〔註19〕根據祝聖寺明海法寶祖塔前的碑文。祝聖寺，在廣南省會安市新安坊。

〔註20〕釋密體：《越南佛教史略》，河內，宗教出版社，2004 年，頁 201。

右邊：

> 同安
>
> 顯考敦厚梁府君之墓
>
> 時在庚貴十二月穀旦
>
> 男世寶、世恩、世定立石

左邊：

> 同安
>
> 顯妣梁門正配謚淑慎陳孺人之墓
>
> 辛未仲冬吉旦
>
> 男世恩立石

透過兩塊墓碑可知道，明海法寶姓梁，他的家裡有三個兄弟，他是三兄弟之一。根據碑文，越南學者還不知道明海法寶是三人中哪一人：世寶、世恩、世定。《越南佛教史論》沒寫到明海法寶的俗姓，但看到釋如淨在《祝聖臨濟禪派傳承歷史》把姓名寫明是梁世榮。因此，明海法寶就是梁氏的第二孩子。但釋如淨乃可能根據的是傳說等未必確切的說法，所以今日明海法寶的正確姓名還是個疑問。

有關明海法寶生死的年代，只有出生時間於庚戌六月廿八戌時，享壽七十七歲，之後他圓寂於丙寅十一月初七日酉時，單憑。的資料實在很難考證他的年卒年，因此，若要確悉明海身份，我們還要根據另外的資料。

（三）第三份資料

明海法寶上首弟子是恩霑，他在祝聖寺附近的福林寺。福林寺對研究祝聖寺與明海法寶禪派歷史是很重要的禪寺。福林寺保留很多資料，是祝聖寺有關的禪派。筆者至福林寺實地考察，看到碑文、牌位、漢喃資料等與法派有關的記錄。

首先是福林寺的排位。第一排就是明海法寶的牌位，內容如下：

> 嗣臨濟正宗三十四世諱上明下海號得智贈法寶老和尚之位。

從此可知，明海法寶真正的名字就是明海得智，法寶是死後追贈的名號。還有，這牌位與明海法寶的塔碑，內容都寫到他是臨濟宗三十四世，因此，福林寺的禪師恩霑是三十五世弟子。恩霑墓塔碑文寫到他在1712年生，圓寂1789年。因此可知，明海法寶在十八世紀初生活。此外福林祖堂另有一牌位：

> 彌陀堂嗣臨濟正宗三十三世諱元韶號煥碧壽宗大老和尚。

　　另外，在福林寺還保留很多經板，其中我們發現一板是《法卷》。《法卷》
是對分開門徒，傳到弟子的一個證據。這證明接收人從哪個宗派傳承，根據
《法卷》可以知道是傳承於哪位。我們根據福林禪寺的《法卷》的傳承，就看
到從明海法寶傳到第幾代福林禪寺、祝聖禪寺的弟子。

　　因此可知，福林寺的傳承就是元韶傳到明海法寶，法寶傳到恩霑和尚。
當然，如上所述，元韶的事業有的很清楚的碑文。因此可知，明海法寶年代
就是十七世紀後半葉到十八世紀上半葉。

（四）第四份資料

　　祝聖寺還有一塊碑文在阮朝維新乙卯年（1915）建立，碑文的內容可能
並沒正確。祝聖寺歷代傳說，因本寺資料毀壞，因此重修寺宇時依靠諸祖傳
說來寫碑文。因此，碑文內容有出現很大的差異：

> 祝聖寺其南州諸山均稱祖庭焉。追昔明朝景泰甲子年，福建省泉州
> 府同安縣明海和尚祖師振錫南來，營成本寺。五尊七派，永久以流
> 芳；花甲幾經，相傳而歷世。遞於紹治乙巳、嗣德己酉，號貫通和
> 尚（平定省人）幾番修補，功德不可思議。成泰壬辰，號廣圓住持
> （瀼川縣人）再整規模，堂宇亦然增壯。成泰甲午年正寺號證道（瀼
> 川縣人）、副寺廣達（瀼川縣人）同居整焉。嗣而維新辛亥號普寶住
> 持，本師瀼八方之水流為大川，合千燈之光混成一色。迺幾殿簷楹
> 連敞載廠金碧增寶座之莊嚴，諸山貴號聯題石碑蘸前堂之左右，是
> 為囑付奉錄銘敘云：
>
> ……
>
> 維新乙卯年秋月吉日
>
> 弟子號善果奉立石

　　由此內容，可以看到善果禪師寫本師明海法寶的來歷，之後，寫到祝聖
寺歷代僧人，以後是諸山門捐助。根據碑文可以看到善果認為明海法寶來於
明朝景泰甲子年。我們考知，明朝景泰年從 1450 年到 1457 年，在七年間，
沒有甲子年，景泰五年則是甲戌年。根據第四份資料，證明明海法寶是元韶
弟子，由於碑文內資料矛盾，因此不能相信明代景泰五年明海就到大越。碑
文年代與干支年有矛盾，另外在景泰年間，可能還沒有資料記載移民從中國
到大越，尤其占婆國力強盛，時常侵擾大越及升龍。碑文只能確認明海法寶
禪師是福建省泉州府同安縣人。

（五）第五份資料

新發現的有關明海法寶資料不是在祝聖寺，而在富安省綏安縣安定社風昇村寶山祖庭的《沙彌律儀要略增註》一書。這一本書，是明朝雲棲寺沙門袾宏（1535～1615）〔註21〕編輯，鼎湖山沙門弘贊（1611～1685）〔註22〕注釋。《沙彌律儀要略增註》下卷末有內容提到明海法寶：

　　康熙丁未仲冬鼎湖山經寮梓。兹在

　　大越國廣南處奠磐府新福縣順安社。凡慈

　　祝聖寺得智大師法名明海合本寺眾等共

　　募化奉刊

　　沙彌律儀要略增註

　　永慶四年歲次壬子仲冬穀日〔註23〕

以上的內容，讓我們知道在黎朝永慶四年（1732）明海法寶在祝聖寺募化十方刊刻《沙彌律儀要略增註》。1732年，明海法寶確定在祝聖寺生活，還有根據第一份資料，明海法寶生於庚戌年、卒於丙寅年，因此我們可以判斷明海法寶應是生於康熙八年（1670），圓寂於阮主福闊九年（1746）。另外還有一本《沙彌律儀要略增註》，是崇德寺祖師明正再一次重刊於嘉龍七年（1808）。這本重刊本，現藏於同奈省龍善寺。

以上五份有關明海法寶的佛教資料，只能約略說明明海法寶的生死年代、家人、業師與弟子宗門，但對他身世、事業尚未明瞭。因此，祝聖寺的傳說也是一種重要資料。因年代久遠，其傳說現在也綜合許多書籍，編輯成《祝聖臨濟禪派傳承歷史》一書。

（六）第六份資料

第六份資料是阮郎編寫的《越南佛教史論》與會安圓覺禪寺釋如淨禪師編寫的《祝聖臨濟禪派傳承歷史》。阮郎對明海法寶的身份寫出：「明海法寶禪師福建人，廣南祝聖寺開山祖師」。〔註24〕如淨禪師是一位年輕的僧人，他

〔註21〕袾宏（1535～1615），俗姓沈，名袾弘，字佛慧，別號蓮池，因為袾弘久居杭州雲棲寺，因此稱雲棲袾弘。他是大明四代高僧，作品很多，響在越南影響不小。

〔註22〕弘贊（1611～1685），明末清初曹洞宗僧，廣東新會人，俗姓朱。他編輯、刊印佛經、禮儀、齋法、禮佛儀式等方面的書籍，在越南影響甚深。

〔註23〕《沙彌律儀要略增註》，明海法寶重刊，書存富安省綏安縣安定社風昇村寶山祖庭。

〔註24〕阮郎：《越南佛教史論》，河內，文學出版，2008年。

花很多年到越南中部及南部等找佛教史料，特別是明海法寶禪師有關的資料。一邊編寫，一邊訪問，之後編輯出版《祝聖臨濟禪派傳承歷史》一書。可以說，這本書是講述祝聖寺禪派最重要，且唯一的專書。

因此，筆者除了到會安幾個寺廟訪問、研究以外，還受到釋如淨禪師的指教，他給我這本書，讓我可以探究，以追蹤諸祖師，研究越南佛教史。

《祝聖臨濟禪派傳承歷史》雖然並非完全準確，但如上所述，此書除了漢文資料，還分析了諸祖傳言。因此，筆者將這本書列為第六份資料，與前五種資料相同，都可以了解、分析明海法寶禪師的身分與事業。

以上所述有關明海法寶禪師的身世、事業等，筆者論述六種文本。六種文本中有一本是越語。對明海法寶研究，五種文本還沒能完全顯示他的身份、事業，因此筆者依靠阮郎、釋如淨考究的書籍加以補充，希望可以更加說明明海法寶禪師的來歷。

明海禪師（1670～1746），俗姓梁，名世恩，生於清代康熙八年庚戌六月二十八日，籍貫福建省泉州府同安縣紹安鄉人。明海禪師父親梁敦厚，母親陳氏淑慎，兄梁世寶，弟梁世定。明海法寶是家中次子，從小聰明過人，一心向佛。明海法寶出家的年代與地點，至今很難找，因為有關他小時的資料很少。

根據《越南佛教史論》，阮郎依靠傳言，認為明海法寶因元韶禪師的招募，從廣東來到廣南。從此，很多學者研究南方佛教發展史時，談及明海法寶都依據阮郎的資料，說明海自廣東報資寺，來到廣南建立祝聖寺。與此同時，釋如淨禪師也有相關論述，說 1678 年之際，明海法寶由父母陪同至廣東省報資禪寺投佛修行。二十歲，他受具足戒，法名明海，字得智，號法寶，相當臨濟宗第三十四代。有可能在 1687～1691 年左右，元韶回中國後招募了他和許多後輩及弟子到大越。之後，在福林寺奉祖堂才奉祀元韶為第三十三世祖，而明海則為臨濟宗三十四代。

然而，根據以上論述的史料，特別是第二筆資料顯示明海法寶有父母在會安生活，並且於會安逝世。因此，筆者認為，有可能明海法寶先是從福建移居會安，之後在會安出家。元韶到廣南時，收他為弟子，給他傳授戒律。如此可知，明海法寶是在廣南受到廣東報資寺的傳承。雖然他在廣南生活，他的身份與佛法思想卻都融合了越南與閩南的影響。

1695 年，石濂大汕到大越南方，這時明海法寶還年輕二十五歲，他已經

參加報資禪寺臨濟宗具足戒，因此有可能他與元韶其他弟子沒有參加石濂的戒壇。元韶與當時在越南華人僧人的事情在《海外紀事》都沒有出現。

明海法寶一直在祝聖寺生活、修行與重印佛經，之後他的眾弟子在萬德禪寺、福林禪寺、祝聖禪寺繼承本師的意願而繼續刻印經板。至今，祝聖禪寺、萬德禪寺、福林禪寺都有保留經板。機緣果滿，明海法寶升堂講法，傳戒度僧。從二十歲多到大越，經過五十年左右，明海禪師在大越傳教功果圓滿，直到圓寂時，他叫上門徒付囑法偈：

> 原浮法界空，真如無性相。
>
> 若了悟如此，眾生與佛同。〔註25〕

給弟子們付囑完，明海法寶禪師圓寂歸西，時間是在 1746 年丙寅十一月初七日，享壽七十七歲，門徒法派在祝聖寺西南邊建立祖塔，百年奉祀。

明海法寶禪師收很多弟子，上首弟子是祝聖寺實妙正賢禪師，之後有實營恩霑、實壽、實道、實敏等，他們在南方的各地傳教。至今，祝聖寺傳承還保留與發揮禪祖的宗風。

第三節　明海法寶與祝聖寺禪派思想

十八世紀，廣南佛教已發展到鼎盛的時代。當時，明海法寶在祝聖寺發展宗門，另外他的弟子們在會安地區建立佛寺，共同發展。福林寺、萬德禪寺、天德寺、明鄉禪寺與金山禪寺（現今是福建會館）等都在會安地區各地發展。起先，廣南地區的寺宇有中華僑僧或越南僧人來傳教修行，之後全部廣南以南都是祝聖寺禪派的弟子。因此，祝聖寺對越南南方佛教禪派影響很大。至今，未發現明海法寶禪師有作品保留下來，但他的宗門弟子作品與修行、宗派風氣還完整保留前人思想。

從中越關係與書籍流傳，可以論述到明海法寶的禪派思想與禪派本土化的過程，以及明海法寶禪派對越南南方佛教文化影響的程度。但經過幾百年，至今研究到明海法寶禪派思想的研究是不簡單的議題，特別是越南廣南以南常受到天災、人禍，例如：颱風、淋雨、熱氣與長期戰爭等。因此筆者盡量利用書籍、南方佛教文化以論述明海法寶與他禪派的思想。

〔註25〕此一法偈，筆者根據釋如淨：《祝聖臨濟禪派傳承歷史》，胡志明市，東方出版社，2009 年，頁 110。

一、明海法寶與祝聖寺禪派禪淨密的思想

越南廣南有很多廟宇是祝聖寺禪派的分寺，皆以祝聖寺為中心。在會安福林寺、萬德寺與祝聖寺成為祝聖禪派中三個最大的寺宇，這三個寺宇的僧人都影響到廣南以南的佛教思想發展。

如上所述，至今廣南寺廟的漢喃古籍保留很少。筆者在田野調查時，已經看過三個寺宇的經板，從經板可以看到祝聖寺的宗門弘法與思想等。今日祝聖寺的經板很少，都是寺內的和尚口述傳承下來。之前，明海法寶建立本寺，以方便弘法，他與眾弟子組織刻印經板，印送發行到各寺廟。但明海法寶禪師很少出現在史料中，對研究明海法寶禪師的佛教思想是很難的事。因此，論述明海法寶禪師思想，筆者只能論述到明海法寶禪派思想，其中看到明海法寶到大越時接受越南文化條件而發展臨濟宗風。

明末清初中國的德清（1546～1603）、袾宏（1535～1615）、紫柏（1543～1603）與智旭（1599～1655）四代高僧都融合禪宗、淨土宗與密宗思想，成為禪、淨、密兼修。〔註26〕因此十七世紀後，由元韶到越南傳教時，之後的明海法寶、明鋐子融等都是臨濟宗派，他們都受到當時中國佛教思想的影響。但為適應越南本土文化而發展出越南佛教文化，明海法寶與他的禪派建立禪派後就與越南南方文化共同發展。關於禪宗思想，明海法寶在廣東修行時，他帶到大越當時中國的書籍、清規等方面。因此可以看到南方明海法寶與他禪派的常日誦念佛經與清規，受到中國南方佛教傳來書籍的影響。從越南書籍，我們可以看到明海法寶禪派的佛教思想。但，明海法寶或華人僧人到大越時，大越還經過一段崇拜儒教而佛教衰落的時期。因此，大部分華人僧人到大越都依靠中國當時的佛教思想、佛教書籍而建立、發展宗風。拙拙禪師、明海法寶禪師也不例外。他們都發展禪宗思想，注重「心」、「性」與「佛」等問題。還有，禪派闡揚禪宗書籍，例如：《金剛經》、《壇經》、《心經》、《法華經》等。在祝聖寺，明海弟子實良禪師特別蓋一座房子可以藏經板與有空間刊印經文。但經過水災與二十世紀的越南戰爭，現在保存不多。祝聖寺現在保存十二經板，例如：《妙法蓮花經普門品》、《金剛經》等。會安福林寺只有八十六經板，有很多種類，最長 138 公分或最短 26 公分。經板使用漢字、喃

〔註26〕有關明清改革佛教史，筆者根據黃海濤著：《明清佛教發展新趨勢》，雲南大學出版社，2008 年。

字、梵字，例如《大乘金剛般若波羅密經》、《金剛壽命經》、妙法蓮華經》、《阿彌陀經》、《盂蘭盆經》、《壽生經》、《華嚴經》等。萬德寺比祝聖寺、福林寺保留更多經板，現在本寺還有 115 片木板。從佛經可以看到他們依靠中國明清當時佛教的經典。當然，明海法寶以後的弟子，他們發揮越南本土佛教文化。但明海法寶以後越南南方佛教沒有改變清規、生活習俗。他們自稱是保留禪宗思想，特別在《法卷》，《度牒》都稱為禪宗正派。因此可說，南方明海法寶禪派保留很好的禪宗思想。

明海禪派對淨土宗、密宗也受到很多影響。如上所述，明海法寶帶來大越的經書都是明清之際佛教思想的佛經。他與中國南方佛教都受到明清四大高僧的佛教思想。到大越，明海法寶特別重視清規。清規就是廟宇僧人遵守的規定。從規定僧人誦念佛經都是禪宗、淨土宗、密宗佛經，包括淨土宗的《阿彌陀經》、《法華經普門品》、《心經》等。當然，可看到禪宗與淨土宗都用《心經》。生活課程時，每天早晚兩次誦念佛經，都用《心經》結束。另外密宗，從明海法寶到後代禪派傳承，至今可以看到他們的書籍，刻板還保留密宗的思想。與中國明清時代一樣，越南南方佛教史的密宗映射也未完全與中國相同，大部分映射於誦念過程或僧人生活清規，例如：《戒刀》、《度牒》、《法卷》、早晚日誦書經的秘密語言。因此可以說越南明海法寶禪師有融合禪、淨、密宗的思想。

二、明海法寶與他禪派：儒佛道還是人間佛教思想

首先明海法寶與元韶從廣東報資禪寺到大越，他們帶來中國明清時代儒佛道人間佛教思想。〔註27〕還有，大越南方的人有特殊的社會、特殊的風俗，因此，他們再次到大越還要適應本地的文化。明海法寶到大越時，南方穩定，阮主阮福澍信奉佛教、擁護佛教，阮主及官吏也盡心奉獻，因此佛教受到許多國家政治的影響。還有，1695 年大汕大師到大越南方傳教，他建立戒壇，對越南僧人傳戒的事，可以說，越南南方的佛教開始了新的一章。石濂經過兩次商船集結到南方，帶一百多僧人來大越。但明海法寶也受石濂到越南、社會風氣開放的影響。當時僧人與人民共同生活、修行是廣南佛教的特點，寺小僧多，但皆為了發展佛教與人民的生活信仰。

〔註27〕黃海濤在《明清佛教發展新趨勢》（雲南大學出版社，2008 年）也論述到明清時代，四代高僧特別發展人間佛教思想。

　　百丈懷海禪師「一日不作一日不食」不只是中國的禪宗宗風，也影響了南方佛教。當時，明海法寶與僧眾都共同耕作，以農為業。會安海港的華人，特別是閩南人來很多，因此受到許多資助。人間佛教即入世佛教，是佛教傳統的觀念，臨濟宗也提倡入世。人間佛教是佛教僧徒與世間同修行，把佛教思想進入人民生活的文化。入世法是佛法世間法。在會安信仰，入世是會安人民共同的風俗。祝聖寺明覺禪師出家後，還還俗當兵打賊，得到大功，朝廷敕封指揮處，但明覺全部都放棄，再次回到佛道，發誓與眾生覺道。因此，朝廷敕封他是明覺和尚，住持福林寺。在抗法的時候，很多祝聖禪派僧人，為了國家而鬥爭或利用寺宇保衛愛國志士。二十世紀後半葉，順化佛教風潮反吳庭琰政府抗議爆發，祝聖寺第九代釋廣德禪師於西貢市（今名胡志明市）引火自焚，反對政府鎮壓佛教。

　　釋如淨禪師認為，祝聖寺的宗旨，從開山明海法寶祖師至今沒有改變，都是入世救民度眾生但還從容自在修行成佛，隨緣不變，奉事眾生就是供養諸佛。可以說，明海法寶禪派入世精神是對內外山門都應化，廣度眾生，讓僧人修行達到成果，覺悟自身，見性成佛。

　　會安經過許多天災、人禍，因此現在保留的史料也不太多。雖然，很多經板今日未完整，但也說明十七、十八世紀，會安佛教特別發展。另外，還有《關聖帝君覺世真經》或很多符咒與陀羅尼經板。根據福林寺住持黎文體和尚於 1923 年寫的《福林寺奉計本》提到本寺有土田一畝，奉祀釋迦、文殊、普賢、羅漢、十殿閻王和玉皇與歷代祖師。特別的是，福林寺還奉祀關公、國家皇帝、城隍爺、灶君、土地公與 Poh Yang Inu Nagar 聖像等。可以說，福林寺是多元奉祀，有道教、佛教、儒教，還有本地民間信仰。這也表示祝聖寺禪派適應廣南地區文化與華人的信仰，融合佛教大乘與本地民間信仰，三教融合發展。

　　從經文，奉祀佛像，與民間信仰交融，可以認為祝聖寺禪派融合三教為一，特別是淨密的要素。在越南人、占婆人、華人共同發展中，祝聖寺禪派適應與想讓禪派越來越發展。入世以觀世也是一個很明顯的標誌，讓師門在每個時代，都與國家、特別是廣南以南的人民一起生活，保存信仰。儒佛道是越南南方佛教史的特徵，但也是越南北方的特徵，可以說都是受到中國明末清初佛教思想的影響。

圖十二　明海法寶禪派佛經木板目錄照片

資料來源：越南廣南省會安市吳德志提供。

第四節　明海法寶與祝聖寺宗派

　　以上，筆者介紹祝聖寺的思想，通過三個寺廟，可以回顧到明海法寶時代、到明海法寶思想。但有一個問題，是明海的禪派。他從中國到大越南方，發展宗風，定位成為越南一個禪祖。

　　什麼時間明海禪師到大越？真的很難考證！他的本師？他的受戒？至今沒有資料有記載。因此，我們根據祝聖寺、福林寺、萬德寺等寺廟資料與中越佛教史，才能讓今日的我們能論述明海法寶的傳承。

一、從中華到越南禪燈史

　　越南現代學者在研究越南佛教史上都認為從 1695 年石濂大汕到大越時，舉行順化大戒壇，又傳給明海法寶戒牒。這事筆者覺得有誤。以上所述《越南佛教史略》、《越南佛教史論》、《越南佛教史》與最近阮賢德《越南南方佛教史》等都有錯誤的陳述，特別是明海法寶的傳承與受戒。《祝聖臨濟禪派傳承歷史》一書也沒有肯定明海法寶受到何者的法系或傳承。還有，對明海法寶的資料，至今有的不多，連研究他的法系都是很難的問題。

　　首先我們根據祝聖寺的《法卷》寫到本寺的傳承、祝聖寺的元韶牌位或明海法寶的牌位，讓我們可以肯定明海法寶與元韶是師徒的關係。這關係，可能是元韶回國的時間他就對明海法寶與眾弟子有明字傳戒，之後帶明字弟子來大越。對元韶回到廣東報資寺，《大南列傳前編》第六卷寫云：「謝元韶，字煥碧，廣東潮州程鄉縣人，年十九出家投報資寺，乃曠圓和尚之門徒也。

太宗皇帝乙巳十七年元韶從商船南來……尋奉英宗皇帝命，如廣東延請石濂和尚及法像法器，還奉敕賜主持河中寺」。〔註28〕也在《大南列傳前編·石濂傳》，寫到元韶與石濂一起到大越：「英宗皇帝嘗令謝元韶如東求高僧。聞濂飽禪學，乃往請濂喜，遂與元韶航海南來。」〔註29〕如上內容，筆者認為尚未準確，第一是英宗年代是 1691 年之前，1691 年以後是阮福凋顯宗皇帝；第二就是石濂到大越是在顯宗皇帝 1695 年。還有根據石濂《海外紀事》第一卷，有寫到英宗兩次邀請他到大越，第三次是顯宗邀請，他覺得「誠心」因此才同意，決定到大越。

以上內容，可以看到元韶回國時間於 1691 年之前，他回到廣東有一次或兩次轉達石濂邀請書。不過石濂在長壽寺而元韶在報資寺，宗派差異，石濂是曹宗洞，元韶臨濟宗，因此可以說他們在廣東應該沒有關係。

如上所述，明海法寶在 1670 年出生，根據中國佛教傳統受戒禮，常於弱冠時受戒，因此法寶於 1690 年左右就受比丘戒，當時元韶應是在報資寺。筆者認為，有可能元韶是明海法寶的傳授戒壇的業師。還有一年後的 1691 年，元韶帶幾位受到戒律的弟子一起到大越，這次有：明海法寶、明覺奇芳、明鋐子融、明物一知等。

另外，大部分越南佛教史都寫到明海法寶有參加石濂大汕於順化 1695 年的傳戒法會。筆者認為，事情不能如此判斷。因為宗派上的差異，一邊是臨濟宗已在廣東報資寺受比丘戒，一邊是石濂的曹洞宗。還有，石濂帶來大越一百多位和尚，他們也不要法寶等幾個才剛到大越的青年僑僧的協助。根據《海外紀事》沒有看到石濂與在越南的一位僧人或僑僧有關係。因此可說：明海法寶與石濂大汕沒有關係，明海法寶沒有經過石濂的戒壇。

因此論述，明海法寶就是元韶的弟子。他們都受到報資寺傳承的偈派。報資寺偈派如何？《大南列傳前編》、《大南一統志》都寫到元韶是曠圓和尚的弟子。根據佛教史，明代臨濟宗傳到幻有正傳，正傳傳到天童寺密雲圓遇禪師（1566～1642）、圓遇傳到木陳道忞禪師（1596～1674）、道忞傳到曠圓行果禪師（？～？）。以後，曠圓到報資寺修行，收元韶為弟子。本文第三章，筆者也論述到閩南佛教傳承，有提到幻有正傳的傳承，他們跟拙拙沒有關係。但幻有正傳跟元韶還有傳承的關係。從此可以看到南方佛教從浙江天童寺到

〔註28〕《大南列傳前邊》，第六卷，頁 47。
〔註29〕《大南列傳前邊》，第六卷，頁 47。

閩南、廣東等地的法派，流傳甚廣。

根據吳中南禪沙門守一空成重編《宗教律諸宗演派》書中的《臨濟源流訣》寫到臨濟宗的傳承，內容有關密雲圓遇禪師的法系：

　　臨濟下二十二世（天台下十五世）閩中雪峰祖定禪師演派二十字：

　　祖道戒定宗

　　方廣正圓通

　　行超明實際

　　了達悟真空

　　龍池幻有正傳禪師剃度（密雲天隱）圓（悟修）禪師傳法亦用此派

　　今（天童磐山）後哲均用上派傳法者遵龍池意也。〔註30〕

根據雪峰祖定傳法偈，可統計十七世紀中越臨濟宗傳承如下。

表四　雪峰祖定傳法偈演進

臨濟宗歷代	演派字	諸祖傳承
第二十九世	正	幻有正傳（1549～1614）
第三十世	圓	密雲圓遇（1566～1642）
第三十一世	通	木陳道忞——通覺（1596～1674）
第三十二世	行	曠圓行果（？～？）
第三十三世	超	元韶超白（1648～1728）
第三十四世	明	明海法寶（1670～1748）

資料來源：筆者根據佛教史料而編輯。

根據偈法，正傳的演派是「正」字輩、圓遇演派的是「圓」字輩、通覺演派的是「通」字輩，就是木陳道忞別的法號、行果演派是「行」字輩，行果還有別的法號是本果，本果是根據木陳道忞出演派的「本」字輩。

木陳道忞的法偈如下：

　　道本元成佛祖先，

　　明如杲日麗中天。

　　靈源廣潤慈風溥，

〔註30〕吳中南禪沙門守一空成重編：《宗教律諸宗演派》，《卍續藏》第 88 冊，No.1667，CBETA，電子版，2011 年。

照世真燈萬古懸。〔註31〕

　　因此，曠圓根據雪峰祖定偈法就是行果，根據道忞偈法就是本果。之後，傳到元韶也有一樣的情況。元韶的超白壽宗就是用雪峰祖定偈派的「超」字輩、元韶煥碧就是用道忞的「元」字輩。還有根據明海法寶與很多「明」字輩的元韶弟子就是他們根據雪峰祖定的偈派。因此可知明海法寶就是受到雪峰祖定禪師的偈派，之後明海法寶也根據雪峰祖定偈派而演進到他傳承的偈法。

二、明海法寶偈法的問題

　　以上，筆者論述到明海法寶的傳承，他的傳承根據雪峰祖定的偈派。明海法寶是元韶的後輩，他是元韶的弟子。到大越，明海法寶傳教五十多年，收到很多弟子，但若他用雪峰祖定的偈派，筆者可以清楚論述他的傳承弟子。問題是，明海法寶在大越那麼多年，死後傳法偈持續流傳，時至今日傳法偈已流傳到越南南方各地。因此，筆者擬談談明海法寶的傳法偈與偈派的差別。

　　明海法寶圓寂後，眾弟子流傳偈法，但現在大部分的越南佛教史都沒寫出偈法的資料來源，或許他們只是聽過傳言，或許看字輩而判斷。筆者一方面看過已出版的佛教史，一方面進行田野調查，考察祝聖寺、福林寺、萬德寺等資料，發現福林寺有一本《祝聖寺法派度牒》清楚寫出偈法傳承：

明實法全彰
印真如是同
祝聖壽天久
祈國祚地長
得正律為宗
祖道解行通
覺花菩提樹
充滿人天中〔註32〕

　　這偈派有八句，四十字，分為兩組，每組四句，弟子各代都根據兩組而有名字。筆者根據傳法分開如下。

〔註31〕吳中南禪沙門守一空成重編：《宗教律諸宗演派》，《卍續藏》第88冊，No.1667，CBETA，電子版，2011年。
〔註32〕福林寺的度牒木板。

表五　明海法寶禪派法名、法字表

法　名	法　字
明實法全彰	得正律為宗
印真如是同	祖道解行通
祝聖壽天久	覺花菩提樹
祈國祚地長	充滿人天中

　　從此可分，明海法寶就是第一字，在法名就是「明」字；法字就是「得」字。因此明海法寶有法字是「得智」。以後，明海法寶的弟子是實妙有法字是正賢、實營有法字是正顯、實尉有法字是正成等。

　　另外明海法寶的弟子，行「實」字輩還受到雪峰祖定的傳法偈的傳承。因為如上所述，明海法寶到大越傳教用的偈法是雪峰祖定，之後，到他的弟子才出偈傳法。以後明海法寶的傳偈法影響了越南南部，每個省城都有祝聖寺臨濟宗法派。

　　釋如淨禪師在研究祝聖寺傳承，他認為在平定省還有另一個傳偈法。這傳偈法是於二十世紀的 1967 年出現，內容如下：

表六　平定省祝聖寺禪派偈法

法　名	法　字
明實法全彰	得正律為宗
印真如是同	祖道解行通
萬有唯一體	覺花圓境智
觀了心境空	充滿利人天
戒香成聖果	恆沙諸法界
覺海湧蓮花	濟度等含生
信進生福慧	周圓體相用
行智解圓通	觀照剎塵中
影月清中水	去來當一念
雲飛日去來	能所豈非他
達悟微妙性	心境誰邊取
弘開祖道長	真望總皆如

資料來源：釋如淨《祝聖臨濟禪派傳承歷史》，胡志明市，東方出版社，2009 年，頁120。

　　根據元韶菩提中學校的校長說明，出現新偈法的原因是在 1967 年，有一位僑生請他們同意入學。這位學生說，他家族與元韶先祖有關，因此學校要他提供有關元韶的資料，其中有新發現的偈法。〔註 33〕至今，這法偈是不是元韶的偈法，現在還沒有可證明的史料。但與明海法寶偈法的比較，可以知道這偈法不太可能是元韶偈法，可能是明海法寶後輩加上了新的內容。我們可以看到新偈法開始是「明」字輩，因此偈法是明海法寶的偈法，不是元韶的。因為元韶，偈法開始就是元韶的「元」字輩。至今，平定省地區，現在大部分都是用這個偈法，跟南方用明海法寶偈法出現很多差別。

三、明海法寶的宗門弟子

　　廣南是大越南方重要的地區。廣南有會安海港，是越南中部的最大港口。十六與十七世紀會安港作為一個中轉站，有許多國外商船進入，也因此吸收了許多國家商人定居，特別是日本及中國南海移民。元韶到大越，帶來很多僑僧弟子，他們一起發展宗派，建立國度，至今越南南方已成為廣大的佛教文化區。

　　元韶之後，可以認為只有明海法寶的影響力比較深，特別是他的法派也傳到南方各省，越南南方佛教都受到他的影響。明海有很多弟子，但十七世紀上半葉，他們首先都在廣南地區，會安港口附近修行，建立寺宇與發展宗風，其中可以確認的禪師名如下：實營正顯恩霑（1712～1796）、實妙正賢（？～？）、實燈正智寶光（1699～1782）、實尉正成慶雲（？～1770）等。他們到南方各地發展祝聖寺宗派，南方的祝聖寺臨濟宗影響各地。

　　在明海法寶弟子中，實妙正賢與本師在祝聖寺修行，本師圓寂後，他繼承祝聖寺，是祝聖寺禪派的中心。有可能在明海法寶圓寂後，實妙馬上當上祝聖寺主持，但至今他的資料很少，祝聖寺書籍、木板現有的很少，因此很難考證他的身份。只有實營恩霑是明海高徒發展宗風，因此實營有很大的影響。當時「實」字輩有很多弟子轉到南方修行，因此祝聖寺、會安地區，只有記錄到實營與實妙。

〔註 33〕釋如淨：《祝聖臨濟禪派傳承歷史》，胡志明市，東方出版社，2009 年，頁 120。

表七 祝聖寺傳承表

繼位順序	禪師名字	生死時間	住持時間
1	明海得智法寶	1670～1746	1691？～1746
2	實妙正賢	？～？	？～1809
3	法演寶莊	？～？	？～？
4	全燈寶元	？～？	？～？
5	全任為意貫通	1798～1883	？～1883
6	彰道宣松廣圓	1851～1893	1883～1893
7	彰曠宣田證道	1833～1903	1893～1901
8	印炳祖順普寶	1865～1914	1901～1914
9	真證道心善果	1881～1962	1914～1962
10	真日道照光明	1879～1977	1934～？
11	如傳解麗智眼	1909～2004	1962～2001
12	同敏通念慧慈	？～？	2001～至今

資料來源：釋如淨：《祝聖臨濟禪派傳承歷史》，胡志明市，東方出版社，2009年，頁140。

　　根據偈派，全任為意貫通和尚後輩是彰道宗松廣圓，但阮朝避諱「宗」字，因此，全部「宗」字就改為「宣」字。〔註34〕

　　以下，筆者介紹明海法寶禪師分派的弟子身份及其寺廟修行：

　　實營正顯恩霑禪師（1712～1796）

　　禪師俗姓黎顯，廣南營奠磐府人，十歲時他母親帶到祝聖寺請求明海法寶收為弟子。二十歲，明海法寶給黎顯受比丘戒，傳授法名實營，法字正顯，法號恩霑。從此恩霑禪師在祝聖寺修行。25歲時，恩霑禪師與本師法寶到清河社建立福林寺，而後恩霑禪師在福林寺管理修行。

　　1748年明海法寶圓寂後，恩霑禪師對南方佛影響教越來越大，他的弟子們到很多地方蓋新寺廟，因此祝聖寺法派形成越來越廣大的影響。

　　1796年4月24日，實營正顯圓寂，享壽八十五歲，門徒法派建立寶塔與福林寺之左以永遠奉祀。

〔註34〕「綿宗」字是阮朝紹治皇帝還沒登基時的名字。之後，他當皇帝就發令避諱「宗」字、「綿」字等。

實營正顯的高徒很多，例如：法印祥光廣度、法專律傳妙嚴、法兼律威明覺、法淨律風圓光等，他們繼承明海法寶宗門，廣大發展，讓禪派傳承到大越南方。

表八　實營正顯恩霑的傳承

繼位順序	禪師名字	生死時間	住持時間
1	實營正顯恩霑	1712～1796	1736～1796
2	法印祥光廣度	1739～1811	1796～1802
3	法兼律威明覺	1747～1830	1802～1830
4	全任為意貫通	1798～1883	1830～1883
5	彰敏宣和廣化	1817～1887	1883～1887
6	印本祖源永嘉	1840～1918	1887～1918
7	真體道圓普明	1867～1936	1918～1936
8	真惠道日普智	？～1947	1936～1945
9	如湛寂照	1912～？	1945～1947
10	真果道鎮當如	1881～1961	1947～1954
11	如閑解樂智覺	1915～2005	1954～1960
12	如萬解壽智福	1930～1980	1960～1980
13	如閑解樂智覺	1915～2005	1980～2001
14	是榮行華慧蓮		2001～至今

資料來源：釋如淨：《祝聖臨濟禪派傳承歷史》，胡志明市，東方出版社，2009年，頁149。

祝聖寺各代高僧傳言：祝聖寺是開生禪派的地點，但傳教廣大，南傳就是福林寺的影響。因此可知，福林寺是祝聖禪派傳承的主流。

實尉正成慶雲禪師（？～1770）

實尉禪師俗姓黃，廣義省慕德府該德總鐵長鄉人，從小到祝聖寺出家，明海法寶禪師傳給他法名實尉，法字正成，法號慶雲，當臨濟宗三十五世，祝聖寺第二代傳承。在祝聖寺修行，受戒、得法後，實尉請明海讓他回家鄉天福禪寺主持。經過一段時間，1754年，天印寺閩南僧人法化禪師（1670～

1754）〔註35〕圓寂，廣義省各大山門請實尉到天印寺當住持。天印寺從此成為祝聖寺的禪派。

天印寺是國家敕封的寺宇，實尉住持後，他努力重修梵宇，廣大宗門，十六年修行與教養宗徒，到庚寅年（1770）十月一日師圓寂。

天印寺是廣義省的很大的寺宇。實尉圓寂後，實尉的弟子如法印祥光廣度禪師繼續發揚祝聖寺的法派。實尉禪師宗門弟子如下：

表九　實尉正成慶雲禪師法派

繼位順序	禪師名字	生死時間	住持時間
1	實尉正成慶雲	？～1770	1754～1770
2	法珠	？～？	1802～1805
3	慧明	？～？	？～？
4	全照智明寶印	1798～1866	1827～1866
5	彰卻宗宣覺性	1830～1908	1866～1908
6	印參祖雲弘覆	？～1916	1908～1916
7	印志祖遂弘彰	1847～1919	1916～1918
8	印金祖恂弘淨	1872～1932	1918～1921
9	印立祖維弘聶	1865～1942	監寺
10	弘法	1871～？	監寺
11	弘珠	？～？	監寺
12	真忠道志妙光	1891～1952	1925～1940
13	真眠道龍智興	1908～1986	1940～1945
14	如月解程鴻恩	1913～？	1945～1952
15	真史道是慶信	1896～1992	1952～1954
16	如正解直玄進	1911～1984	1954～1968
17	如利解理玄達	1903～1994	1968～1994
18	是令行程永會		1994 至今

資料來源：釋如淨：《祝聖臨濟禪派傳承歷史》，胡志明市，東方出版社，2009 年，頁228。

〔註35〕法化禪師（1670～1754），筆者在第一章有介紹他的身份。

　　以上為法印寺傳承，越南南方常有戰爭，因此有些傳承脈絡尚未確悉，幾位禪師的身分也還沒釐清。筆者根據越南成書的史料，提出祝聖寺的傳承，然而還有許多問題與支派沒有研究出來。

　　至今廣義省天印寺還是一個很大的佛寺祖庭，有影響到越南南部的佛教史。而看到明海法寶禪派的傳承，可知道祝聖寺山門法派真的影響廣大。

　　實燈正智寶光禪師（1699～1782）

　　明海法寶禪師有一位弟子移到平定省住持山龍寺：實燈正智寶光禪師（1699～1782）。實燈正智寶光禪師，俗姓、籍貫都不詳，法字實燈，法名寶光，臨濟宗第三十五世。根據山龍寺牌位，直到他生於己卯年（1699）五月八日，從小到祝聖寺出家，之後轉到歸寧地區建立江龍禪室，之後禪室改成山龍寺而住持之。經數十年弘法，實燈正智寶光禪師圓寂於壬寅年（1782）正月二十一日，弟子各眾建立祖塔於本寺裡。

　　實燈的後代的弟子在平定省發揚祝聖寺的禪派，以下是山龍寺的傳承。

表十　實燈正智寶光禪師禪派

繼位順序	禪師名字	生死時間	住持時間
1	實燈正智寶光	1699～1782	？～1782
2	寂理清善妙順	？～？	？～？
3	彰義宣德清泉	1761～1864	？1864
4	印海圓通	1827～1919	1864～？
5	印行宣慶善和	1811～1889	？～1889
6	真定道端志行	1802～1890	1889～1890
7	真心道行福光	1859～1916	1890～1916
8	如在弘了	1883～1931	1916～1931
9	如質弘語	1879～1945	1931～1945
10	是道妙心平慶	？～？	1945～1954
11	是沙慈容平正	1916～1985	1954～1985
12	同德通論碧天	1958	1985 至今

資料來源：釋如淨：《祝聖臨濟禪派傳承歷史》，胡志明市，東方出版社，2009 年，頁277。

以上，筆者介紹明海法寶傳承的偈法，他的禪派從中國第二十九世幻有正傳禪派流傳。幻有正傳弟子密雲圓遇傳到很多弟子，有一位到福清建立宗派，之後流傳到閩漳州南山寺，成為福建最大的禪派；一支到廣東報資寺發展宗風，元韶禪師在報資寺受戒，自後接引很多明字的弟子到大越。此後祝聖寺明海法寶建立禪派，傳播到越南南方各地，形成中國佛教與越南佛教間的聯絡道路。明海法寶有許多弟子，他們從會安到南方發展後，宗風越來越廣，祝聖禪派也逐漸強盛。他們的後輩也有許多有名的和尚，有的對越南歷史影響深遠，有的為越南文化發展貢獻良多，因此可見從會安以後，他們幾乎遍佈了中南越地區。

第五節　明海法寶與越南南方佛教傳承

十七世紀，明海到大越，這時間，廣南經濟發展很順利，與國外通商熱絡，因此宗派有很好的條件。明海到會安，首先建立一個草庵修行，之後建祝聖寺，立宗派，而弟子遍佈南方各地。現在，越南南方各地都有祝聖寺禪派，都是明海法寶的後輩。從一個祖庭，開出千萬支派，至今明海禪師仍被認為是越南一位禪祖。越南南方寺宇的祖堂都有奉祀各位禪祖，其中特別有明海法寶禪師。他的弟子，現在史料只記載了幾位，筆者前面有介紹，但隨著後輩弟子越來越多，共同建立的宗門法派成為臨濟宗在南方佛教史中很大的支派。

以下，筆者論述明海法寶禪派對南方傳承的影響。

（一）廣南——峴港地區明海法寶禪派

十七世紀後的阮朝，廣南與順化是重要的地區。順化有清河港，廣南有會安港，兩港都跟國外商人有生意來往。十七世紀後半葉，廣南會安是明清移民的好地點。因此，一邊可以定居，一邊則以海港為中轉站，讓他們生活與做生意。從廣南會安到各地很順利，到北越、到南洋、到廣東、福建或到日本皆然。後來，在順化清河港衰頹後，會安則逐漸壯大，成為南方重要的海港。在華人到會安定居發展後，也有許多僧人到此定居傳教，明海法寶就是其中一位，但他與其他僧人的差別在於其發展宗派，成為越南南部最大的禪派。明海到大越時，廣南——峴港就是廣南省，最近分開成為峴港市與廣南省兩地。但是，地方風俗等都相同，因此，筆者所論述，廣南是包括現代的廣

南一峴港。

　　明海到廣南後，建寺宇，收弟子，對廣南省的佛教影響越來越大。祝聖寺在廣南，因此對廣南省的許多寺廟特別有影響。當明海到大越時，還有許多僑僧同往，也在會安修行，但之後慢慢衰弱，他們的寺廟則由祝聖寺弟子們繼續當住持。例如，五行山三台寺，至今難考開山和尚，在 1695 年時石濂大汕到大越，他的作品《海外紀事》有寫到三台寺的國師果弘和尚。果弘和尚也是石濂的弟子。但還沒有資料寫到果弘和尚的弟子，只有僧人的禪派從祝聖寺來傳道；或者古林寺原先是道忞木陳了冠和尚禪派，之後收到祝聖寺弟子，從此改變為祝聖寺禪派。會安福林寺恩霑祖師開山後，眾弟子越來越多，轉到各地發展，特別是在廣南地區。十九世紀至今很多和尚開山，卓錫很多寺廟：普話和尚開山會安龍泉寺、真和和尚開山峴港盂蘭寺、如進廣興和尚開山峴港慈雲寺，慈雲寺現在毀壞，只剩碑文和一大洪鐘等留存在現代廣南——峴港博物館。

　　祝聖寺為廣南會安的中心禪派，會安鄰近各地的寺廟大多是明海法寶禪派。之後才慢慢流傳到其他地方，特別是在二十世紀中，越南從戰爭到和平、統一時期，祝聖派和尚們對國家有許多貢獻，遺憾的是這也是越南佛教史上浩劫的時代。

（二）順化明海法寶禪派

　　順化（現在是承天順化）是越南中部的要地，阮主各代皆定都順化。十六、十七世紀，阮潢到順化開墾荒地，鞏固權力，使順化以南從此慢慢發展。順化的清河港是十七世紀越南中部的重要港口，還有順安港，從順安港沿香江可至清河港及京城，因此順化有許多華人到清河港做生意。十七世紀元韶從廣東到大越南方，他到平定省，然後到順化，建立國恩寺，發展宗派。順化受到元韶傳道忞木陳的法偈。以後，元韶弟子明鈜子融在順化修行，子融弟子是了冠和尚建立新的傳法偈，至今依然發展。如今承天順化是越南一個故都，越南人都知道順化是禪京，因為順化發展過程與佛教關係很密切。

　　阮朝明命年間，祝聖寺禪派在順化可說是剛開始發展，在明命二年（1821）福林寺明覺和尚帶徒弟到順化參與天姥寺戒壇。之後福林寺永嘉和尚和到順化傳戒。因此祝聖禪派與順化佛教關係很密切。十九世紀後半葉在順化有很多祝聖寺禪派寺廟建立，例如：成泰年間建立福山寺、葦野村福慧寺。圓通

寺是元韶開創，阮朝末年，福安省真金和尚到順化重修梵宇，建立祝聖寺法派。因此可見十九世紀時，順化已有三個祝聖寺禪派的寺廟。至今順化的祝聖寺禪派仍持續發展，可能與廣南以南還保留了宗門法派有關係，特別是圓通禪寺，乃順化的祖庭。

（三）廣義省明海法寶禪派

廣義省在廣南省的隔壁，因此早在廣南會安發展後，就吸引了很多華人到廣義營生。僑僧也跟著華人而到廣義修行，建立寺宇。十八世紀很多祝聖寺禪派僧人從廣南到廣義弘法，首先是明海法寶禪師的弟子：實尉正成慶雲禪師，他開山天福禪寺，之後明海另外的弟子是實淵禪師開山寶林禪寺。廣義省有很多明海的第一代弟子。以後，廣義省的寺宇大部分都是明海法寶禪派管理。例如：天印寺，首先是福建僧人法華禪寺開山，之後實尉慶雲到繼續修行與發展祝聖禪派。祝聖寺臨濟宗三十六世、三十七世繼續建立寺廟，廣開宗派，例如：三十六世法印廣度住持平山圓宗寺、三十七世全照寶印開山平山圓光寺、三十八世彰光禪師開山福光寺、三十九世印參弘淨重建福光寺等。至今廣義省的祝聖寺禪派傳到四十三世、四十四世了。觀察廣義省的佛教史，可說全省都有祝聖寺禪派。

（四）平定省明海法寶禪派

1677年，元韶到大越歸寧（今日平定省），他建立彌陀禪寺，之後才到順化收明海法寶禪師為弟子。因此可知十七世紀下半葉，平定省已有元韶傳臨濟宗了。到十八世紀，祝聖寺禪派傳到平定省時，這裡有三個傳法偈，第一是元韶傳道忞木陳法偈、第二是明海法寶弟子傳祝聖寺法偈、第三是冠和尚的弟子傳了冠偈派。可看出平定省佛教的信仰很深入民間的風俗。明海法寶的弟子實順正命慧張、實燈正智寶光兩位傳到平定省後，他們弟子越來越多，開山很多寺宇。

經過各代，祝聖寺禪派傳播很廣，不只平定省內而且傳到省外，特別是海外各地。在二十世紀越南南北戰爭中，平定省佛教同感國家命運而協力為和平獨立而付出。至今祝聖寺禪派仍推動佛法與世間法共同發展，讓宗門法派與國民同進退。

二十世紀平定省出現新的明海法寶傳偈法，內容與以往有所出入，此外也有其他和尚出新偈，因此現在平定省的傳承頗為混亂。

（五）福安省明海法寶禪派

越南南方傳言說「廣義當官，福安僧人」，意思是福安的佛教很發展，對國家歷史有很大的貢獻。福安的佛教如何？與明海法寶禪派有關？福安省是十七世紀越南中部最有名的禪師實妙了冠和尚的家鄉。如上所述，實妙了冠是明鋐子融的弟子，「實」字輩是根據雪峰祖定法偈而得，之後了冠出一個偈法，傳教從順化到南方。至今，福安省的佛教有兩個傳偈法是了冠與祝聖寺傳承。

祝聖寺禪派在富安省傳教很廣，但現今資料很少，因此難考證祝聖寺禪派的各代和尚。富安省的各位長老傳言明海法寶弟子實覽志堅到福安開山天興禪寺，但至今還沒有傳承。十八世紀祝聖寺法派弟子法專妙嚴從廣南到福安慈光禪寺傳教。從此，臨濟祝聖寺才傳到福安而越來越廣。從法專以後，很多僧人努力弘法，刊刻經板，而慈光成為全省的佛教人才中心。以後，從慈光禪寺，各代弟子到福安各地廣開宗教使祝聖寺禪派有很大的影響，特別是慈光祖庭、福山祖庭、慶山祖庭、寶山祖庭等，皆在福安佛教史上有重要地位。

（六）慶和省明海法寶禪派

十七世紀下半葉，阮福瀕佔領南方，建立泰康營，就是現今的慶和省。這年代南方是占婆的土地，之後阮主政權追擊占婆王朝取得南方。阮主政權的建立，也吸引了許多移民到此開墾，而人民也帶來他們的宗教（包括佛教）。慶和省各代長老傳說十七世紀在本地已有許多寺宇，到十八世紀佛教發展得更為興盛。當時有三個傳法偈：元韶祖師法偈、明海法寶法偈與實妙了冠法偈共同發展。

祖師法身道明（1684～1803）是第一位傳明海法寶禪派到慶和省的人，他開山寧和縣天賜禪寺之後還有幾位和尚在慶和芽莊傳教。二十世紀時，祝聖寺宗派開山慶和省寺廟，例如：如達開山龍山禪寺、是始開山法海禪寺、印銀和尚開山福田禪寺等等。從此，慶和省有很多祝聖禪派弘法，不只僧部，還有尼眾，皆發展興旺。

（七）寧順省明海法寶禪派

寧順省位在越南中部偏南，佛教史上記載很少，可能之前是占婆領地，因此信仰南方的小乘佛教。經過十八世紀到二十世紀，沒有記載寧順的祝聖寺禪派，到二十世紀三十年代後，才有明海法寶禪派傳到此地。真景智勝

（1891～1975）開山天興禪寺、真心圓明開山崇德禪寺，他們都是臨濟宗四十世的祝聖禪派僧人。此後僧團逐漸發展，大多由上述兩個寺宇所出。

（八）平順省明海法寶禪派

釋如淨禪師認為在十八世紀初，在平順省佛教已發展，佛教史上有元韶禪派與突空智板偈派。因此推算，可能平順有中華僑僧到大越傳教，1706年有一位明容法通和尚刊刻《法華經》板，到1734年才完成。這事情，顯示平順省在十八世紀後佛教發展很好。十九世紀後半葉，祝聖禪派已傳到平順，佛光寺、蓮池寺都是祝聖禪派寺宇，但沒有記載，只有幾個寺廟的牌位奉祀。到二十世紀初，才有祝聖寺禪派僧人道平順弘法，從此山門開展，大部分都是祝聖寺第八代弟子以後，僧尼兩部都有，一起發展佛教文化。

（九）胡志明市明海法寶禪派

十七與十八世紀，胡志明市當時屬嘉定地域，阮朝到阮福凋時代才能管理嘉定全省。之前，明清鼎革，很多明鄉人到嘉定堤岸港口做生意與定居。到清代時，也有很多中國南方人到堤岸生活。因此，從歷史方面來說，南方占婆國與中國關係密切，阮主接管南方之後，中國人也到堤岸生活，因此很早就有許多中華僧人到胡志明市，例如，現在很多學者認為拙拙禪師的《語錄》內容提到他到古眠國，但有可能拙拙是到堤岸，現在今的胡志明市。十七世紀下半葉有的元韶、明物一知、明亮成等從廣東到堤岸，之後又全部影響到南方佛教。現今胡志明市有很多寺廟，例如慈恩禪寺、覺林禪寺、覺圓禪寺等，都有幾百年的歷史。大部分胡志明市的寺廟都根據道忞木陳傳法偈，其中有集福禪寺是根據明海法寶禪派的偈法，之後發展到很多寺廟，特別傳播到平陽省。

胡志明市是南方城市的中心，因此各省祝聖寺禪派都陸續派人到此修行，建立宗廟。現今胡志明市各郡、縣都有明海法寶禪派的後代弟子。

（十）平陽省明海法寶禪派

胡志明市之西是平陽省，因此很多僧人到胡志明市之後，就到平陽省。平陽省有許多華人居住，現今還有不少寺廟是華人所建，例如天后宮，別名婆寺。十八世紀中祝聖禪派從嘉定集福寺傳到平陽省，三位和尚到平陽省開山天尊禪寺與會慶禪寺，之後宗派越來越發展，其中特別是全性和尚，他從會慶禪寺而發展宗門到平陽全省各祖庭。從天尊禪寺傳到三十九世、四十世，

至今四十三世到四十五世了。不但有僧人，還有尼姑在平陽省發展明海法寶禪派。

兩百多年來，祝聖寺禪派對平陽省的宗教有很多貢獻，特別是現代統一國家的過程，僧人也對社會有很多幫助。另外平陽省是一個西南部的省市，因此有關本地占婆人的文化、宗教也受到影響，寺廟雖然是統一宗派，但與人民沒有密切關係。又，平陽省佛教傳承使用明海法寶偈法四句，此其特殊之處。

（十一）西南部、東南部的明海法寶禪派

西南部、東南部各省很晚才傳承明海禪派。十九世紀下半葉到二十世紀初很多僧人從西貢、廣義、廣南等，特別是廣義省的僧人到西南部與東南部傳教。他們一邊傳教，一邊鼓勵愛國風潮、勤王風潮。西南部的茶榮省、永隆省等都有僧人傳教。永隆省的福厚禪寺、東福禪寺、福隆禪寺等，都是很有名、影響力大的祝聖寺禪派宗廟。

東南各省到二十世紀才有祝聖寺禪派的大乘佛教傳到，主要在同奈省發展。以後，各省都有祝聖禪派僧人抵達傳教。至今西南、東南各省市皆有祝聖禪派，雖僧人不多，但二十世紀越南佛教史上仍出現許多具影響力的和尚。

（十二）海外明海法寶禪派

越南佛教很晚才流傳到海外，二十世紀七十、八十年代，越南南方移民外國時，吸引了很多僧人到國外。1975 年，越南統一，南方政權失敗，因此很多南方掌政人物、家屬陸續移民至歐美等國。當然這時代，明海禪派也隨之移民。在歐洲法國的靈山寺，是祝聖寺禪派在海外最有名的寺廟，由釋玄微和尚開創。德國釋如典開創圓覺寺，對海外越南人的佛教信仰有很大影響。

美國吸引到很多祝聖寺禪派僧人傳教，例如觀音寺、安祥寺院、普陀禪寺、佛光禪院等。大部分寺廟都是改家為寺，很少有越南傳統建築。但建築不是問題，祝聖禪派在海外對越南移民社會有很大影響，對民生也有許多貢獻。

第六節　明海法寶與南越佛教文化

一、南方僧人與佛教文化

1558 年，阮潢離開北方而到南方。在南方，阮主建立國度重得人心。阮潢對佛教表示擁戴，1601 年，他重新捐助順化天姥寺，從此，天姥寺是南方國家寺宇。之後，阮主各代陸續廣開南方土地而建立國家阮朝。可以說，阮朝與佛教有密切的關係，佛教就是國教。

從 1601 年重新天姥寺以後，阮主各代陸續重新寺宇，對佛教鼓勵、擁有、供養等等。南方各地都有華人寺宇，國家頒給敕賜的寺宇。1607 年，阮主建立廣南省寶珠禪寺。1609 年，建立廣平省麗水縣敬天寺。1665 年，阮福溙重修天姥寺。1609 年，他建立順安海口永和寺。到十七世紀下半葉，阮主重修很多寺宇，如 1688 年重修順安永和寺。當時，元韶到南方傳教，他到平定省建立彌陀寺，到順安省建立國恩寺。阮福溙請元韶回國邀請華僧到大越南方傳教與帶來經書。1695 年廣東石濂大汕到大越順化傳教。阮福潤在天姥寺鑄鐘，邀請三藏佛經藏於天姥寺。之後各代阮主到阮朝皇帝，都有重修天姥寺與建立很多特別的寺宇。大越南朝的佛教，可以認為是內聖外王的模式。內就是用佛教統治國家，外就是用儒教、法律嚴格管理社會。因此黎朝幾百年，南方的佛教很發展。在南方佛教發展時，北方佛教也有另一條路發展。因此，十七與十八世紀，大越南北兩地佛教史上記載中國廣東、福建兩省僧侶陸續到大越傳教，發展宗風。

到大越的第一位是元韶禪師，他在南越數十年弘法，回到廣東幾次，帶來南方很多僑僧，例如：明海法寶、明海法化、明鋐子融等。南方各地有華人就有僧人。僑僧大部分是遊化僧或叫雲水僧，他們不固定的地方而隨方遊化。元韶也從平定省彌陀寺到順化，之後他還從順化到南方的同奈省。北方的拙拙禪師，他也從順化到升龍。

當時果弘國師在大越，元韶禪師在各地傳教，但本國的僧人大部分失學、逃難、不當兵而投佛，他們幾個中國和尚無法接受全部南越的僧人和各地信仰的要求。因此，石濂大汕到大越，代替阮福潤大開戒壇，接受幾千僧人受戒。從此，南方各地佛教信仰有很多改變。但如果比較北方佛教文化與南方佛教文化，我們可以看到北方有很好的發展條件。例如：傳教、講經、經濟、寺宇、重刻經板等都有一千年的歷史條件。南方僧人道傳教，則遇到很多困

難，明海法寶、明鋐子融、興蓮國師、法化禪師等都遇到很多複雜的發展過程。

明海法寶、明鋐子融等禪師有共同特點，他們沒有離開定居的寺宇。有可能他們到每個地方都有寺廟，還有附近居民對他們鼓勵、信仰。明海法寶除了建立祝聖小庵外，可能他還帶父母親或兄弟來廣南。他父母的墓碑都寫到兄弟兩位建墓碑。因此，明海法寶也很難離開廣南會安。會安華人還有很多共同點，中國信息來往方便、生意順利、語言溝通等都是很好的條件。

根據石濂大汕在《海外紀事》記載，順化、廣南在 1695 年的寺宇都是茅室土階，大汕禪師描述順化當時大部分是茅屋竹籬，只有幾個寺宇如：河中寺、天姥寺等是用磚瓦蓋的。但茅室土階不是問題，問題是順化到南方當時佛教團體活動的情況。釋大汕《海外紀事》描述：

> 近有一等魔師，與人授戒，竟使身不登壇，不經三師羯磨，七證證明，宿業不經發露懺悔，戒律不經授讀訓論，搭衣展具持鉢威儀不經教授演習，不管是僧是俗，但要香資寄到，便可買取戒牒衣具，藉手傳來，使無知求戒者，居然自謂得受三壇大戒。究竟傳戒者不識受戒何人，受戒者不識傳戒何師，如此害法害人，佛制竟成虛設，戒律漸至淪彝，此所以不能不言者一也。〔註36〕

《海外紀事》還描述順化僧人還沒受戒的內容。阮主阮福淍命各地僧人在四月雲集受戒。四月的戒壇傳戒一千餘人。根據《海外紀事》可以看到當時南方的佛教情況：寺宇茅屋戒律、戒牒都沒有用，可知順化佛教或南方佛教的衰落。

是年，大汕離開順化回國，因緣際會而滯留會安的彌陀寺。1695 年當時會安華人與寺宇如何？我們可以根據大汕的描述而了解情況：

> 次早登岸，住彌陀寺。院宇偏窄，不足以容大眾。分布於觀音堂各處。謂少停幾日，便上洋艤。無事起蓋房屋，心重煩苦軍人為也。該伯內監終以王令為重，翌日竹木並舉，朝築暮成，寮舍八九間，中為一廠會客。〔註37〕

彌陀寺也頹敝，寺宇蕭條，因此國師興蓮要重修寺宇。大汕與一百僧人在彌陀寺與會館滯留一段時間，在會安，他也對當地僧俗兩諦傳教受戒。在

〔註36〕釋大汕：《海外紀事》，北京，中華書局出版，1987 年，頁 16～17。
〔註37〕釋大汕：《海外紀事》，北京，中華書局出版，1987 年，頁 80。

會安，是大汕第二次在大越傳教，總計一千多人受戒。當然，受戒人有越南人、有華人，有僧人、有俗家人，他們都對越南南方佛教發展史上有重要的地位。特別是大汕，國師與很多從廣東來的僧人。

當然，大汕、廣東僧人或者閩南僧人到南越沒有那麼容易。在異鄉，他們遭遇很多困難，特別是語言、環境與風俗。

對風土而言，大汕到大越有幾次生病，在順化、會安也有病。由於南北差異的環境導致大汕和他的隨著僧人大部分都生病。《海外紀事》對風土差別而生病的問題，描述很清楚：「隨杖僧眾不服水土，患病幾半，余以泄瀉胃熱口破，苦飲噉。」〔註38〕後來他到會安時亦然。

生病是很嚴重的問題，不只是大汕與他帶來的僧人，全部華人到大越都有水土不服的問題。元韶、拙拙或明海法寶等這些南方僑僧當然也都遇越南到水土不服的情形。另外他們還有一個困難，就是語言的障礙。

《海外紀事》有幾次提到語言差異的問題。南朝的翻譯人翻譯不好，釋大汕《海外紀事》曰：「問答每為通事錯謬，是以不復多言。」〔註39〕為了與國王正確溝通，大汕有幾次是寫成文本呈給國王，他對南方的僧人誣陷國師與語言的問題有所描述：

> 且有嫉妒國師，流言興謗，謂素性糊塗，法門事理不經，常住錢穀，
> 王家送供老和上者，多為渠僧行侵漁。隨杖知事告絕糧，人情未諳，
> 言語不通，國師漠漠，大眾茫然。〔註40〕

再者，到南方道路很艱辛，當然不只是華人而已越南北方人士移民到南方也遇到很多困難……大汕、元韶、明海法寶、拙拙禪師或其他僧人到南方都遇到南方的差異環境、語言、交通的困難。因此，拙拙、明珠香海最後到北越定居，南方並不是他們最佳選擇的地方，或者說南方跟他們沒有因緣。明海法寶在會安先在茅庵，之後他才建立祝聖寺修行並成立宗派，成功之前必然有一段很艱辛的過程。

二、明海法寶禪師與越南南方閩、越佛教文化

明海法寶成功的事業當然有很多條件，他與華人共同發展也是一個重要

〔註38〕釋大汕：《海外紀事》，北京，中華書局出版，1987年，頁24。
〔註39〕釋大汕：《海外紀事》，北京，中華書局出版，1987年，頁14。
〔註40〕釋大汕：《海外紀事》，北京，中華書局出版，1987年，頁24。

的條件。如上所述，語言溝通是很大的問題，另外環境或風俗等讓他有機會在會安數十年而發展宗風。但華人在海外都會互相幫助，因此，明海受到很多華人幫助，這就是「惠我同仁」的海洋精神。當時，會安有很多華人，特別是閩南人。釋大汕在《海外紀事》描述會安閩南人：

> 蓋會安各國客貨馬頭，沿河直街長三四里，名大唐街，夾道行肆比櫛而居，悉閩人，仍先朝服飾，婦人貿易，凡客此者必娶一婦以便交易。〔註41〕

根據《海外紀事》所載可以看到當時會安閩南人身份都是明鄉人，他們的衣服、風俗都保留前朝的風光。他們成立幫會以管理商人。當時建立福建會館時，旁邊也附帶建築金山寺，讓福建幫會附近的居民有一共同信仰的中心。因此可知，到十七、十八世紀，會安的華人社會中，特別是閩南人最多，他們的幫會、信仰很鮮明。但至今資料很少，經過天災人禍，因此我們只能看到近代的會安文化。

（一）度牒

現在越南南方佛教寺宇傳教有用幾個度牒，基本上有三種：第一是國家給僧人的度牒，第二是禪相傳偈派、寺宇給僧人的度牒，第三是寺宇給在家受戒的度牒。度牒到越南南方有三百年多的時間，根據福林寺度牒的內容顯示從石濂釋大汕到順化、會安傳戒，越南南方才有國家的度牒。度牒內容說明從唐代麟德二年終南山道宣禪師頒給天下，此後經過幾百年，到清代石濂釋大汕從廣東帶來大越傳教傳〈護戒牒〉。〈護戒牒〉內容曰：

> 敕賜長壽石翁老和上航海臨國，依律建壇，傳說三壇大戒為始。上奉祖王親御國印給護戒牒各一道，免其官稅，堅持戒律，隨身參方學道，凡遇關津把隘去處，執牒驗實許行，不得阻滯。茲廣南省福林寺依律建壇演說三壇戒……〔註42〕

以上〈護戒牒〉，在別的〈護戒牒〉還有多幾個字，是慈孝寺戒壇的戒牒：〈敕賜僧綱護戒牒〉。〔註43〕基本上的內容是一樣，只有頒給哪位僧人就填寫時代、本師證明、僧人受戒、地點、時間等。

〔註41〕釋大汕：《海外紀事》，北京，中華書局出版，1987年，頁80。
〔註42〕此〈護戒牒〉，原為會安圓覺寺釋如淨禪師所藏，感謝他提供筆者研究。
〔註43〕敕賜慈孝寺戒壇，釋如淨所藏。

圖十三　福林寺護戒牒圖

資料來源：會安市圓覺寺釋如淨禪師提供照片。

　　另有〈護戒牒〉，原名是〈阿彌陀佛護戒牒〉。這〈護戒牒〉是胡志明市慈林寺的〈護戒牒〉，護牒內容說明是景治三年（1665）以後的歷史：

　　南無阿彌陀佛護戒牒

　　敕賜慈林寺祝壽戒壇欽奉

　　聖旨按大越景治三年詔命元韶字煥碧掉錫建十塔彌陀寺始開大戒壇受具足。又於正和十四年敕命元韶回廣東省延請石濂和尚及法像法器而還。奉敕賜河中寺開大戒壇擇戒德者為大德。又永盛元年勒上諸鎮等至台山寺戒壇為僧尼傳授戒法。永慶三年靈峰山般若等寺開大戒壇，天下諸方皆立戒壇諸所頗多。京師天姥寺別立大戒壇。永祐五年禮部尚書諸曹等奉聖旨頒下各寺院僧人們知道如有僧人

童願要遊方，習學經律聽教參禪的德，他出入外參學或在寺院或在
山林，共相講明經義傳誦戒律所過官司毋得禁他欽此欽遵頒行天
下。又於景興十年奉聖旨碧落禮部知出榜諭該行腳僧人受戒依大善
知識住處結壇說戒，講誦經典，用心行持。若遇關津把隘官員人等
不許阻當任他集眾教化善法如朕親臨教訓，圓明無如佛上法寶，永
為定例，欽此欽遵。又於景興十八年御馬監大都督指揮使傳奉聖旨
詔大沙門如神丁山禪師欽賜衣鉢錫杖。於十九年十月初一日至八日
恭就富春國恩寺開放戒壇演教傳戒，為此欽奉廣行佛化。茲今朝聖
上繼往開來，崇隆三寶，護持法院，以表後來，至於嘉隆三年金璋
敕賜開大戒壇往十五年興崇佛道，賚詔奉請大覺寺密弘和尚上順來
京封授僧綱，傳授大戒。又於錦山崗覺林寺開大戒壇，遵此遠流。
又於明命十一年，四慶壽，選擇諸僧給許戒刀一把，度牒一桶，仍
聽於本寺住持，要立虔乘宗風益堅，素行所有本身緝庸兵徭差派雜
役並行寬免帶給隨身以為布。于今慈林寺再設三壇大戒饒益群
生……〔註44〕

根據以上的內容，可以看到從元韶到大越，他帶來護戒牒傳到越南。之
後，邀請石濂大汕再一次對越南僧人傳教。以上的度牒是國家度牒，是朝廷
給有道行、程度等道德方面的僧人。例如：阮朝明命十一年（1830），朝廷集
合僧人到京師考試、選撥，之後中選的僧人得到朝廷的度牒。至今，南方寺
宇還保留很好前代僧人的國家度牒。

另外，還有寺內傳教度牒，出家人受比丘戒可從各本門和尚傳到度牒。
祝聖寺、福林寺度牒都有有關於明海禪師傳派法偈的內容。首先是祝聖寺的
傳派法偈，之後到哪位祖師傳到哪位弟子。因此可見，祝聖寺的度牒只是明
海法寶禪派內的傳承，不是國家的度牒。筆者在研究明海法寶禪派受到很多
度牒的木板，根據木板內容，又發現到禪派的傳承與文化。

（二）法卷

《法卷》，越南佛教史中《法卷》是南方佛教特殊的傳承證據，內容表明
禪宗的傳承信物。《法卷》的全部題目是《正法眼藏、涅槃妙心、實相無相、
微妙法門》，但越南僧人簡略叫《正法眼藏》，源自於佛祖在靈山會上吩咐摩

〔註44〕敕賜慈林寺戒壇，釋如淨所藏。

訶迦葉所言：「吾有正法眼藏、涅槃妙心、實相無相、微妙法門、不立文字、教外別傳、付囑摩訶迦葉」。〔註45〕根據《法卷》內容，首先是西方四位禪祖，簡述東傳到二十八代達摩祖師，達摩傳到六代慧能禪師、南嶽是第一代，之後傳到越南元韶是臨濟宗三十三代，明海法寶是臨濟宗三十四代等。最後是僧人受到正法眼藏，表示他是傳承的弟子。

例如以下是祝聖寺《法卷》，此《法卷》與其他祝聖寺禪派的《法卷》內容有異同之處。首先是正法眼藏的內容，有《法卷》保留四句內容「正法眼藏、涅槃妙心、實相無相、微妙法門」，但有《法卷》只保留一句「正法眼藏」，因此很多寺宇就把《法卷》稱為《正法眼藏》。另外有幾個《法卷》加入很多內容，特別在歷代禪師後，就說明為什麼要有《法卷》，《法卷》交給什麼人等內容。基本上，《法卷》是前代交給後代的信物。以下的《法卷》內容是祝聖寺貫通和尚的法卷，此法卷今日還有木板，但是木板也壞了很多，因此，筆者根據釋如淨禪師所藏的照片而論。這照片，是根據木板印出來的絲絹，內容保留良好、完整：

表十一 《法卷》內容

正法眼藏、涅槃妙心	第二世興化存獎禪師
實相無相、微妙法門	授手相傳至
南無本師釋迦牟尼文佛〔註46〕	第三十三世諱超白上煥下碧號壽宗和尚
西天首傳	第三十四世諱明海上得下智號法寶和尚
第一摩訶迦葉尊者	第三十五世諱實營上正下顯號恩霑和尚
第二阿難陀尊者	第三十六世諱法印上祥下光號廣度和尚
第三商那和修尊者	第三十六世諱法兼上律下威號明覺和尚
第四優波鞠多尊者	第三十七世諱全壬上為下意號貫通和尚
傳至	第三十八世諱彰忍上宣下文號慧光和尚
第二十八菩提達摩尊者	第三十九世諱印本上祖下源號永嘉大師
航海而來東土為上	空切於前法先佛後威音拜伴法後佛先
第初祖大達摩尊者	右囑偈云
第二祖慧可大師	法法本來法
第三祖僧璨大師	法法汝心中
第四祖道信大師	水性具是火

〔註45〕宋代宗紹編：《無門關》，No.2005，CBETA 電子版，2011 年。
〔註46〕通過考證很多《法卷》，筆者發現有幾個《法卷》沒有「文」字，成為：南無本師釋迦牟尼佛。

第五祖弘忍大師	參究仔細宗
第六祖慧能大師	付法
印心傳授	第四十世諱真吉上道下祥號普化大師
第一代南嶽懷讓大師	威音王已前以法印心
第二代馬祖道一大師	威音王已後以心印法
第三代百丈懷海大師	如此之法珍重珍重
臨濟正派	歲次癸巳年三月初三日當
第一世臨濟義玄禪師	祝聖寺貫通和尚

　　以上是祝聖寺《法卷》的內容、以下是木板。這《法卷》刻於 1893 年，內容是永嘉和尚付法給他的弟子普化大師。

圖十四　會安祝聖寺《法卷》

資料來源：會安市吳德志提供照片。

　　通過網絡、通過書籍，而筆者至今還沒看到中國佛教史上有木板的《法卷》，只看到有寫在紙上的《法卷》。至今也沒有書籍考證清楚《法卷》的傳承歷史。根據中國佛教史，從達摩祖師傳教中國，唐代六祖到南方建立南方禪宗，從此以後傳教的信物是壇經，有可能到明代末年才有《法卷》，並傳到後代。對於此事，印順法師曾提出說法：

> 當時被批評的傳法方式，後代雖不用《壇經》，而證明授受法門的「法卷」，內容是敘述法統，從釋迦到菩提達摩，從達摩到慧能，慧能下傳到臨濟（或曹洞）宗初祖，這樣的一代一代到傳法的法師，接法的法子；末了也是年月日，與神會門下的「壇經傳宗」，完全一致。那是當時被批評的，現在卻又採用了。不要說「見地」，就是傳法的形式，也沒有是非標準，這就是宗派意識在作祟。
> 〔註 47〕

〔註 47〕釋印順著《華雨集》（下），北京，中華書局，2011 年，頁 108～109。

印順法師也說明師傅把《法卷》傳授弟子正是「付法」。當然，付法不只是《法卷》，還有付衣、傳衣、傳法等信物，但明顯宗派有《法卷》記載。授《法卷》後，弟子成為傳承的弟子，是宗門本派弟子或繼續住持弟子、或分到其他地方管理、住持一個寺宇。

筆者在研究越南佛教史時，發現越南北部沒有存在《法卷》，北越佛教史上只有《語錄》與《供祖科》或禪師塔碑、牌位記錄。因此，可以看到南方與北方的佛教文化有很多差異。拙拙禪師或元韶、明海到越南，因南北不同，所以他們也隨時改變使用。或者，拙拙從福建到越南跟元韶、明海從廣東到越南是不同的宗風法派。中國佛教史上沒有記載到木板的《法卷》，大部分看到就是寫本的。廣東天童寺是元韶、明海法寶等當時修行也有傳統傳授《法卷》，但至今很難考證到從何時有《法卷》的傳承信物，《天童寺志》也沒有記載。印順禪師說是在明朝末年才有《法卷》。

《法卷》從中國而到越南，但越南南方風土、環境有很多差異，因越南南方佛教各代傳承、刻板而保留。至今，《法卷》內容有很多變化，但基本上保留傳統格式。這情形也是越南佛教史、明海法寶禪派的特色特點。

三、明海法寶禪派寺院建築文化

（一）祝聖禪寺

祝聖寺在廣南省會安市錦鋪坊，也是越南南方十七世紀以後的大祖庭，開創祖師是明海法寶禪師。筆者在第四章所述，明海法寶於十七世紀下半葉到大越，至今越南學者根據元韶回國的年代而推算明海法寶到大越是在阮主阮福溙（1687～1991）時代。到越南後，明海法寶就住在會安，建立小庵而修行。以後，明海法寶弟子越來越多，小庵也改變成為寺宇。到明海圓寂時，祝聖寺成為了一個大祖庭，他的門人弟子陸續到南方各地，發展宗派。

祝聖寺距離會安市中心一公里。數十年前，寺宇的附近還沒有人民。因此在十七世紀，明海與眾弟子在此建立寺宇，成為專心學習與傳教的中心。明海是泉州人，因此祝聖寺也是會安當地的一個華人的寺宇，明海法寶在寺內建立幾個小廟都與華人的信仰有關，例如：翁廟、婆廟奉祀城隍神、土地神等。因此，華人往來，越來越多學者參禪，華人社會文化與寺宇僧人有密切的關係。

　　關於祝聖寺，這座明海法寶禪派的祖庭，已難考證開創的時間，祝聖寺的建築經過連年兵火、幾次重修，至今寺宇也有很多改變。紹治乙未年（1845）冠通和尚重修寺宇，從向西改為向西南。經過四年，到1849，他繼續啟功廣開前堂的面積。到1892年，廣圓和尚再一次重修前堂。甲午1894年，證道和尚建立祖後堂兩座。到1911年，普寶和尚重修廣大規模，建立西堂、東堂。1954到1960年，善果和尚繼續重修。1991年，智眼和尚重修明海法寶祖塔，1992年後才完成，之前為三層，重修為七層。2004年同敏惠性禪師與祝聖寺祖庭門人法派對祝聖寺大重修，四年才完成。至今祝聖寺的面貌是2009年重修完成後的建築。

　　現在祝聖寺的附近也有很多人民生活，蓋房子，闢道路，從會安到寺宇也很順利。最近重建梵宇，因此現在建築更新、寺宇燦爛。從外面，由門入內就是一個大三關。這三關是重修寺宇時才剛建立的。經過新的三關可以看到舊的三關。舊的三關還保留阮朝依舊的建築。舊三關比新三關小。經過舊三關就是寺內空間。寺內空間廣大，寬一百三十公尺。從三關到後堂以後的墓墳地方是九十六公尺。祝聖寺寺內空間，除了梵宇（包括上殿、祖堂、方丈、西堂、東堂等）以外還有祖師塔、祖師墓塔與閩南、廣東華人以及越南人的墳墓。

　　三關之後，左邊是明海法寶的祖塔、明海法寶父母的墳墓，右邊另有幾個祖塔。本寺兩邊與最後的花園也是墳墓。當然，在祝聖寺的墳墓地區，我們可以看到很多廣東、福建等地華人的墳墓。他們一生在海外，死後寄身於寺內享受香火奉祀。

　　舊三關上有五字平行：「敕賜祝聖寺門」，還有兩邊對聯：

　　祝對靈山千古秀

　　聖開法水一源長〔註48〕

　　過三關是屏峰，屏峰安在三關與寺庭的中間。前堂與正殿有相接連處是天溝連結。前堂與正殿是一座佛寺的中間。前堂之前還小，到2004年重修時，才出現今日的面貌。舊前堂兩邊有牆隔絕內外，因此寺內僧人修行與前堂外面有隔絕。重修之後，廣開規模，前堂、上殿還有兩邊的行廊讓行人可以很順利地行走。

〔註48〕新的三關上面平行寫著：「敕賜祝聖寺門」，並有兩幅對聯。
　　第一對聯：祝南國至尊四海人民咸稽首；聖西方蓮座一檀僧像眾總皈依。
　　第二對聯：祝對靈山萬古永傳心妙理；聖開法水千秋繼續性真如。

　　前堂有三間，每間有一個橫匾。前堂門外有橫匾「佛法正揚」，前堂裡面有三個橫匾：中間橫匾「敕賜祝聖寺」、左邊橫匾「恩光梵域」、右邊橫匾「祖印重光」。上殿有一個橫匾「佛光普照」。另外從前堂到上殿還有五幅對聯，例如：「九品蓮台金相端嚴垂接引；七重寶樹玉毫燦爛放光明」。寺內空間還有大鴻鐘、小鐘與大鼓、小鼓等的法器。

　　正殿奉祀三世佛，三世佛後還有很大的釋迦牟尼像。這釋迦牟尼像是大木雕刻成的，這可能是最近才有的。釋迦牟尼像兩邊還有阿難、迦葉兩位尊者的立像，以及文殊、普賢兩位菩薩與十八位羅漢、護法兩位等。全部法器、佛像等造成祝聖寺正殿空間建築的面貌。另外東堂藏有幾碑文，記載祝聖寺的歷史。西堂是客堂。祖堂奉祀各代祖師。後堂有很大的文殊菩薩像，其塑像顏色與越南傳統佛像不同。此文殊菩薩像與萬德寺和福林寺很多小小羅漢像、關帝像的顏色相同。會安的塑像顏色、方法有可能受到中國南方傳統美術的影響。

　　釋如典禪師從小在祝聖寺修行，之後主持會安市圓覺寺，現在他建立德國圓覺寺，他認為祝聖寺與會安等寺廟受到明清時代的建築風格影響，尤其是中間正殿，兩邊有東堂、西堂、後堂造成寺宇空間。

圖十五　祝聖寺舊前堂

圖十六　祝聖寺正殿

資料來源：筆者自拍。

　　祝聖寺是會安明鄉人佛教的佛寺信仰之一，開創祖師是福建省泉州縣同安人，寺內有來自會安各地死者的墳墓，這使得它與會安其他寺宇有很大的差別。至今，祝聖寺兩邊與後園都有很多祖塔與華人的墳墓。祖塔是僧人各代在祝聖寺修行而圓寂，弟子建塔供奉，而明鄉人墳墓是中國人僑居海外、留身客地、永遠依靠佛門香火的象徵。

　　祝聖寺祖塔有二十多座，其中明海法寶祖塔從前只有三層，到1991年重修時改成七層，高十五公尺。另外還有一個祖塔高五層，這塔也是才剛建立的。祝聖寺的祖塔，大部分都是二層以下。每個祖塔前面都有牌位碑文。還有幾個祖塔另有這個僧人來歷的碑文。

　　從明海法寶傳承到以後的各代弟子陸續到各地發展宗門。祝聖寺成為一個南方佛教的祖庭。歷經幾次重修而有今日的梵宇。祝聖寺受到華人與本地人民鼓勵與資助，至今還保留很好的古蹟。書經、佛塔等都依舊風光，引起現代學者參觀的興趣。

（二）會安福林寺

福林寺位於廣南省會安市錦河社。十八世紀上半葉明海法寶弟子葉實營恩霑開創福林寺。從此，廣南會安多了一個明海法寶禪派的寺宇。當時，明海法寶常往來福林寺，因此可以說祝聖寺與福林寺是廣南明海法寶禪派的兩個重要祖庭。史料記載，恩霑和尚在景興乙亥年開山福林寺。根據住持黎文體於啟定八年（1923）編撰的開列《福林寺統計本》法器、祖像、土田等項：

> 至南越黎朝景興乙亥，繼祖開山恩霑和尚，廣南省丕富西洲人，壬辰生，姓黎名顯，童辰不納魚肉，只食飯鹽，性慧敏能讀書義，年九歲，辰父母愛慕心懷佛法，固詣祝聖寺參禮祖師，令其受教，習學經義，無不通達，後長成年二十五，再造福林瓦寺，整佛像，鑄大銅鐘，後被兵火藏其佛銅鐘失落至後寺人墾掘土坑得加持鐘并佛幾案，後再重加。至乙亥年八十有五建塔於寺之西，傳於後世佛法藏在西向，自來尋之未得繼門徒弟子立寺開山福安、平定、廣義。〔註49〕

到福林寺，首先是三關，三關是用磚瓦建造，其年代不詳，但是三關只是儀門，就是儀式的門路，因為到寺宇裡面有別條路。進福林寺內，可以看到花園內有很多種花。順化、廣南、廣義等南方省市的寺廟都有花園，讓寺宇空間嫻雅、清高，有花，有景，讓修行人脫俗成佛。花園中間還有觀音大白像，進入寺宇要走兩邊的路。

經過花園是屏峰，屏峰也是越南南方很具特色的建築。屏峰也有塑造虎像，以鎮壓邪氣。屏峰兩邊是兩個置放小碑文的屋子。其中的碑文有開山祖師永嘉和尚等。另外還有一個房間，裡面供奉五位仙娘。係是華人信仰包括風格。進入上殿，就是正殿。正殿沒有前堂而有三個空間奉祀諸佛。正殿兩邊是鐘樓與鼓樓。兩樓建立於兩邊，設計都完全一樣。在 1964 年，釋如萬和尚重修正殿，因此舊的正殿面貌與今日不一樣。於正殿兩邊隔壁條路是東堂與西堂。東堂是廚房；西堂有兩寮：東寮、西寮。正殿之後，有祖堂，奉祀各代祖師。最後是石井與創庫。

正殿中間奉祀三世諸佛，兩邊阿難、迦葉。在兩邊兩間奉祀兩位菩薩文殊與普賢。中間還奉祀九龍像。九龍像是釋迦出生佛像，足踏蓮花，右手指天。可以看出福林寺重修後有一些與北方佛寺正殿模式相同。正殿還安排

〔註49〕《福林寺統計本》，會安遺跡管理所吳德志先生送給我，內容為一寫文，開列
　　　　福林寺歷代僧人與法器、佛像、土田各項。

小鐘、大鐘、小鼓等法器。正殿中間掛一橫匾：「敕賜福林寺」；左邊「祖道初興」；右邊「宗風永振」。三個橫匾都是在維新四年（1910）重修寺宇時做的。上殿還有一幅對聯：「福地光開寶典千重山水秀；林園色翠蓮臺滿座日星輝」。

祖堂三間，中間奉祀達摩祖師像，以下是歷代祖師牌位，包括元韶禪師牌位與明海法寶。根據祖堂排位，我們可以知道福林寺與明海禪派的傳承。兩邊兩間奉祀近代諸祖遺影。中間掛三個橫匾：右邊「宗風永振」、中間「昌明正法」、左邊「祖印重光」與一幅對聯：「平蠻掃市兩度難勞出家奇發願尤奇八表生天成證果；造寺鑄鐘二樁功德革舊好鼎新固好千秋覺世永傳燈」。另有幾個橫匾、對聯等。

當時福林寺、祝聖寺與華人社會關係很密切，因此也受到華人傳統文化的影響，特別是佛寺的佛像。福林寺中有很多小佛像、羅漢像、祖像等，其顏色、塑法與越南傳統藝術差別很大。例如：福林寺的十八羅漢像都很小，現在是本寺的寶物。最近，小偷入寺偷出三個珍貴、古老的佛像，令人扼腕，因此妥善保管福林寺寶物是重要的課題。此外，福林寺也保留很多漢喃資料，都是有關明海法寶禪派的史料，書籍、刻板也有很多。

總之，福林寺是明海法寶禪派的廟宇。廟宇開創於十八世紀上半葉，傳承宗派以至寺宇建築等都與祝聖寺有密切的關係。至今，福林寺依然是會安的名勝古蹟，是會安遺跡管理所保存與發展旅遊業的地方。本寺除宗教修行外，還是十方客官參觀宗教的地點，讓禪門與人生一起成長。

（三）廣義省天印寺

天印寺在廣義省山淨縣鎮天印山，寺因此山而得名。天印寺在天印山，山下有茶曲江，山水有情，是廣義省的名勝地區。天印寺在山高一百零六公尺處，風景秀麗。天印山「天印拈河」，是越南廣義省的十大美麗風景之一。

本論文第二章筆者曾介紹福建法化禪師法名黎滅（1670～1754）到天印山開山天印寺於正和十五年（1694）。法化在天印山修行，對廣義省佛教史特別有影響。到黎朝永盛十一年丙申年，阮福潤頒給橫匾「敕賜天印寺」。〔註50〕經過六十年左右弘法，1754年一月十七日法化禪師圓寂，他的塔墓

〔註50〕釋如淨：《祝聖臨濟禪派傳承歷史》，東方出版社，2009年，頁227。另可參考：《廣義省遺跡與名勝》，廣義出版社，2001年；《廣處山水》，第一集，青

在天印寺左邊。慶雲和尚繼續發展宗門，到 1770 年，慶雲圓寂，弟子建塔奉祀。

慶雲圓寂後一年，西山軍與阮主展開戰爭，因此天印寺受到火滅。到阮朝建立國家，天印寺第四代法珠禪師恢復寺宇，重修禪堂，風光重觀。阮朝明命 1827 年，祝聖寺禪派的弟子寶印和尚到天印寺，再一次翻新寺宇。〔註51〕明命 1830 年，全國僧人資格考而寶印中格，他受到皇帝敕封戒刀度牒。同年，明命皇帝同意在順化京都的九鼎上刻印天印寺風景。在 1838 年，天印寺展開大戒壇針對僧人傳戒。紹治五年（1845）鑄大鴻鐘，至今仍在。嗣德1850 年，皇朝列天印寺為越南名勝。〔註52〕1866 年，寶印和尚圓寂，之後弟子繼續住持而發展禪派。幾次重修，至今天印寺經過六代祖師。在越南近代歷史，也有很多天印寺和尚參加統一國家、佛教團結的活動，他們努力把佛法與民族一起發達，因此光大宗派。

阮朝後期編輯《大南一統志》對天印寺曰：

> 天印寺：在平山縣（下同）天印山上，國初敕賜天印寺扁額，今存，
> 寺居絕嶺，園樹扶疏，香花不斷，真勝跡也。〔註53〕

在現代歷史上，天印寺還對越南最有名的學者黃叔抗志士（1876～1947）有關。黃叔抗，貫籍廣義，是越南民主共和國政府初期的部長，1945 年前，他還是越南最有名的記者、文學作家。1947 年黃叔抗死後，廣義省人民把他安葬在天印寺山後。1947 年，天印寺受到戰爭毀滅。到 1959 年時，廣義佛教會進行重修而於 1961 年落成。

天印寺在山上，我們在山下就可以看到很大的山門，經過三門，要爬山而上。到天印寺的門內，就進入花園，花園中間有觀音像，過寺庭就到正殿。正殿三間，前殿前屋上簷有塑橫匾「敕賜天印寺」。屋軒的外檐柱有一對聯。寺內有祖堂、廚房、僧堂與方丈。方丈方形，是南方傳統的建築，本寺到富仁鄉買亭放到寺院的山上。祖堂奉祀諸祖，大部分都有牌位，近代的幾位禪師有他們的影像。

年出版社，2005 年。
〔註51〕阮郎：《越南佛教史論》、釋如淨：《祝聖臨濟禪派傳承歷史》等書都認為寶印和尚是天印寺第二代祖師。
〔註52〕武文祥：《越南名藍古寺》，河內，越南科學社會院出版社，1992 年。
〔註53〕《大南一統志》，慶應大學藏本，頁 30。

　　天印寺矗立山頂，從每個方向都可以看到，寺外還建立法化禪寺塔，塔高九層，建築彷彿中國傳統佛塔模式。法寶祖塔附近有幾個歷代禪寺的塔墓，有的高五層、有的高三層。

　　天印寺是越南最有名的寺宇，傳承、建築都有其特色。寺在山頂，影映茶曲江，表明廣義省的佛教傳統與歷代傳承。天印寺與廣南省祝聖寺的禪派是宗門連結，歷代傳承，體現明海法寶禪師的禪派。

第五章　結　論

　　本論文研究十七世紀閩南與越南佛教之交流，內容包括中國閩南僧人到越南傳教，其中特別介紹兩位禪祖：從中國到北越的拙拙禪師與到南越的明海法寶禪師，而兩位禪祖都是閩南僧人，因此研究兩位禪祖也是研究到華人移民到越南的問題。筆者盡量利用中越兩國的古代史料介紹兩國佛教關係史，含中國到越南的路線。拙拙禪師、明海法寶禪師依靠海商絲路的路線而到越南。不僅有兩位閩南禪祖，還有中國廣東、浙江、雲南等地之僧人到越南。他們由於各種原因而到越南，之後成為越南禪祖，但至今只有拙拙禪師與明海法寶還保留很好的史料與禪派傳承。另外，兩位禪祖對越南佛教文化有十分鮮明的貢獻與影響，宗派綿長，傳承延續。因此，研究拙拙禪師與明海禪師的宗派、傳承、書籍與宗風等是必要問題。本論文通過中越兩國的文獻層面而整理考證，佐以田野調查而分析考究進而論述十七世紀閩南拙拙禪師與明海法寶禪師禪派對越南佛教的重大影響。最後，筆者歸納出幾項具體的研究成果：

一、論文中對越南佛教史新論述的研究

　　首先，筆者可以說本論文有新史料與新發現。當然，越南佛教史書或幾個國外博士、碩士越南佛教史論文有研究，但他們大部分還沒依據越南佛教古籍史料而論述越南佛教史。因此，筆者新發現除了佛教史料之外，還依據漢喃資料而論述到中國閩僧人到越南傳教史，特別是有關越南佛教歷程、越南閩南僧人的禪祖。

拙拙禪師的身份、思想、傳承等方面都依據拙拙語錄、碑文或其他史料，而筆者多次到越南各地進行田野調查，因此研究時有很多新史料。尤其是《拙拙祖師語錄》，至今只發現到幾本而找不到全集，幸有《拙拙供祖科》與各種碑文補充了他的僧人身份材料。至今，越南學者研究黎朝以後的佛教史還比較簡略，他們對拙拙的研究依然不多，越南佛教史專書也幾乎還沒提到拙拙的作品、傳承思想等問題。因此，此論文可以說是首度對拙拙進行了全面性的研究。

之前釋如淨禪師研究到祝聖寺禪派著有《祝聖寺臨濟禪派傳承歷史》一書，這本書對越南佛教史、對明海法寶禪派有很大貢獻，但對明海身份也還沒弄清楚。因為釋如淨禪師沒論述到中國南方佛教傳承，特別是廣東報資寺與元韶、明海在越南傳教、傳承的關係。筆者根據他傳承的史料、碑文與田野調查而綜合、編輯、分析與論述明海法寶的身份。

總之，本論文對閩南拙拙、明海二位禪師都有新的論述，特別是對他們的作品、傳承、思想等。筆者除了越南書籍以外，還用中國南方佛教史的書籍，因此可以比較、論述到他們當時的身份及在其越南佛教史上的貢獻。論文也提到很多中國僧人到越南傳教，例如：元韶、釋大汕、明物一致與明鋐子融等。本論文特別論述到越南歷史中的閩南僧人在越南修行。在十七世紀後的歷史，中越有很多變動，因此對佛教也有很多影響。中國僧人到越南傳教越來越多，他們對越南文化、佛教歷史有很大的貢獻。

二、中越佛教來往的路線

越南十世紀之前為北屬時期，中越兩國的僧人往來有書籍記載。至今我們可以根據中越兩國的史料（《大藏經》、中國各朝代的史書、越南史書與考古文獻、民間傳說等），分析、比較中越兩國關係史。從秦代以前，到漢代以後，都有書籍記載。特別，到秦漢之際，趙佗建立國家，之後成為南方與北方的差別。北屬時期越南交趾地區脫離中國統治，成為獨立國家。因此根據歷史，可分成兩階段：北屬時期與宗藩時期。在北屬時期，中國人士到越南管理、傳道。十世紀之前，越南接收中國傳來的儒教、道教與佛教，至今三教文化對越南社會仍有許多影響。當然，越南文化有兩千多年的歷史熏染，儒教、佛教興盛。十世紀前中越兩國人士往來容易，當時越南還是北屬時期。十世紀後，越南成為獨立國家，兩國從語言、文化、風俗等出現差異。因此，中國

人士到越南與之前相較也有出現很多限制。十世紀前是同一國家社會，十世紀後是兩國政權管理，人士往來也越來越不便。

　　根據史料，可以看到中國人到越南，或中國官吏到越南當官，僧人、道人到越南傳教，或商人到越南做生意。他們到越南有許多原因，中國朝廷派來、或避難、或傳教。有不少中國人到越南之後留在越南生活，成為越南本土人。十世紀前有士燮太守、陶璜等官吏到越南管理社會，另外有很多僧人到越南傳教，他們從廣東、廣西、雲南甚至從浙江、福建到越南傳教，停留越南，成為越南禪祖，例如：十世紀前有康僧會、牟博、無言通等；十世紀後有：元韶禪師、釋大汕和尚、拙拙禪師、明海法寶禪師、明鋐子融禪師等。十九、二十世紀，阮朝到現代社會，華人對越南文化、經濟等有很大的影響。華人佛教也到越南傳教，特別是現在胡志明市第五郡的佛教廟宇。

　　可以說越南歷史上都有華人貢獻的映射。經過幾千年的歷史，可以看到越南與中國兩國有密切的關係。從北屬時期或宗藩時期，直到法屬時期，越南文化、經濟都與華人關係密切。特別在法屬時期，法國殖民政權利用中國商人來發展越南經濟。至今，中越兩國在文化、經濟、社會等方面依然有密切的關係。

　　筆者在論文中論述到中國人到越南當官、做生意、傳教的路線。根據書籍記載，中國僧人隨商人到越南做生意，或隨中國軍隊而移居越南，或因避難而到越南。

　　中國僧人到越南的問題，本論文也是首度進行全面討論。筆者根據海陸網絡、商人絲路的路線而論述到中國人移民到越南的狀況，因此可判斷中國僧人到越南的路線，其中又以海路為主。

　　在論文中，筆者分析華人到越南有兩個路線是水路與陸路。水路有海路與河路。河路是進入越南領土後就依靠各條河而到各地。另外，從雲南也根據紅河而進入越南。從雲南到越南是密教的路線。密教從西藏、吐魯番經過南詔，由雲南進入紅河，最後到越南。水路大部分是從中國南方經過海洋到越南的海口，之後沿著各條河而進入越南。一方面是華人商人依靠海路而到國外，到越南南方：順化、廣南以南，而元韶禪師、釋大汕、明海法寶等禪師都依靠海路的路線而到越南傳教。

　　海商的路線也是經濟的路線。舖憲、清河、會安等海港都是經濟發展的地方，同時也是華人集中做生意的地方。因此，華人僧人到國外當然與華人

商人有很密切的關係。華人商人、僧人到越南都得到越南政府的捐助，因為
這樣可以讓海商發展，讓國家經濟順利發展，連帶地也使得閩南僧人到越南
傳教有很好發展的條件建立宗教，形成宗派。

本論文提出中越兩國僧人往來、關係、傳教，其中特別論述到閩南僧人
拙拙禪師到北越、明海法寶禪師到南越傳教的過程。他們是閩南人到越南成
立宗派，發展臨濟宗，至今傳承發達，而對越南文化有很大影響。

三、十七世紀中國閩南佛教文化到越南

閩南僧人拙拙、明海法寶只是中國僧人到越南傳教的一小部分。筆者在
論文中有提出其他中國僧人從中國各地到越南傳教，他們來自中國南方廣東、
浙江、福建等省。從中國南方佛教傳到越南，對越南佛教文化有很大影響。
例如：廣東人元韶禪師、廣東人釋大汕禪師、江西人明行禪師、福建人拙拙
禪師、明海法寶禪師與其他中國禪師到越南南方。當然他們到越南至少有一
個原因，可能是明清之際的避難、或受到國外邀請、到國外傳教。基於某些
原因，他們大部分都留在越南，成為越南僑僧並成為越南佛教禪祖。

十七世紀很多僧人到越南傳教還表明當時中國是動盪時代。明代末年到
清代中國宗教也有很多轉變，特別是佛教。明清時代四大高僧建立中國佛教
思想的指導。明清時代佛教思想不是單純禪宗思想，而是攝禪入淨的方式，
因此全民學佛而影響中國而傳到國外、越南。因此，越南受到中國佛教思想
很大的影響。

另外，中國僧人到越南傳教，他們帶來越南很多書籍，至今還保留很好
中國明代以後的佛教書籍作品。例如：漢喃研究院與越南廟宇還保留明清時
期的憨山德清、袾宏、智旭等和尚的作品。僑僧到大越不但是傳教，他們還
努力刻印佛經，編輯作品至今還有語錄、詩歌或者重印佛典而寫序文等。依
靠保存的書籍刻印論述到越南十七世紀以後的佛教文化特別發達。由於宗教
的發達都依靠越南本土文化、政權開放與在越南的華人捐助等方面，在這樣
的條件下，可以確認十七世紀後，在黎朝到阮朝，越南佛教很發達，可以說
是興盛的時代。

至今，越南北方或南方，拙拙宗派、明海宗派都有很多影響：在傳承、
在廟宇建築、在書籍保留或在佛教文化等方面都很發達。另外可確認，中國
佛教書籍傳到越南特別多，從陳朝到中國請求《大藏經》直到黎朝華人僧人

或帶來佛經或派弟子回中國請經書。從各方面看來，我們今天可以看到越南依然保留很好的佛教思想，特別是十七世紀閩南與越南佛教的密切關係。

當然閩南與越南關係不只是僧人而已，還包括兩邊往來的商人、文化、經濟、風俗、宗教等。閩南僧人在越南傳教只是閩南人的一部分。在中越兩國關係史上，閩南沿海移民到越南特別多，至今還保留很多閩南人在越南的印跡，例如：保生大帝信仰、天后信仰、關帝信仰等。另外會館、各幫的成立，對華人在海外也很有幫助。例如：拙拙禪師在北越，有很多閩南人士幫助拙拙，其中可能是他的弟子，或是在北越做生意的華人。至今，北越還保留許多有關華人的名勝古跡，在河內或每個省城都有。因此僧人有條件發展宗教。明海法寶到會安時，他也受到當時的閩南人捐助。可以說，由於華人或僧人使越南各地都接觸與融會外來文化，而之後變成越南本土文化。

十七世紀初，拙拙到大越南方，留著一段時間，之後他到北越。從此，在北越傳教、建立宗派、重修廟宇、重印佛典。拙拙特別受到黎朝朝廷的資助與北越越人、華人的鼓勵，提供很好的條件。因此，他很順利發展宗派而後弟子各代到北越各地發展宗派。拙拙特別對越南北方佛教文化有很大的影響。他除了重印佛教經典，還融會各地文化，特別重修越南古代的廟宇。拙拙的弟子明行禪師、明良禪師、明幻了一禪師等繼續在北越發展臨濟宗派。1644年拙拙圓寂，至今北越各地他的禪派依然很發達。

十七世紀下半葉，明海隨著商船到南越，之後建立祝聖寺、收弟子而發展臨濟宗，宗派陸續傳承。明海法寶禪派從順化、廣南而到南方發展。他到廣南從1691年到1695年在會安修行。在越南幾十年，明海法寶努力建立宗派，收弟子而影響到越南南方佛教史。他與很多僧人從中國南方到越南南方，但只有閩南明海法寶成為越南南方的禪祖。

拙拙與明海是閩南華人僑僧到越南的典型形象，他們與越南文化交流融合。他們兩個是華人到越南傳教僧人的代表。他們一方面保留中國傳統佛教清規、思想，另一方面與本土文化融合而成為越南佛教文化。拙拙禪師與明海禪師都把當時中國三教合一、攝禪入淨的思想帶到越南。當然，越南好像是大門全開，而廣召他們、鼓勵他們，並使得宗派越來越興盛。

筆者論文研究到十七世紀閩南與越南佛教交流內容，當然是研究閩南僧人。在越南佛教史上，有很多閩南僧人到傳教，至今有宗風、有法派、傳承弟子、廟宇、講經等，南方的經板可以說只有兩位拙拙禪師與明海禪師帶來。

他們都是福建人到大越傳教。拙拙禪派從福建南山寺帶來；明海法寶禪派從廣東禪派帶來。但他們都是閩南人，在越南發展禪派而成為越南佛教禪祖。

四、閩南與越南的文化關係史

論文研究十七世紀閩南與越南佛教關係史，因此論文中，筆者有介紹閩南僧人到越南傳教，特別是兩位僧人拙拙禪師與明海法寶禪師。但他們在越南傳教成功，成為禪祖，當然有很多華人幫助，特別是閩南人幫助他們。從佛教史料中還有根據他們傳教的分析，可以看到十七世紀閩南人在越南的論述。但中越兩國有很長的關係史，因此，研究閩南人在越南是很難的問題。筆者只是根據佛教研究文獻，與田野調查，認真的論述到閩南與越南的關係史。

首先對佛教的問題，研究閩南與越南文化而可以看到閩南僧人在越南是南北越的兩位禪祖，他們影響到越南的文化。他們的貢獻可以說是很大的。當然，還有很多僧人傳教，但他們才是閩南特色人士在越南的貢獻。

從佛教、宗教，我們可以看到十七世紀後的越南人的佛教文化。即使是天后宮，經常也有一邊是奉祀佛祖等觀在越南，幾個每個省城都有天后宮、關帝廟等；又有福建會館還是小學校的地方，也是廟宇讓華人依靠宗教的地方。因此本論文研究的重點是在佛教方面，但其實這也屬於越南的閩南文化研究的重要課題。

參考書目

第一：越南資料

一、漢喃資料

1. 《大阿彌陀經》，漢喃研究院編號：AC.62。

2. 《大南一統志》，日本慶應大學藏本。

3. 《大南一統志》，印度支那研究會出版，1941 年。

4. 《干祿縣風土誌》，抄本兩種，漢喃研究院的編號：VHv.1190、VHv.1368。

5. 《太平寺碑》，漢喃研究院編號：12621a-2621b。

6. 《北寧風土雜記》，漢喃研究院編號：A.425。

7. 《永福禪寺碑》，漢喃研究院編號：5638。

8. 《光恩寺碑》，河內市慈廉縣義都社光恩寺碑文，漢喃研究院編號：1073。

9. 《竹林大士出山之圖》，遼寧博物館藏本。

10. 《西湖志》，漢喃研究院編號 A.3192。

11. 《沙彌律儀要略增註》，明海法寶重刊，書存富安省綏安縣安定社風昇村寶山祖庭。

12. 《金剛寶塔碑詞》，漢喃研究院藏編號：5632。

13. 《青梅圓通塔碑》，碑文建立於 1362 年，至今還立在海陽市至靈縣黃華探社青梅禪寺。

14. 《淨慈要義》，漢喃研究院編號：AC.316。

15. 《敕建寧福禪寺碑記》，漢喃研究院編號：2894。

16. 《普光塔碑記》，北寧省仙遊縣萬福禪寺碑，漢喃研究院編號：2188。

17. 《越南漢喃銘文拓片總集》，河內通訊文化出版社，2005～2009年。

18. 《萬法指南》，1660年，漢喃研究院編號：AC.653。

19. 《萬福大禪寺碑》，北寧省仙遊縣佛跡社萬福禪寺碑文，漢喃研究院編號：2146～2147。

20. 《寧福禪寺三寶祭祀田碑》，漢喃研究院編號：2895。

21. 《福林寺統計本》，會安遺跡管理所藏。

22. 《慶流碑記》，漢喃研究院編號：2876。

23. 《歷傳祖圖》，本留在順化慈曇寺。

24. 《禪林寶訓合註》，漢喃研究院編號：VHv.1517／1～2。

25. 《禪林寶訓合註》，漢喃研究院編號：AC.305。

26. 《禪苑集英》，漢喃研究院編號：A.3144。

27. 《獻瑞庵香火田碑記》，漢喃研究院編號：2892。

28. 《獻瑞庵報嚴塔碑銘》，漢喃研究院編號：2893。

29. 吳士連等纂修：《大越史記全書》，陳荊和校合本，日本東京大學東洋文化研究所，1986年。

30. 吳士連等纂修：《大越史記全書》，漢喃研究院編號 A.3／1～4。

31. 妙慧重印：《般若波羅蜜多心經直說》，漢喃研究院編號：AC.301。

32. 明行：《心珠一貫》，漢喃研究院編號：A.2054。

33. 明行：《拙拙祖師語錄》，北寧省仙遊縣佛跡社萬福禪寺藏本與河內時雨院藏本。

34. 明行重梓，善善重刊：《三經日誦》，漢喃研究院編號：AC.545。

35. 明良禪師重刊：《目連五百問律新疏》，漢喃研究院編號：AC.315。

36. 范廷琥：《桑滄偶錄》，漢喃研究院編號：A.218。

37. 孫遜、鄭克孟、陳益源主編：《越南漢文小說集成》，上海古籍出版社，

2011 年。

38. 張登桂等纂修：《大南實錄》，東京：日本慶應義塾大學，1962 年。

39. 陳仁宗編輯：《竹林慧忠上士語錄》，漢喃研究院編號：A.1932。

40. 陳世法等撰，任明華校點：《嶺南摭怪列傳》，(渚童子傳)，上海古籍出版社，2010 年。

41. 越南—法國遠東博古院：《越南佛典叢刊》，漢喃研究院編號：VHv.1514。

42. 黃高啟：《越史要》，漢喃研究院編號 VHv.130／1-3。

43. 楊文安：《烏州近錄》，漢喃研究院編號 A.236。

44. 碑文，漢喃研究院編號：33606。

45. 福田和尚：《道教源流》，漢喃研究院編號：A.2675 與 A.1825。

46. 潘清簡等撰：《欽定越史通鑒綱目》，越南國家圖書館編號：R.591。

47. 潘輝注：《皇越地輿志》，越南國家圖書館編號：R.2212。

48. 《敕建尊德塔券石》，漢喃研究院拓本編號：2883。

49. 黎光定：《皇朝一統輿地志》，越南國家圖書館編號：R.1684。

50. 黎崱著：《安南志略》卷十二。

51. 黎貴惇：《大越通史》，漢喃研究院藏書號：A.1389。

52. 黎貴惇：《見聞小錄》，漢喃研究院藏書號：A.32，VHv.1156。

53. 黎貴惇：《撫邊雜錄》，漢喃研究院編號：A.184／1-2。

54. 黎貴惇：《蕓臺類語》，漢喃研究院編號 A.141。

55. 釋兀兀：《如來應現圖》，漢喃研究院編號：A.1709。

56. 釋如山：《繼燈錄》，漢喃研究院編號：AC.158a-AC.158b。

57. 釋真源：《五種菩提要義》，漢喃研究院編號：AC.433。

58. 釋真源：《水陸全集》，漢喃研究院編號：AC.／691／1-6。

59. 釋真源：《李相公冥司錄》，漢喃研究院編號：AC.630。

60. 釋真源：《見性成佛》，漢喃研究院編號：A.2036。

61. 釋真源：《達那太子行》，漢喃研究院編號：Ab.322。

62. 釋真源：《禪宗本行》，漢喃研究院編號：AB.562。

63. 釋條條：《三祖實錄》：漢喃研究院編號：A.786。

64. 釋條條：《拙拙供祖科》，北寧省慈山縣天心寺藏本。

65. 釋普濟：《五燈會元》，漢喃研究院編號：AC.633／1-10。

66. 釋福田：《禪苑傳燈錄》，漢喃研究院編號：VHv.9。

二、越語專書

1. L.Bezacier： L'art vietnamien《越南藝術》（Nghệ thuật Việt Nam），法文版，1954 年，作者參考譯本。

2. 吳德壽：《越南文化遺跡辭典》（Từ điển di tích văn hóa Việt Nam），河內文化出版社，2003 年。

3. 阮才書：《越南佛教史》（Lịch sử Phật giáo Việt Nam），河內越南科學社會出版社，1988 年。

4. 阮君、潘錦上：《越南人的美術》（Mỹ thuật của người Việt），河內美術出版社，1988 年。

5. 阮郎：《越南佛教史論》（Việt Nam Phật giáo sử luận），河內越南文學出版社，2008 年。

6. 阮維馨：《越南佛教哲學》（Việt Nam Phật giáo triết học），河內文化通信出版社與文化院出版。

7. 阮維馨：《越南佛道史》（Việt Nam Phật giáo sử），河內宗教出版社與百科辭典出版社，2009 年。

8. 阮賢德：《越南南方佛教史》（Lịch sử Phật giáo Đàng trong），胡志明出版社，1995 年。

9. 阮燈熟：《越南思想史》（Lịch sử tư tưởng Phật giáo Việt Nam），胡志明市出版社，1998 年。

10. 周慧定：《峴港佛教略史》（Lược sử Phật giáo Đà Nẵng），宗教出版社，2008 年。

11. 武文祥：《越南名藍古寺》（Việt Nam danh lam cổ tự），河內越南科學社會院出版社，1992 年。

12. 陳紅蓮：《越南——南部越人共同的佛教——從 17 世紀到 1975 年》（Đạo

Phật trong cộng đồng người Việt ở Nam Bộ - từ thế kỉ XVII đến 1975），胡志明科學社會出版社，1995 年。

13. 越南科學社會院主編：《李陳詩文》（Thơ văn Lý Trần）（三集），河內越南科學社會院出版社，第一集 1977 年、第二集 1984 年、第三集 1988 年。

14. 潘寬：《南方越史》（Việt sử xứ Đàng Trong），文學出版社，2001 年。

15. 潘錦上：《筆塔——佛教藝術》（Chùa Bút Tháp – Nghệ thuật Phật giáo），河內美術出版社，1996 年。

16. 釋如淨：《祝聖寺臨濟禪派傳承歷史》（Lịch sử truyền thừa thiền phái Lâm tế Chúc Thánh），胡志明東方出版社，2009 年。

17. 釋忠厚、釋海印：《順化佛教諸尊禪德》（Các vị chư tôn thiền đức Phật giáo Thuận Hóa），胡志明西貢文化出版社，2010 年。

18. 釋海印、何春廉：《順化佛教史》（Lịch sử Phật giáo xứ Huế），胡志明市出版社，2005 年。

19. 釋密體：《越南佛教史略》（Việt Nam Phật giáo sử lược），河內北越佛教會出版，1942 年。

20. 釋清慈：《越南禪師》（Việt Nam thiền sư），胡志明市佛教會出版，1999 年。

第二：中文資料

一、古籍

1. 《大正新修大藏經》，CBETA 電子版，2011 年。

2. 《四庫全書》，上海出版社出版，電子版。

3. 《佛祖統紀》，台北新文豐出版社，1983 年。

4. 《海澄縣志》，台北成文出版社，1968 年。

5. 《華夷變態》，卷二十二，東京東洋文庫版，1982 年。

6. 《漳州府志·漳州志選錄》，台灣大通書局。

7. 五代貫休撰《全唐詩》，台灣學生出版社，1975。

8. 司馬光：《涑水記聞》，中華書局出版，1997 年。

9. 早稻田大學圖書館藏：《海外番夷錄》1～4，道光壬寅年。

10. 西川忠英：《華夷通商考》（01～02）。

11. 李文鳳：《越嶠書》，四庫全書存目叢書編纂委員會編，濟南齊魯書社，1996 年。

12. 沈括：《夢溪筆談》，卷二十五。

13. 范成大原著、胡起望、賈光廣校注：《桂海虞衡志輯佚校注》，四川人民出版社出版，1986 年。

14. 范曄撰、李賢等注、司馬彪補志：《後漢書》，臺北鼎文書局，1981 年。

15. 班固撰，顏師古注：《漢書》，臺北鼎文書局，1986 年。

16. 張燮撰，李錫齡校刊：《東西洋考》（1～4），北京全國圖書館文獻縮微複製中心出版，2005 年。

17. 梁僧祐《弘明集》，CBETA，編號：No.2102，2011 年。

18. 梁慧皎：《高僧傳》，CBETA，編號：No.2509，2011 年。

19. 彭孫貽：《流寇志》，浙江人民出版社，1983 年。

20. 費長房：《歷代三寶記》卷十二，CBETA，49 冊，No.2034，大正藏電子版，2011 年。

21. 雲南省歷史研究所編：《清實錄越南緬甸泰國老撾史料摘抄》，雲南人民出版社，1985 年。

22. 義淨：《大唐西域求法高僧傳》，卷 1，大正藏電子 CBETA，51 冊，No.2066，2011 年。

23. 劉昫等撰，楊家駱編：《舊唐書》，臺北鼎文書局，1981 年。

24. 劉錦藻：《清朝續文獻通考》，四百卷，臺灣商務印書館，1987 年。

25. 蔡廷蘭：《海南雜著》，道光十七年（1837），郁園刊本。

26. 鄧鐘：《安南圖志》，上海商務印書館，1937 年。

27. 謝清高口述，楊炳南筆受，馮承鈞注釋：《海錄注》，中華書局，1955 年。

28. 釋大汕，余思黎（謝方）點校：《海外紀事》，臺北廣文書局，1969 年。

29. 酈道元：《水經注》，時代文藝出版社，2001 年。

二、中文專書

1. D. R. 薩德賽（D.R. SarDesai）著，蔡百銓譯：《東南亞史》，台北，麥田出版，城邦文化發行，2001 年。

2. 《南山寺志》，南山寺編輯與藏本。

3. 《閩南宗教》，福建人民出版社，2007 年。

4. 中國社會科學院歷史研究所編輯：《古代中越關係史資料選編》，中國社會科學出版社，1982 年。

5. 任宜敏：《明代佛教史》，人民出版社，2009 年。

6. 伯平：《越南華僑國籍問題研究》，海外出版社，1957 年。

7. 何綿山：《福建宗教文化》，天津社會科學院出版社，2004 年。

8. 余定邦、喻常森：《近代中國與東南亞關係史》，廣州，中山大學出版社，1999 年。

9. 劉保金：《中國佛典通論》，河北教育出版社，1997 年。

10. 劉志強：《占婆與馬來世界的文化交流》，社會科學文獻出版社，2012 年。

11. 劉石吉、王儀君、林慶勳主編：《海洋文化論集》，國立中山大學出版社，2010 年。

12. 吳琦：《漕運—群體—社會：明清史論集》，湖北人民出版社，2007 年。

13. 吳鳳斌主編：《東南亞華僑通史》，福建人民出版社，1993 年。

14. 呂士朋：《北屬時期的越南：中越關係史之一》，台北華世出版社，1977 年。

15. 夏金華：《緣起—佛性—成佛：隋唐佛學三大核心理論的爭議之研究》，宗教文化出版社，2003 年。

16. 姜伯勤：《石濂大汕與澳門禪史：清初嶺南禪學史研究初編》，上海學林出版，1999 年。

17. 孫宏年：《清代中越宗藩關係研究》，黑龍江教育出版社，2004 年。

18. 孫靜菴：《明遺民錄》，明文書局印行。

19. 安東尼.瑞德（Anthony Reid），吳小安、孫來臣譯：《東南亞的貿易時代 1450～1680 年》（1～2），北京商務印書館，2010 年。

20. 安樂博：《海上風雲——南中國海的海盜及其不法活動》，中國社會科學出版社，2013 年。

21. 巫樂華主編：《華僑史概要》，北京中國華僑出版社，1994 年。

22. 巴素著，郭湘章譯：《東南亞之華僑》，正中書局，1974 年。

23. 市川信愛、戴一峰主編：《近代旅日華僑與東南沿海地區交易圈》，廈門大學出版社，1994 年。

24. 張奕善編輯：《東南亞史研究論集》，台灣學生書局，1980 年。

25. 張俞：《越南柬埔寨老撾華人華僑漫記》，香港社會科學出版社，2002 年。

26. 張文和：《越南華僑史話》，黎明文化事業股份有限公司，1975 年。

27. 張秀民：《中越關係史論文集》，台北文史哲出版社，1992 年。

28. 張英：《東南亞佛教與文化》，中央民族大學出版社，1999 年。

29. 徐善福、林明華：《越南華僑史》，廣東高等教育出版社，2011 年。

30. 戴爾—布朗著，王同寬譯：《東南亞：重新找回的歷史》，華夏出版社，2002 年。

31. 方立天：《中國佛教思想資料選編》（全套 4 卷 10 冊），中華書局，1981 ～1992 年。

32. 晁中辰：《明代海禁與海外貿易》，人民出版社，2005 年。

33. 曉梅：《禪宗十三經》，國際文化出版公司，1995 年。

34. 曹剛華：《明代佛教方志研究》，中國人民大學出版社，2011 年。

35. 曹雲華：《變異與保持——東南亞華人的文化適應》，北京中國華僑出版社，2001 年。

36. 朱傑勤：《東南亞華僑史》，高等教育出版社，1990 年。

37. 朱雲影：《中國文化對日韓越的影響》，台北黎明文化事業公司出版，1981 年。

38. 李恩涵：《東南亞華人史》，五南圖書出版，2003 年。

39. 李慶新：《瀕海之地——南海貿易與中外關係史研究》，中華書局，2010 年。

40. 李未醉：《中外文化交流與華僑華人研究》，華齡出版社，2006 年。

41. 李未醉：《中越文化交流論》，光明日報出版社，2009 年。

42. 李淼：《中國禪宗大全》，長春出版社，1991 年。

43. 李白茵：《越南華僑與華人》，廣西師範大學出版社，1990 年。

44. 松浦章：《中國海賊》，商務印書館，2011 年。

45. 林忠強、陳慶地、莊國土、聶德寧主編：《東南亞的福建人》，廈門大學出版社，2006 年。

46. 柳田聖山：《初期の禪史 1，禪の語錄 2》，筑摩書房，2016 年。

47. 梁志明等主編：《東南亞古代史》，北京大學出版社，2013 年。

48. 楊建成主編：《荷屬東印度華僑商人》，台北，中華學術院南洋研究所，1984 年。

49. 段渝主：《南方絲綢之路研究論集》，巴蜀出版社，2008 年。

50. 江燦騰：《晚明佛教改革史》，廣西師範大學出版社，2006 年。

51. 泉州市華僑志編纂委員會編：《泉州市華僑志》，中國社會出版社。

52. 泉州華僑史料委員會編：《泉州華僑史料 1～2》，1984 年。

53. 湯用彤：《隨唐佛教史稿》，中華書局，1982 年。

54. 湯錦台：《閩南海上帝國》，大雁出版基地發行，2013 年。

55. 王介南：《中國與東南亞文化交流志》，上海人民出版社，1998 年。

56. 王國榮：《福建佛教史》，廈門出版社，1997 年。

57. 王耀華：《福建文化概覽》，福建教育出版社，1994 年。

58. 福建省地方志編纂委員會編：《福建省志——華僑志》，1992 年。

59. 羅黎明總主編：《東南亞民族：越南、柬埔寨、老撾、泰國》，廣西人民出版社，2005 年。

60. 聶德寧：《近現代中國與東南亞貿易關係史研究》，廈門大學出版社，2001 年。

61. 胡適：《近現代著名學者佛學文集胡適集》，中國社會科學出版，1995 年。

62. 范文瀾：《唐代佛教&隋唐五代佛教大事年表》，人民出版社，1979 年。

63. 華僑志編纂委員會編印：《華僑志——越南》，台北華僑志編纂委員會，

1958 年。

64. 葛兆光:《中國禪思想史——從六世紀到九世紀》,北京大學出版社,1995年。

65. 葛劍雄主編:《中國移民史——第三卷:隋唐五代時代》,福建人民出版,1997 年。

66. 葛劍雄主編:《中國移民史——第五卷:明時期》,福建人民出版,1997年。

67. 葛劍雄主編:《中國移民史——第六卷:清、民國時期》福建人民出版,1997 年。

68. 葛劍雄主編:《中國移民史——第四卷:遼宋金元時期》,福建人民出版,1997 年。

69. 蔡鴻生:《清初嶺南佛門史略》,廣東高等教育出版社,1997 年。

70. 蔣國學:《越南南河阮氏政權海外貿易研究》,中國出版集團,2010 年。

71. 藍吉富:《佛教史料學》,東大圖書公司發行,1997 年。

72. 藍吉富主編:《世界佛學名著譯叢》,第 57 冊,《越南佛教略史》,釋善議翻譯,台北華宇出版社,1988 年。

73. 許文堂、謝奇懿編:《大南實錄清越關係史料彙編》,中央研究院東南亞區域研究計畫,2000 年。

74. 許文堂:《越南、中國與台灣關係轉變》,中央研究院東南亞區域研究計畫,2001 年。

75. 謝國楨:《明清之際黨社運動考》,中華書局,1982 年。

76. 謝正光:《明遺民傳記索引》,上海古籍出版社,1992 年。

77. 譚天星、沈立新:《海外華僑華人文化志》,上海人民出版社,1998 年。

78. 賴永海:《中國佛教通史》,江蘇人民出版社,2010 年。

79. 賴永海:《中國佛佛性》,上海人民出版社,1988 年。

80. 趙文紅:《17 世紀上半葉歐洲殖民者與東南亞的海上貿易》,雲南人民出版社,2011 年。

81. 邱炫煜:《明帝國與南海諸蕃國關係的演變:明代中國與東南亞關係史》,

台北，蘭臺出版社，1995 年。

82. 鄭振滿、丁荷生：《福建宗教碑銘彙編》，泉州府分冊，福建人民出版社，2003 年。

83. 鄭瑞明：《清代越南的華僑》，國立台灣師範大學歷史研究所，1976 年。

84. 釋印順：《華雨集（下）》，北京中華書局，2011 年。

85. 釋根通、溫金寶：《中國淨土宗研究》，北京宗教文化出版社，2008 年。

86. 釋聖嚴：〈越南佛教史略〉，《現代佛教學術叢刊》，第 83 期，台北大乘文化出版，1978 年。

87. 釋聖嚴：《明末佛教研究》，宗教文化出版社，2006 年。

88. 金山正好，劉果宗譯：《東亞佛教史》，文津出版社，2001 年。

89. 鐮田茂雄著，關世謙譯：《中國佛教通史》，佛光出版社，1994 年。

90. 陳國棟：《東亞海域一千年：歷史上的海洋中國與對外貿易》，山東畫報出版社，2006 年。

91. 陳垣：《中國佛教史籍概論》，上海書店出版社，2001 年。

92. 陳大哲：《越南華僑概況》，台北正中書局，1989 年。

93. 陳永革：《晚明佛教思想研究》，宗教文化出版社，2007 年。

94. 陳益源：《蔡廷蘭及其海南雜著》，台北里仁書局，2006 年。

95. 陳致遠責任編輯：《華僑華人百科全書・社區民俗卷》，北京中國華僑出版社，1999 年。

96. 陳荊和：《十七世紀廣南之新史料》，中華叢書委員會出版，1960 年。

97. 霍韜晦：《絕對與圓融：佛教思想論集》，東大圖書公司，1986 年。

98. 韓振華：《中國與東南亞關係史研究》，廣西人民出版社，1992 年。

99. 韓振華：《華僑史及古民族宗教研究》，新華彩印出版社，2003 年。

100. 韓書瑞、羅友枝：《十八世紀中國社會》，江蘇人民出版社，2008 年。

101. 韓森：《開放的帝國：1600 年前的中國歷史》，江蘇人民出版社，2009 年。

102. 顧偉康：《禪宗：文化交融與歷史選擇》，知識出版社，1990 年。

103. 黃國安、蕭德浩、楊立冰編：《近代中越關係資料選編》，廣西人民出版

社，1988 年。

104. 黃海濤：《明清佛教發展新趨勢》，雲南大學出版社，2008 年。

105. 黃純艷：《宋代海外貿易》，社會科學文獻出版社，2003 年。

106. 黃懺華：《中國佛教史》，東方出版社，2008 年。

第三：學位論文

1. 吳秋燕：《明代中國所見越南漢籍研究》，國立成功大學中文系碩士論文，2009 年。

2. 吳鵬基：《循海泛舶：3～6 世紀海路僧人入華研究》，國立成功大學歷史系碩士論文，2012 年。

3. 徐芳亞：《越南阮主政權的對外關係（1600～1802）》，鄭州大學碩士論文，2006 年。

4. 劉玉珺：《越南漢喃古籍的文獻學研究》，揚州大學博士論文，2005 年。

5. 蔣國學：《越南南河阮氏政權海外貿易研究》，廈門大學博士論文，2009 年。

6. 譚志詞：《越南閩籍僑僧拙公和尚與十七、十八世紀中越佛教交流》，暨南大學博士論文，2005 年。

7. 釋行心：《中國臨濟禪系在越南的傳承與流變》，國立臺灣師範大學中國文學系研究所碩士論文，2006 年。

8. 釋清決：《越南禪宗史論》，中國社會科學院研究生院，2001 年。

第四：期刊論文與會議論文

1. 于在照：〈越南歷史上佛教的「入世」與越南古典文學的產生和發展〉，《東南亞研究》，第 2 期，2006 年。

2. 皮朝網：〈禪淨合流與明代禪宗美學思想的走向〉，《四川師範大學學報》，第 4 期，1998 年。

3. 何仟年：〈越南傳入古籍考〉，《文獻季刊》，第 2 期，2003 年。

4. 何松：〈明代佛教諸宗歸淨思潮〉，《宗教學研究》，第 1 期，2002 年。

5. 李慶新：〈唐代南海交通與佛教交流〉，《廣東社會科學》，第 1 期，2010 年。

6. 李慶新:〈貿易、移殖與文化交流:15～17 世紀廣東人與越南〉,《香港中文大學研討會》,2003 年。

7. 李霞:〈論明代佛教三教合一說〉,《安徽大學學報》,第 5 期,2000 年。

8. 李霞:〈憨山德清的三教融合論〉,《安徽史學》,第 1 期,2001 年。

9. 邱普艷:〈越南阮主時期的對華貿易政策〉,《黃河科技大學學院》,2007 年。

10. 柳岳武:〈論清代以前中越宗藩關係〉,《鹽城師範學院報》,第 4 期,2009 年。

11. 范文俊:〈竹林安子禪派從陳仁宗之論解〉,《思源特刊》,胡志明市慧光佛學研究中心,第 2 期,2011 年。

12. 范文俊:〈拙拙禪師(1590～1644)考〉,《思源特刊》,胡志明市慧光佛學研究中心,第 3～4 期,2012 年。

13. 范文俊:〈閩南明海法寶禪師與越南南方佛教史〉,「絲路文化國際青年學者論壇」,泉州師範學院,2015 年。

14. 徐芳亞:〈17～19 世紀越南阮主時期對華關係研究〉,《江漢論壇》,2010。

15. 張小欣:〈淺談禪宗在越南歷史上的傳播及其文化影響〉,《東南亞》,第 2 期,2003 年。

16. 許文堂:〈當代越南佛教的政治參與〉,《台灣東南亞學刊》,9 卷 2 期,2012 年。

17. 許永璋:〈論道教在越南的傳播和影響〉,《史學月刊》,第 7 期,2002 年。

18. 陳永革:〈從智慧到信仰:論晚明淨土佛教的思想轉向〉,《浙江學刊》,第 2 期,1998 年。

19. 陳永革:〈禪教歸淨與晚明佛教普世性〉,《宗教學研究》,第 2 期,1999 年。

20. 陳益源、凌欣欣:〈中國漢籍在越南的傳播與接受——據《北書南印板書目》以考〉,《國際中國學研究》,第 12 期,2009 年。

21. 陳益源:〈回顧在韓國、日本與越南之間的兩起漂流事件〉,《韓國學論集》,2009 年。

22. 陳益源:〈清代越南使節在中國的購書經驗〉,《域外漢籍研究集刊》,第六輯,2010 年。

23. 陳益源:〈源自漳州的三份越南家譜〉,《中原文化研究》,第 3 期,2013年。

24. 陳荊和:〈十七、十八世紀之會安唐人街及其商業〉,香港新亞學報,第三卷,第一期,1958 年。

25. 陳偉明:〈宋代嶺南交通路線變化考略〉,《學術研究》,第 3 期,1989 年。

26. 黃敏、林麗:〈道教與越南傳統文化〉,《東南亞縱橫》,第 8 期,2003 年。

27. 黃蘭翔:〈越南河內與順化佛教伽藍配置差異的分析〉,《台灣東南亞學刊》,2006 年。

28. 劉玉珺:〈越南古籍目錄概略〉,《文獻季刊》,第 4 期,2006 年。

29. 劉學智:〈心性論:三教合一的義理趨向〉,《人文雜誌》,第 2 期,1996年。

30. 蕭麗華:〈唐朝僧侶往來安南的傳法活動之研究〉,《中正大學中文學術年刊》,2011 年。

31. 龍永行:〈明清時期的中越關係〉,《東南亞縱橫》,第 4 期,1994 年。

32. 譚志詞:〈《拙公語錄》的編者、版本、內容及文獻價值〉,《古籍整理研究學刊》,第 6 期,2005 年。

33. 譚志詞:〈十七、十八世紀嶺南與越南的佛教交流〉,《世界宗教研究》,第 3 期,2007 年。

34. 譚志詞:〈越南閩籍僑僧拙公和尚出國的原因〉,《東南亞縱橫》,2007 年。

35. 譚志詞:〈越南閩籍僑僧拙公和尚的佛學思想〉,《八桂僑刊》,第 4 期,2006 年。

36. 譚志詞:〈僑僧拙公和尚與「拙公禪派」的傳承關係與思想〉,《八桂僑刊》,第 3 期,2008 年。

37. 譚志詞:〈僑僧明行禪師在越南弘揚佛法〉,《八桂僑刊》,第 1 期,2006年。

38. 譚志詞:〈僑僧與中國文化在越南的傳播及其啟示〉,《八桂僑刊》,第 4 期,2009 年。

39. 冀曉康:〈「參究念佛」與「禪淨雙修」之辨〉,《五台山研究》,第 9 期,

2008 年。

40. 《順化寺廟碑文選譯》，研究與發展期刊出版，第 1～2 期，2005 年。

第五：英文資料

1. Chapuis, Oscar, "A History of Vietnam : From Hong Bang to Tu Duc", Westport, Conn. : Greenwood Press, 1995.

2. Cooke, Nola and Li Tana edited, "Water frontier : commerce and the Chinese in the Lower Mekong Region, 1750~1880", Singapore : Singapore University Press ; Lanham, MD : Rowman & Littlefield, 2004.

3. Hoàng, Anh Tuấn, "Silk for silver : Dutch-Vietnamese relations, 1637~1700", Leiden ; Boston : Bril, 2007.

4. Minh Huỳnh Trần, "Buddhism in the royal court of medieval Dai Viet", 2008.

5. Reid, Anthony, "Southeast Asia in the Age of Commerce 1450~1680", Volume Two, New Haven : Yale University Press, 1988~1993.

6. Taylor, Keith Weller, "The Birth of Vietnam", Berkeley: University of California Press, 1983.

7. Trian Nguyen, "Ninh Phuc Temple a study of seventeenth-century Buddhist sculpture in Vietnam", UNIVERSITY OF CALIFORNIA, BERKELEY, 1999.

第六：網絡參考

1. http://hanji.sinica.edu.tw/

2. http://ctext.org/zh

3. http://www.cbeta.org/index.htm

4. http://thuvienhoasen.org/

5. http://langmai.org/

6. http://hannom.org.vn/

附　錄

一、圓炊拙拙有關資料

（一）佛跡萬福禪寺碑文

〈碑陽〉

萬福大禪寺碑

蓋聞：

玄虛孕氣，白石妙形。兩間混茫未判，一化清濁始分。自此三才首出，自此庶
類繁生。今夫有天地山水：仰觀天，日月星辰係焉。俯察地，華嶽河海載焉。
山則極其峭峻，不過數百刃爾。〔註1〕水則極其淵淪，豈倍千萬丈乎？至若人
中：為萬物之靈，鍾五行之氣。何由豪傑挺生；蓋本英靈氣構。

睠惟：

仙遊勝地，佛跡名山。應勢乾方鳳嶺，入懷辛水牛江。朱案起方圓，水澄凝湛
湛。玄虛高突屼，山燦爛巍巍。左青龍水邊，右白虎山扶。頂上室開磐石，給
中殿儼琉璃。是殿也：豁然而大，煥爾且輪。獸階陳前僅十，龍池養後無双。
閣對鳳，彩光牛斗；樓崎龍，手摘星辰。廣寒花採蕊紅，徐郎解皇恩船渡；蓬
萊峯排山碧，王質慕赤松岸遊。雖清奇，俱新萬景；然崇興，必〔有〕一人。
幸而天啟聖明，李家皇帝第三，龍瑞太平年四；興造寶塔丈千，崇建金身尺
六。普施田，所滿百餘；築立寺，座餘一百。所以：祚享久長，無非推此心而
行此道也歟？

〔註1〕碑文寫曰：百刃。內容應該是百仞。但，越南漢喃文本，常常用刃與仞一樣
　　　　的語義。

迨至黎朝聖天子,文武聖神,聰明睿智,配天祀夏,更社生春,率致雍熙泰和之盛。此無他道之能明能行,故也。寔賴鄭太上國主龍鳳之姿,天日之表。上應天命,下得人心。暨大臣文武百僚,宮嬪彩女。共享太平之福,同樂堯舜之天。斯世斯民,舉皆熙熙皞皞。共圍春臺之中,咸躋仁壽之域。何莫由斯道也,自常情觀之,但知道不須臾離,殊不知濟時行道,幸遇可為之時者,意為轉身再來之人也。宣揚三界大師足稱東都始祖。

恭惟:祖師諱圓炆,號拙拙,具受太祖明菩薩戒苦節精勤嚴淨律師德冠陀陀大和尚。二百五十無相戒,兼持八萬四千秘密門,雲水比丘贈封普覺廣濟大德禪師肉身菩薩,乃明之閩漳海澄人也。自幼出家,梵行莊嚴,雲遊古眠,說法利生國王皈敬。至甲戌由順化至京,命不罟有王第勇禮公聞大道德請回參問禪宗。見其宗三教精通,慈悲如春霧,戒行若秋霜,乃拜祖師。

其時,內宮嬪十方悉皆雲集,開演真乘教,眾生知因識果。至甲申七月十五日亥時,三祇果滿,隻履西歸,衣法傳與諸第子嚴飾肉身。至壬寅,王府第一宮嬪昭儀陳氏號法界造寶塔奉祀。至乙卯將頹,道場等感其誘掖訓道,啟迪成就,再造報恩。其不可負不可慢之義得矣。抑又論之:遊南國以西天,鑄金鎔而滿月。演漕(曹)溪之妙旨,開雪嶺之真源。為善不倦,博濟無窮。祖之功高德厚,莫大焉。如斯顯跡,昭然可觀,真接夫千載之緒,足垂為萬代所瞻。故王宮而下,傾葵藿向日之心,尊崇供給,恢禾穀仰雨之意,敬畏奉承。於此,其超越眾人者遠矣。是亦嘉尚也已。嗚呼!書不盡言,圖不盡意。因拜手以識于碑,敬而詠銘曰:

> 天地氣順,日月象明。
>
> 陰陽時若,瑞氣芳馨。
>
> 至人稟受,持戒梵行。
>
> 法說教演,道大德宏。
>
> 四大空寂,一性圓明。
>
> 肉身舍利,寶塔藏經。
>
> 國家安治,天下太平。
>
> 丹詞稱讚,金榜題名。
>
> 皇圖有永,世道常亨。

恭列李家尊親:聖父李若琳,聖母蔡氏太娘。祖嬸沉氏謚慈肅。祖叔李若,號省崑謚恬淡府君。

嗣祖比丘明行在在和尚贈封明越成等正覺化身菩薩。

繼燈比丘明幻了一和尚贈封廉慈間真儒釋正宗護國禪師。

蓮華會：優婆塞勇禮公字廣德號仁本謚弘憲覺靈公明願。

沙門：

明光、明德、明宗、明道、明顯、明嚴、明如、明無、明好、明正、明性、明廣、明規、明令、明通、明圭、明敏、明祥、明義、明法、明全、明恩、明海、明直、明燈、明善、明觀、明萊、明年、明正、明覺、明高、明時、明壽、明喬、明因、明痴、明覺、明靜、明净、明戒、明盛、明道、明義、明照、明心、明足、明進、明体、明萬、明忍、明林、明額、明彥、明珠、明志、明辨、明命、明昭、明福、明理、明忠、明惠、明宣、明普、明慎、明蘭、明桂、明妙、明在、明藏。

王府內宮嬪優婆夷第一昭儀陳氏玉庵謚號法界。

皇太后鄭氏道號法性。王氏揄號妙榮。縉紳大夫太傅堅郡公鄭招。少傅穎郡公吳有用。

優婆夷號真寶、號妙實、鄭玉壽號妙結。

當住世比丘明良、明慕、明信、明通。

皇后鄭氏玉憶號妙壽。

優婆夷：李氏玉鑒號妙信。范氏科號妙登。枚氏進號妙昇、號妙如、妙且、妙心、妙圓。

沙門：真見、真本、真萊、真淵、真融、真門、真祥、真齋、真真、真情、真和、真仲、真實、真識、真賢、真論、真妙、真祿、真松、真慎、真慈、真揚、真詮、真加、真歷、真思、真清、真源、真性、真持、真通。

陳壽字惠進。

沙門太醫和尚：真金、真鳶。

沙門：如耀、如惠、如僚、性空、性情、性依、性場、性禎、真孟。

沙彌：真福、妙惠、真繼、妙持、妙登。

優婆夷：號妙惠。豆氏絲號妙廣、號妙念。

勇馬社上村揚氏合號妙家。

受廛社劉氏玉客號妙額。阮氏應號妙春、阮得名字福康。明若比丘尼號妙春。

興功：摩訶比丘真萊廣度覺和清净禪師蓮花菩薩。

沙門：如道、如紹、如仁、如香、如足、如漢。以上合五百人。其餘不可勝紀。

皇后鄭氏玉盎號妙定。宮妃嬪阮氏嚈號妙智、阮氏種號妙雲、武氏積號妙仁。

超類縣大卯社阮氏物號妙德。嘉林縣臨賀社妙雅。

黎朝正和萬萬年歲在柔兆攝提格閏三月上巳日造立。

仙遊縣佛跡社生徒〔…〕〔…〕奉撰恭訂沙彌真和。

佛弟子東扶法佛印和尚謹敬書。

安定縣車哩社優婆夷賞氏酉、妙觀、妙信、妙春、妙繼、妙堅。沙彌：如富、如悟、如造、如海、如長。

〈碑陰〉

建立三宝田祀祖師恩光塔碑

嘗謂：

道無傳則不廣，祀無祭則不遠。

故：傳道必先有德之人，祭祀宜立香火之田。茲有祖師田，及十方道場信供奉祀。祖師誕生二月初二日，入定七月十五日，二節所有田畝開陳于后。計：

一所田一高在永福岩橋處，東近官田，西南北近民田。三所五高坐落同棟處，東南北近民田，西近三寶田。二所秧田一高在橋吳處，東西近民田，南近池，北近山腳。四所田五高坐落同艚處，四至共近民田。

明光、明良、明如及弟子信供一所三高坐落塘丐處，四至共近民田。

明義、明全信供一所二高坐落輔黃處，東南北近民田，西近三寶田。

明善、明信、內宮嬪李氏玉鑾號妙信、綸郡公鄭楦、郡主鄭氏玉檔，信供一所一高坐落同溇處，四至共近民田。

號妙忠信供二所三高，坐落同花處，四至共近民田。

號妙實信供一所一高坐落同埋處，四至共近民田。

信供一所一高，坐落蒲坦處，四至共近民田。

號妙黃信供一所秧田一高，坐落同埋處，東西南近民田，北近山腳。

內宮嬪號妙登、號妙仁，信供使錢二百貫，買田作頓，供道場一所一高，坐落斁衖處，東北近小路，南西近民田。

一所一高坐落輔黃處，東西南近民田，北近小路。

一所二高坐落同花處，東西北近三宝田，南近小路。

一所田一高坐落塘丐處，四至共近民田。

一所一高八尺坐落同漊處，四至共近民。

一所一高八尺坐落坡潭處，四至共近民田。

一所二高坐落同漊處，東近三寶田，西南北近民田。

三祖祭田忌晨十月十九日一所四高，坐落同花處，東近民田，南近小路，西近民田，北近三寶田。

一所三高，坐落同花處，東北近民田，西南近三寶。

一所二高坐落同花處，四至共近民田。

一所一高八尺坐落同花處，四至共近民田。

一所一高八尺坐落坡潭處，東南北近民田，西近小路。

一所二高坐落坡坦處，四至共近民田。

一所二高坐落塘丐處，東西北近民田，南近大路。

一所三高坐落橋吳處，東近民田，西近沼，南近小路，北近溪。

第一宮嬪昭儀號法界功德會田，例正月十四日入席，四所一畝三高，坐落同兮處，四至共近民田。

一信供粳田一所四高，坐落塘昂處，東西南近民田，北近小路。

一所二高坐落同軆處，四至共近民田。

一所六高八尺，坐落同花處，四至共近民田。

二所五高坐落雙溪處，四至共近三寶。

三所六高坐落耨處，四至共近民田。

一所五高坐落蒲坦處，四至共近民田。

一所秧田一高坐落頭岕處，東近三寶，西南近民田，北近山腳。

一所三高在蒲坦處，四至共近民田。

一所二高坐落塘昂處，東西南近民田，北近小路。

德柴禮信供德主昭儀號法界九月二十三日忌一所三高坐落同花處，四至共近民田。

明光信供祭田忌五月二十參日一所二高坐落蒲坦處，四至共近民田。

一所一高八尺坐落雙溪，東、西、南近民田，北近小溪。

一所一高八尺坐落同花處，東南近民田，西北近三寶。

一所一高坐落塘昂處，南近民田，北近溪。

一所八尺坐落橋魯處，東近三寶，西北近民田，南近溪。

明如信供祭田忌十月初二日一所八高坐落同兮處，東、南、北近民田，西近

三寶。

一所一高八尺坐落同花處，東北近民田，南近小路，西近三寶。

內宮嬪號妙高，信供祭田忌十一月初一日。一所一高，坐落曲朱處，東南北近民田，西近小路。

一所三高坐落同珠處，四至共近民田。

一所二高坐落塘丐處，四至共近民田。

一所一高八尺坐落潥肖處，四至共近民田。

一所秧田八尺，坐落鞝宜處，東西南近民田，北近大路。

號妙實，信供忌四月初四日一所四高，坐落蒲坦處，四至共近民田。

各所同田留與佛跡社官員社村長：阮有用、嚴榜、杜黃名、阮曰剛、阮德潤、杜得祿、阮有義、張公進、阮有恬、張公信、阮廷祿、杜公事、阮得名、范曰貴、阮優、曲廷光、杜仕叶、范曰富、阮完、杜曰寧、阮進諫、陳得涓、陳有義、杜公輔、阮德進、嚴有、黃文達、張公保、阮德威、嚴華、阮德才、杜得全、杜進武、嚴請、阮公正、阮克享、阮家、阮奇光、曲維午、杜公澤、阮伻、杜公優、阮世賢、杜得向、杜黃龍、阮有忍、杜黃明、阮奇揚、阮光立、杜得蘊、阮光輝、張公使、阮公平、范曰嚴、杜仕勝、杜曰登、張公何、阮德勝、杜公福、杜明陽、阮曰常、阮養、杜公歡、阮公珵、嚴書、阮宜、張公亦、阮光判、杜仕實、阮廷曜、阮宅、阮寮、杜黃芘、杜緒、黃文捭、阮德裕、黎公翊、阮光運、阮光耀、阮光道、阮言、杜仕属、陳皞上下等耕種流傳萬代。限每高椀盤十升并以承祭祀。若某員人倚特權，破壞石記，奪占等田，願被諸佛誅滅，散失人身。

謹碑廣南處升華府禮楊縣周豐社五甲村優婆姨何氏通號妙心，信錢二貫，二祭十月，二奉供十貫四高田初日事。

一興功摩訶比丘真來清淨廣德蓮花菩薩禪師之位。

黎朝正和萬萬壽之七閏三月初三日始造。

一清華承宣紹天府永福縣不沒社黎進書。

沙彌真來空廣德禪師前祖父會郡公黎慶餘字純義府君，妣君夫人號慈好。

（二）寧福禪寺碑文

〈碑陽〉

獻瑞庵報嚴塔碑銘

贈封明越普覺廣濟大德禪師拙公和尚肉身菩薩塔銘。

拙拙非人也，又嘗失孝父母，忘恩嬸氏，滅卻五倫，此其可以謂人也歟。

以談空之術，縱葦渡江，右眠國王，以師禮之，不亦過乎。曰：士有大言而無實，虛名不適於用者，亦未可以。次料天下之士夫，士以氣為主，方其勇禮公之尊貴而公卿大夫欲事之者兢兢然。惟恐不得及門。拙拙能使公執扇遊於市，其得志若是，復能受扯輪之辱，非有蓋世当氣，不世之心而能如是乎！使得志於廊廟而忠孝之事必不違也。予以慈術避世至南有會拙拙升龍城看山寺。

一談，予曰：狂士也。久之，見其開濟明豁，無礙辯才，嘲戲公卿，安懷老幼，以天子為善友，視錢財若草莽。本無重貲帶來，雖乞多募□。手以濟于貧，求得一衣，隨時以施于寒。高氣冠古今。慈悲邁歷代。可謂：出於其類，飄然有超于方遊之外者矣。而氣節慈悲則盡善矣。予獨以無魯，男子当風而厭之。拙自負有柳下惠之志而許焉。予又未之信者也。及同居數月，知蓮花不染心矣。其戒行忍辱之因此，變化屈伸之又因此。予是敬服之。噫慧之生也。信然矣。苟不得雪嶺之淵源，那有海澄真性，開此甘露之門，成此一段因緣者，亦不累丈夫之功名矣。能成此五由旬之塔廟者亦不失弟子之孝行焉。浮屠告成并開示語錄祭田完備。在在乞予文為記。予敬碑而銘当公清漳海郡李氏釋圓炆號拙拙。

銘曰：塔廟五旬，貯拙生形。滅度無度，烏雀喧經。天籟搖鈴。金石鏘鏘。道弘義大，地久天長。何至於斯，乞食十方。何有於是，靈鳩舊理。得道而遊，適意而止。榮公不知，辱公無恥。饑向公飽，寒向公衣。賢者遇公，益之以智。迷者遇公，啟之以機。一念無生，對景不起。作賤黃金，寶道而已。

当

黎朝福泰五年歲次丁亥蓮月佛浴日。

嗣法弟子明行釋在在立石。

清原居士歐陽彙登號體真撰。

東岸扶軫沙彌真見熏沐奉寫。

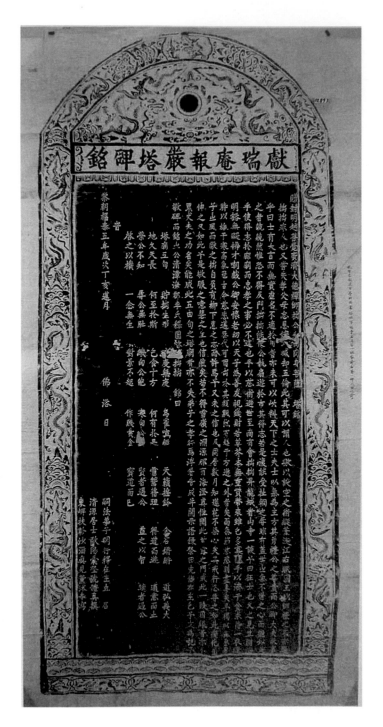

〈碑陰〉

獻瑞庵香火田碑記

報嚴塔祭田碑記

嘗聞道無傳則不廣，祀無祭則不遠。故傳道則先於有德之人，祭祀宜立乎香火之田。茲有正王府老宮嬪陳氏玉庵號法界，陶氏玉有號妙圓，梁氏玉進號妙誠等置買功德壹百壹拾擔付與雁塔社皂隸耕種以祀奉：

勑封明越普覺大德禪師肉身菩薩誕生入定二祭并年臘例節供養田畝開列于左：

祖師俗姓李釋圓炆號拙拙閩漳海澄人氏。大明萬曆庚寅年二月初二日辰時誕生。大越福泰甲申年七月十五日時入定。

計開……

旹

黎朝福泰五年歲次丁亥蓮月佛浴日立

拙拙禪師〈祖師出世實錄〉

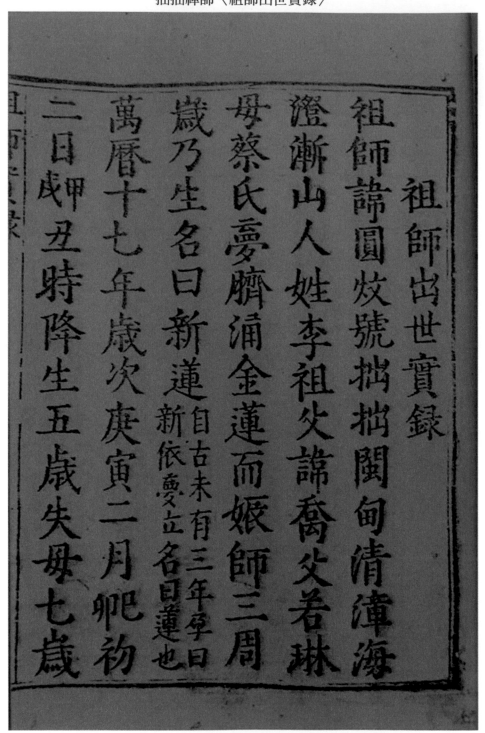

祖師出世實錄

祖師諱圓炆號拙拙閩甸清漳海

澄漸山人姓李祖父諱喬父若琳

母蔡氏夢臍涌金蓮而娠師三周

歲乃生名曰新蓮 自古未有三年孕曰新依愛立名曰蓮也

萬曆十七年歲次庚寅二月卯初

二日甲丑時降生五歲失母七歲

神師實錄

喪父祖父携師囑嬭母無養幼年

聰明穎悟弱冠愽通經史務學傷

神乃靜習於漸山寺内行者見師

咯血即進白長老長老聞報發慈

即往視之問曰書生何爲而有斯

疾也師曰攻書僧曰攻書竟作何

書樂也師曰致君澤民耳僧曰書

哉善哉此誠沖天之志不過貪著

名利寧不顧生死本來面目也師

又未悟僧使行者將小鼓視師曰

此鼓回是牛皮是身粘木於身之外

全無一物而心之內體本空未舉

之前何有於名既舉之後名因業

坐名不過一時而壞業隨萬古不

云這個名字從何處出來書生只
會得不言下大悟覺得本非真性
名而無實便云功名盖世是虛誕
勢望等天增業習文章冠世將狼
虎名譽八耳似馮蠅即捨儒歸僧
宛無生之旨最上乘之談參禪數
月師之祖父嬸母始與覺痛切殊甚

即到山門論僧欲將師囘寧料有
不可挽之意乎于是師僧密議星
夜奔南山寺菩提菴謁狀元僧陀
陀法師見師奇異噐之語僧曰異
日我當避此人出百犬竿頭授以
心宗要旨開悟日益萬曆三十五
年戊申誕日受比丘二百五十無

相戒持八萬四千秘密門雲遊十
方隨化度人至古朕國王以師禮
之諸大臣咸皈依恭敬然彼國之
民困於鱷害一日王與師出而驅
之師本慈悲安忍加害但寫文疏
投於水中鱷亦攸然而逝自此之
後民不復困國人誦恩阮而弘錫

師法廣度眾生者十有六年作偈

告歸王覽偈懇留見師不就殊恩

送歸諸大臣文武官僚贈賻白金

幾盈擔橐毫無所取忽一善男子

袖中出銀一封約百兩之數奉師

曰善哉善哉於此可供我幾千里

之費矣喜而受之及抵家孀母敬

罷視之囊無餘物但見貝葉盈
篋清介聞天下聲名滿大地而卅
霞諸縉紳大夫莫不仰慕之者每
聚首談吐無不曰如拙公可謂禪
宗瑚璉佛法棟樑居無幾而祇園
緣就師敬辭諸官侶曰士而懷居
者不足以為士矣復遊於廣南順

化進止七八年說法度人普利群
生而豪門從之者如歸市乞解寒
灘古榜得遇明行師奇而寶之傳
授不二心法忽東都大賈阮齊請
師赴京薦親師對眾審議曰此非
吾輩事也然欲開權顯實實不得不
從是與徒眾俱至阮齊坐罪不赦

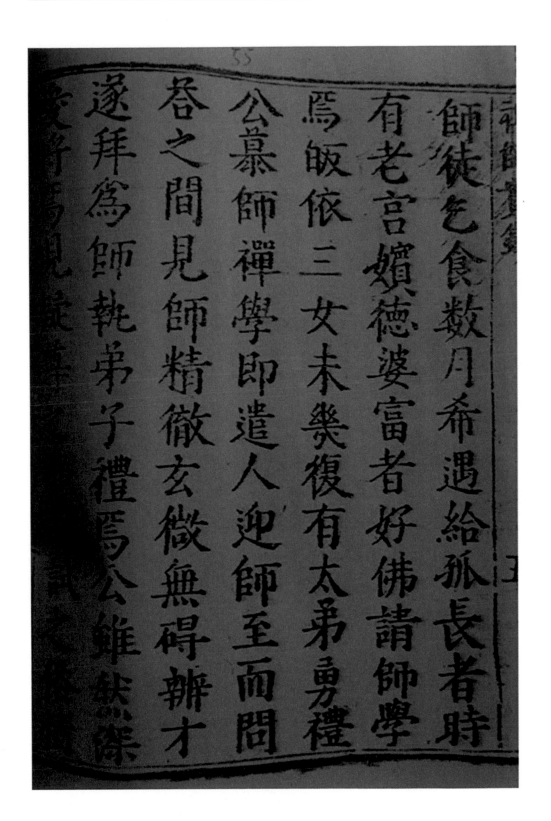

師徒乞食數月希遇給孤長者時
有老宮嬪德婆富者好佛請師學
焉皈依三女未幾復有太弟勇禮
公慕師禪學即遣人迎師至而問
答之間見師精微玄微無礙辨才
遂拜爲師執弟子禮爲公雖然絲

金鞭不動一塵不染數月如故公
知其異人也復供親女出家于是
四方雲集送師歸于儞遊縣佛跡
社李家古刹昔者李帝辭尊居甲
以紹隆三寶務麗其殿宇黃金爲
壇磚龍鋪地石鑿牛馬御象虎豹
群臣奏曰至尊辭富君貧何其倃

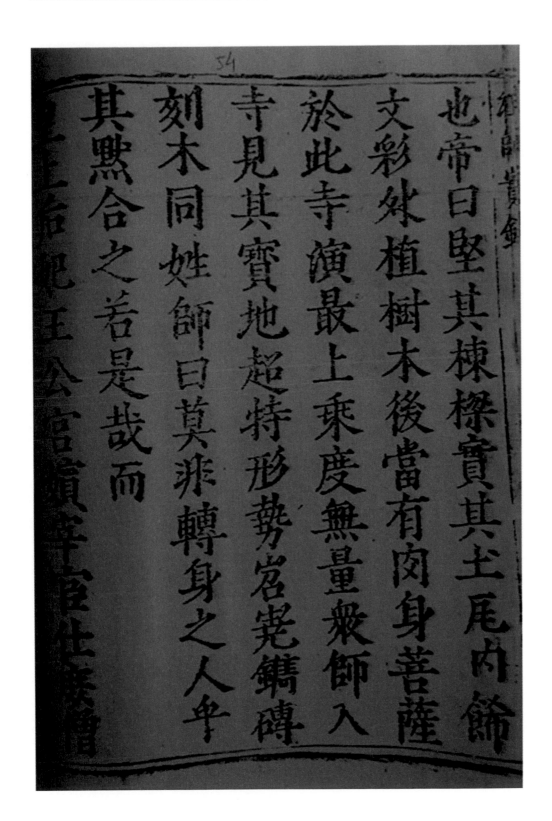

也帝曰堅其棟樑實其土尾內餙

文彩殊植樹木後當有肉身菩薩

於此寺演最上乘度無量眾師入

寺見其實地超特形勢岩崿鑴磚

刻木同姓師曰莫非轉身之人乎

其黙合之若是哉而

尼道俗徒眾日益復蒙

德主太上聖明照善樂心性賜

名師祖歷抵四鎮名山崇興佛跡

難以量數從者幾百人得旨者數

十人見聞覺悟者無半天下於癸

未歲師歆別晶化城大眾揮血懇

晉冉三斷指者二複暫停昇龍城

皇太后演說金剛密義以病請歸

寧福安禪太后欵留不住曰有病

且歸寧福隱無緣不會省山春甲

申歲蓮月於隆恩寺講涅槃密義鄉

諸第兄請禱師但付之一哂題數

語以示衆云云吾到此十餘年苦

省山寺為

口勸人發心修行汝等莫令光陰
虛過生死事大無常迅速不可以
為泛泛立秋後當索我於北巖之
下矣爾時上首亦以疾居督山諸
德婆各取金銀建庵安置以酬祖
德且旌善行七月六日遣人索覆
內宮寄示西歸之旨人又未之覺

遠上首弟子明行秉持大教傳鑒

師索香湯沐浴親筆授偈以神盂

督同知潁郡公問偃槃義十一日

畏盛衰如露草頭鋪又　　寧監郡

萬物春榮秋復枯任運盛衰無怖

問安祖以偈云身如憂幻有同無

也八日撥棹北歸寧福明良奉進

續焰

皇太后爲道場毋秉持外護囑付
內宮侍官大眾等不得哭慟掛孝
若此則非吾徒也望日夜分端坐
示寂其時天清月彩燭燿香濃甍
唱佛名捒動法器諸門人痛切將
金龍藏于後堂深處俱見異香滿室

経月不散四鎮人民聞知有甚於

喪考妣稽首而至者不知幾千人

以誦恩赴吊者何啻數百里至次

年四月朔之六日夜午告居士體

真日天熱矣吾欲尚遊希為浴之

居士以斯言白上首在左曰吾師

寧福禪寺藏寶塔中師在東都十

相隱于慶光寺太平復迎歸

甄龍變化旌旗摧動上首密護真

王府內宮諸德婆捐資建塔時值

聞者咸日今世得遇天真佛矣而

頂禮歡喜殊勝乃全日而浴世人

如舊容體圓肅無少缺陷諸門人

智敏寶錄

有二年在世凡一萬九千九百九
十有餘日十五入道十九祝髮說
法慶人者三十三載今將隨方化
慶詮語敬錄于左俾後學者亦有
以見夫吾師之肺肝焉耳矣

處福孝祖楊長楊字慧進謹事

拙拙禪師教養弟子圖──圖像在《五種菩提要義》

現在萬福禪寺景觀

萬福禪寺舊建築分佈

萬福禪寺平面（法國建築師畫）

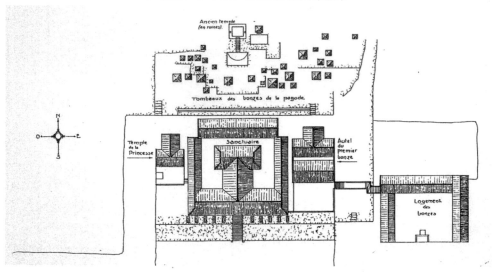

萬福禪寺黎氏玉緣像　　　　　　寧福禪寺鄭氏玉璡像

筆塔禪寺舊建築景觀

筆塔寺淨土九品蓮花台

萬福禪寺碑

筆塔寺報嚴塔

拙拙肉身菩薩像

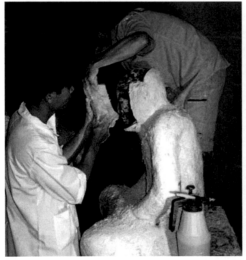

明行和尚木像圖

筆塔寺平面圖

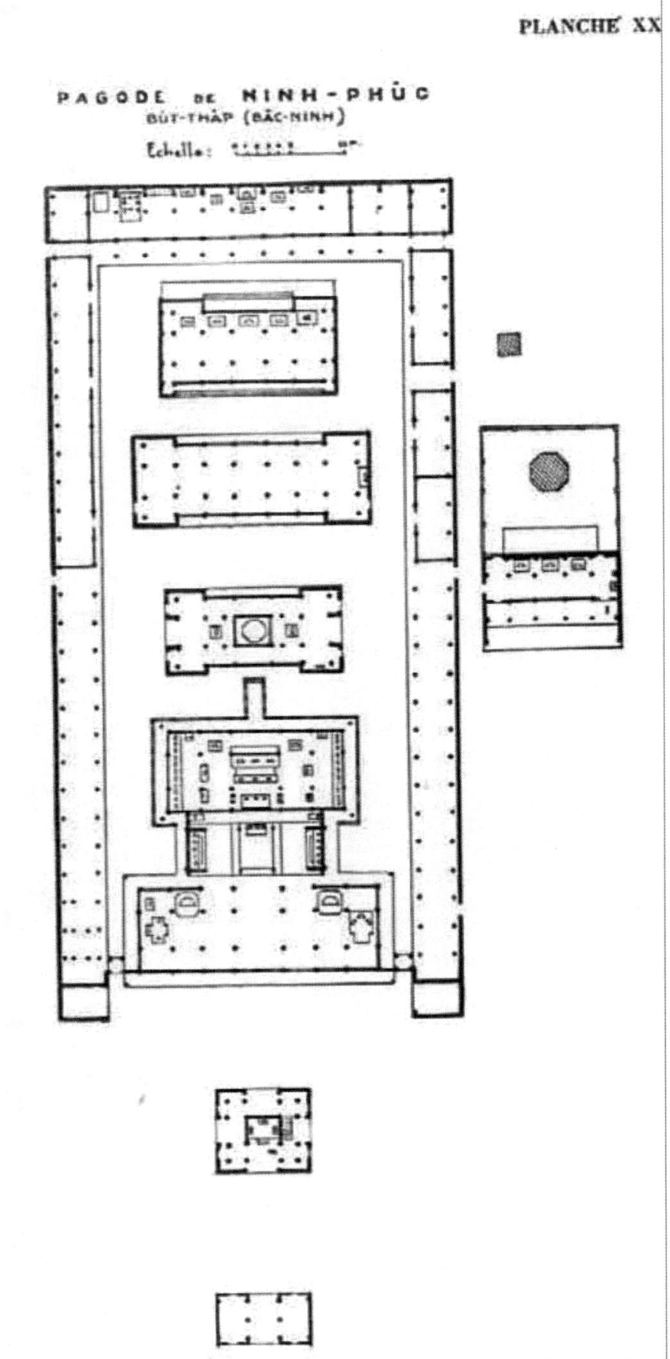

PLANCHE XX

PAGODE DE NINH-PHÙC
BÙT-THÁP (BÁC-NINH)
Echelle:

'LAN DE LA PAGODE BOUDDHIQUE NINH-PHUC, A BUT-THAP, (PROV. DE BAC-NIN

二、明海法寶有關資料

明海法寶

凡入寺。必須去笠歛袂或見二師上座尊循留

簽於地然後問訊。呂氏春秋曰孔子弟子。抱枝而問

其炎。桂枝而問兄弟曳枝而問妻子。蓋尊甲之有問

分地。若駕二師持杖。師有覼冇必抱枝。然後答之有

音眄。或作紹。昔唐明王教戲

編絲繩寫之。俳優于梨園今謂之梨園子弟。

康熙丁未仲冬鼎湖山經察梓茲在

大越國廣南處奠磐府新福縣順安社　兀慈

視聖寺　得贒大師法名明海合本寺眾等共

沙彌律儀要略增註

崇德寺祖明上正下直大師　重刊

嘉隆七年歲次戊辰仲冬穀日

編絲爲之。俳優于梨園。今謂之梨園子弟。

音叩。或作絟絲文也。昔唐明王教戲

外也。若駕二師持杖。師有頗問。必抱杖。然後答之。條

其笈桂杖而問兄弟。曳杖而問妻子。蓋尊甲之有

笠於地然後問訊。呂氏春秋曰孔子弟子樊枝

康熙丁未仲冬開湖山經寮梓玆在

大越國廣南處莫磐府新福縣順安社允慈

祝聖寺　得智大師法名明海合本寺眾等共

募化奉刊

沙彌律儀要略增註

　歲四年歲次壬子仲冬穀日

圓覺寺　講性空上慧真力助沙彌威儀一卷　普願

武氏椏

武氏溺　浣氏團　武氏屋　潘氏評　武氏把　武氏梳

攺氏善　攺氏叄　攺氏瞀　賴氏阮　賴氏妙　阮氏雪

吳氏細　段氏好　杜氏㯯　阮氏楚　瓯氏□

善男信女共助刻成　暨自嵗行莊嚴淨土生情與無情同登彼岸

戊辰嘉隆七年七月十五日

隆禪寺拨藏

祝聖寺正殿

祝聖寺景觀

祝聖寺舊三關

祝聖寺舊建築

祝聖寺、福林寺木板

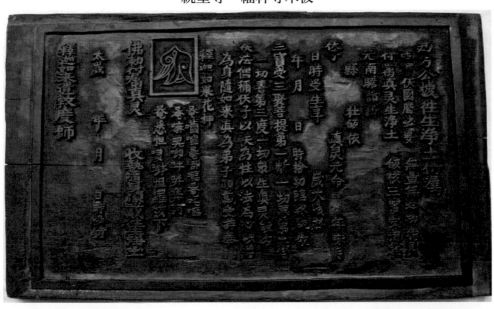

祝聖寺禪派《法卷》

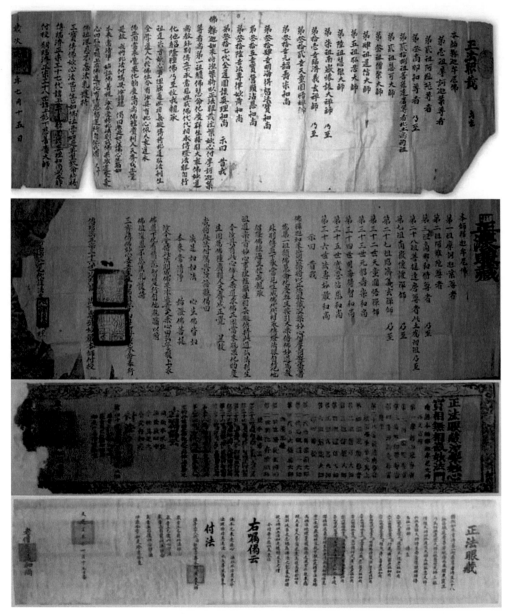